LE CHATEAU DE BLOIS

NOTICE HISTORIQUE ET ARCHÉOLOGIQUE

PAR

FRÉDÉRIC ET PIERRE LESUEUR

PARIS
D. A. LONGUET, ÉDITEUR
250, FAUBOURG SAINT-MARTIN, 250

1922

LE CHATEAU DE BLOIS

MACON, PROTAT FRÈRES, IMPRIMEURS.

LE

CHATEAU DE BLOIS

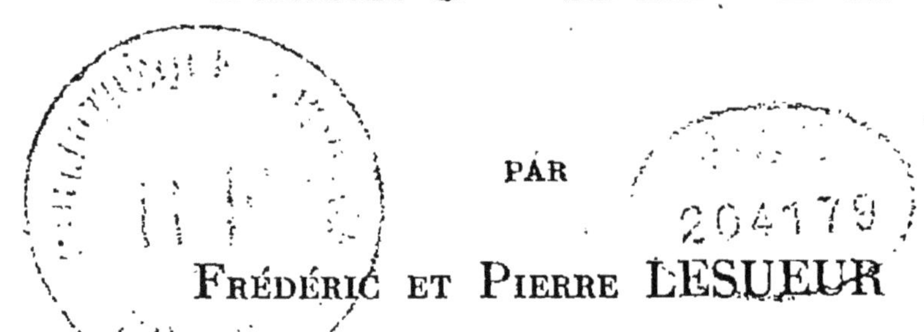

PAR

Frédéric et Pierre LESUEUR

PARIS

D. A. LONGUET, ÉDITEUR

250, FAUBOURG SAINT-MARTIN, 250

1914-1921

AVANT-PROPOS

Le château de Blois, vu de la place Victor-Hugo, au déclin du soleil, produit un saisissant effet d'originalité et de charme. Ce premier aspect sous lequel on découvre l'édifice est inoubliable et ceux mêmes qui le voient sans cesse ne se lassent jamais de l'admirer à nouveau. Pourtant cette première impression si frappante ne prépare point d'ultérieures déceptions. Le célèbre escalier de la cour est à bon droit tenu pour un chef-d'œuvre de l'art français. Les autres bâtiments, pour ne pas présenter autant d'originalité, sont d'une égale perfection et méritent une même estime.

Le monument qui donne à l'artiste tant de sujets d'admiration offre un intérêt encore plus grand peut-être pour l'historien. Il existe des édifices au moins aussi beaux que celui-ci : nous ne savons pas s'il en est d'autres où l'on trouve comme ici des spécimens de tous les grands styles français et qui présentent un résumé aussi éloquent du développement de notre architecture. Le moyen âge, la dernière période gothique, la Renaissance et l'art classique ont tour à tour donné ici des ouvrages accomplis dont le rapprochement est d'un puissant enseignement.

Enfin, quoiqu'il y ait quelque puérilité dans ce genre d'attrait romantique, nous devons encore signaler que ces constructions ont été le théâtre d'événements les plus mémorables de notre histoire, que des desseins considérables s'y sont formés ou réalisés, qu'à deux reprises différentes le pays y fit entendre sa voix dans les États généraux et que le sort de la monarchie s'y est joué dans un drame fameux. Malgré tout, les plus sceptiques, ceux qui se targuent de la plus impassible objectivité, ne peuvent se défendre de quelque émotion en traversant les lieux où s'accomplirent une partie des destinées de la France.

Les 40.000 visiteurs que reçoit chaque année le château de Blois témoignent que ces intérêts divers sont suffisamment compris du public. Pourtant l'édifice qui en est l'objet attend encore sa monographie critique. Ce n'est point qu'il n'ait depuis longtemps donné lieu à une abondante littérature. Mais elle est fort indigente. Des ouvrages anciens, il n'est que quatre auxquels on puisse donner quelque attention : celui de Du Cerceau, à raison de ses précieuses planches gravées qui nous font connaître bien des parties depuis disparues et dont les dessins originaux, plus intéressants peut-être encore, ont été récemment publiés pour la première fois ; l'histoire bien informée et généralement sûre que le blésois Bernier consacra à sa patrie au XVIIe siècle ; le livre critique et averti que son contemporain, André Félibien, l'historiographe des bâtiments royaux, écrivit sur les châteaux des bords de la Loire; enfin un recueil, malheureusement inédit, de Jacques-François Blondel, le grand théoricien du XVIIIe siècle, qui contient de nombreuses et fort belles planches accompagnées d'un texte digne d'intérêt. Au XIXe siècle, l'ouvrage de La Saussaye, dont sept éditions successives de 1840 à 1875 attestent assez le succès, est la source commune à laquelle sont venus puiser les multiples auteurs de guides et de notices ; mais s'il mérita l'estime en son temps et si même il présente encore de l'agrément, il est aujourd'hui bien vieilli ; d'ailleurs l'auteur s'y est proposé de retracer les événements illustres dont l'édifice blésois fut le théâtre plus que d'étudier les pierres qui les virent s'accomplir. Infiniment plus précieux, à cet égard, bien que moins répandu, est le livre de M. de Croÿ qui, à la fin du siècle dernier, a entièrement renouvelé la question par les importants documents qu'il a mis au jour ; pourtant ce n'est encore qu'une contribution et non l'étude synthétique qu'on voudrait.

C'est cette lacune que nous avons tenté de combler par le présent travail. Nous ne nous sommes proposé que l'étude du monument même, en négligeant de propos délibéré les faits qui s'y accomplirent et dont le lien est assez factice. Les dimensions mesurées de ce livre nous ont contraints à nous borner, à négliger ou effleurer seulement bien des problèmes, à écourter la démonstration de nombreux points, à ne donner que les références essentielles. Du moins, et dans ces limites, avons-nous cherché en toute conscience à expliquer ce qu'est le château de Blois et comment il est devenu tel, à retracer l'évolution de son développement et à montrer la place qu'il occupe dans l'histoire de l'art français [1].

Janvier 1914.

1. La première moitié du livre (*Histoire*) a été rédigée par M. Pierre Lesueur, la seconde (*Description*) par M. Frédéric Lesueur ; mais les deux collaborateurs se sont constamment aidés, concertés et révisés.

AILE DE LOUIS XII

Façade extérieure

PREMIÈRE PARTIE

HISTOIRE

CHAPITRE PREMIER

LE CHATEAU DU MOYEN AGE

(834-1498)

A. — ORIGINES ET TRANSFORMATIONS SUCCESSIVES

Les origines de la ville de Blois et plus encore du château sont obscures et incertaines. Au vrai, et une fois écartés les récits légendaires, les traditions insuffisamment vérifiées et les conjectures gratuites, il reste que nous ignorons tout des premières destinées de cette cité.

Grégoire de Tours est le premier historien digne de foi qui fasse mention des Blésois, *Blesinses*, en l'an 584. Au siècle suivant, le géographe anonyme de Ravenne nomme la ville même, *Blezis*. Enfin des monnaies mérovingiennes, de date précise incertaine, portent la légende : *Bleso castro*.

Ce n'est qu'à l'époque carolingienne qu'apparaît le château. Pour la première fois, à la date de 834, les *Annales Bertiniani*[1] citent le *Blisum castellum*, et l'on sait qu'à cette époque déjà le mot *castellum* désigne la forteresse, la citadelle, par opposition au mot *castrum*, la ville forte. La charte de fondation de l'abbaye de Saint-Lomer datée de 924, que nous reverrons bientôt, distingue d'ailleurs nettement la ville, *Blæsis castrum*, et le château, *castellum Blesense*. Et un peu antérieurement un acte de l'an 903 fait la même distinction,

1. *Hist. des Gaules et de la France*, t. VI, p. 196.

en désignant de plus la forteresse du nom de « vieux château », *vetus castellum*, ce qui implique à cette date une existence déjà ancienne [1]. De fait, l'avantage naturel du site au point de vue militaire ne pouvait pas ne pas avoir été remarqué de bonne heure : le confluent de la Loire et du ruisseau de l'Arrou détermine un promontoire escarpé et étroit qu'il était facile d'isoler du reste du plateau par une tranchée artificielle ; c'est la position qui fut choisie pour tant de châteaux du moyen âge.

Les invasions des Normands allaient bientôt justifier les préoccupations qui firent élever notre forteresse. En 854, toujours au témoignage des *Annales Bertiniani*, ils remontèrent la Loire jusqu'à Blois et incendièrent la ville. Trois ans plus tard, ils firent une nouvelle incursion dans ce territoire et ravagèrent la Touraine et le pays environnant jusqu'à Blois [2]. Il n'est nullement démontré, quoi qu'on en ait dit, que le château ait échappé à ces déprédations. C'est aux invasions normandes encore qu'il faut rapporter un fait dont les conséquences furent importantes pour l'histoire blésoise : en 873, pour soustraire aux attentats sacrilèges des pirates du Nord les reliques de saint Lomer, les religieux qui en avaient la garde les transférèrent à Blois et elles furent déposées au château, en une chapelle dédiée à saint Calais, une cause identique, selon la tradition, ayant déjà fait prendre la même précaution à l'égard des reliques de ce dernier saint. Ces moines ne firent pas un long séjour dans l'asile qui leur avait été assigné ; en 924, le roi Raoul leur donna pour s'y établir l'église Saint-Lubin, située dans un faubourg blésois, avec le terrain environnant [3]. C'est là qu'ils se fixèrent définitive-

1. Publié par Soyer, *Étude sur la commun. des habit. de Blois*, 1894, p. 103.
2. *Hist. des Gaules et de la France*, t. VII, p. 70 et 72.
3. La translation de 873 d'après Noël Mars, *Hist. du royal monastère de St-Lomer de Blois*, 1646, édit. Dupré, 1869, p. 45 et 93, et

ment et construisirent et reconstruisirent leur église et leur monastère à diverses reprises.

Le comte de Blois vers le milieu du xe siècle était le fameux Thibaut-le-Tricheur. Il semble que celui-ci ait fait d'importants travaux au château. La *Chronicon Namnetense* rapporte expressément, en effet, qu'il avait reçu de son beau-frère Alain Barbe-Torte, duc de Bretagne, mort en 952, la garde du fils de ce dernier, encore en bas âge, avec la gestion de ses domaines, qu'il partagea alors l'administration de la Bretagne avec Foulques-le-Bon comte d'Anjou, lequel avait épousé la veuve d'Alain, et que des revenus qu'il en tira, il construisit entièrement les tours de Chartres, de Blois et de Chinon, *Carnoti turrem et Blesii et Cainonis perfecit*[1].

Après sa mort, le comté appartint pendant deux siècles et demi à ses descendants, les grands feudataires qui allaient bientôt encore accroître leur puissance par la conquête de la Champagne. C'est sous l'un d'eux, vers la fin du xe siècle sans doute, que fut fondée, dans l'enceinte même du château, l'église Saint-Sauveur, qui subsista jusqu'à la Révolution. D'après la tradition, rapportée au xviie siècle par l'historien Bernier et dans une certaine mesure confirmée par une lettre de Pierre de Blois dont il sera bientôt parlé, « douze prestres séculiers, ayant assemblé tous leurs biens pour vivre régulièrement, firent bâtir l'église de Saint-Sauveur environ l'an 1000

Bernier, *Hist. de Blois*, p. 13 et 38. — Charte de 924 publiée par Noël Mars, p. 99; Bernier, p. IV des *preuves*; *Gallia Christiana*, t. VIII, *instr.*, col. 412; *Hist. des Gaules et de la France*, t. IX, p. 566. L'authenticité de cette charte est contestée : J. Depoin, dans *Rev. ét. hist.*, 1908, p. 578. — Translation des reliques de saint Calais dans les *Acta sanctorum O.S.B.*, t. Ier, p. 654.

1. *La Chronique de Nantes*, édit. Merlet (*Coll. de textes p. servir à l'ét. et à l'enseign. de l'hist.*), p. 108. — Lobineau, *Hist. de Bretagne*, t. II, col. 47. — Morice, *Mém. p. servir de preuves à l'hist. de Bretagne*, col. 147. — *Hist. des Gaules et de la France*, t. VIII, p. 277.

de N.-S. et par leur ménage et conduite ils firent enfin un fond suffisant pour l'entretien de vingt-huit chanoines ». Félibien, contemporain de Bernier, rapporte à peu près la même chose [1].

Il est fait allusion à la tour que nous venons de voir élever par Thibaut-le-Tricheur dans un acte du 17 avril 1076 ou 1082, publié dans les *Acta Sanctorum O. S. B.* et les *Annales O. S. B.* et bien souvent cité depuis [2]. La souscription, qui nous intéresse seule, est ainsi conçue : « *Factum est hoc apud castrum Blesium, intra curiam, retro palatium, prope turrem, patulo inter caminatas ejusdem palatii sito* » (cela fut fait au château de Blois, dans la cour, derrière le palais, près de la tour, dans l'espace situé entre les chambres à feu de ce palais). En réalité, et malgré ce luxe inusité de détails topographiques, le document n'apprend rien qu'on ne sût déjà ou qui ne pût être admis même sans preuve, et les déductions précises qu'on en a voulu tirer témoignent seulement de beaucoup d'imagination chez leurs auteurs.

Une entreprise importante fut le fait d'Étienne, comte de Blois durant la dernière décade du XIe siècle. Il fit, en effet, remise à ses sujets de certaine redevance féodale sous la condition d'enclore le château de murailles. C'est ce que relatait une inscription gravée jadis en lettres onciales sur trois portes de la ville et dont le texte, conservé par Bernier et Noël Mars, était ainsi conçu : « *Comes Stephanus et Adela comitissa suique heredes perdonaverunt hominibus istius patriæ butagium in perpeptuum eo pacto ut ipsius castellum muro clauderent. Quod si quis violaverit anathema sit Datan quoque et Abiron maledictionem habeat.* » [3] On sait qu'au

1. Bernier, *Hist. de Blois*, p. 32. — Félibien, *Mémoires*, p. 7.
2. *Acta Sanctorum O. S. B., sæc. 4, pars 1 a*, p. 761. — *Annales O. S. B.*, t. V, p. 70.
3. Bernier, *Hist. de Blois*, p. 293. — Noël Mars, *Hist. du royal monastère de Saint-Lomer de Blois*, 1646, édit. Dupré, 1869, p. 113.

XIe siècle beaucoup de châteaux virent reconstruire en pierre l'enceinte de bois qu'ils avaient seule possédée jusqu'alors : tel fut peut-être le cas à Blois.

Le siècle suivant n'a laissé que des documents relatifs aux édifices religieux que renfermait notre forteresse. Il est possible que la basilique Saint-Sauveur ait été reconstruite vers la fin du siècle à la suite d'une crise grave traversée par la collégiale et que révèle une lettre adressée au chapitre vers 1180 par le célèbre Pierre de Blois [1]. Il y parle de la ruine de l'église anciennement survenue, se félicite de sa restauration récente, et fait des vœux pour sa prospérité renaissante. Malgré l'incertitude et l'imprécision d'un langage surchargé de figures et de métaphores, d'images et d'allégories, il semble pourtant que la ruine ne doit pas seulement s'entendre du corps religieux, mais aussi de l'édifice et que la restauration n'est pas que celle de l'institution, mais également la reconstruction du monument. Ce que nous savons du style de l'église, et qu'on verra par la suite, peut, sous certaines réserves, s'accorder avec cette interprétation.

Nous avons déjà vu qu'antérieurement à l'église Saint-Sauveur et dès avant 873 existait au château de Blois une chapelle dédiée à saint Calais. Une charte du comte Thibaut IV le Grand nous apprend que ce seigneur, qui l'appelle *capella mea*, la concéda en 1150 aux chanoines de l'église de Bourgmoyen de Blois [2].

Enfin, ce n'étaient point encore les seuls monuments cultuels du château. Il y avait, en outre, une « chapelle de la tour », ainsi nommée manifestement de ce qu'elle était établie dans une tour et peut-être dans la grosse tour féodale, et une « chapelle de la chambre le comte », dont la désignation est expliquée par une charte du comte Louis qui la dit « *capella*

1. *Petri Blesensis Opera omnia*, édit. Goussanville, 1667, p. 117.
2. Bibl. nat., Housseau XII¹, fol. 59 v°. — Bernier, *Hist. de Blois*, p. XI des *preuves*.

que meo thalamo est contigua ». L'existence de la première est attestée à partir de la seconde moitié du XIIe siècle, comme n'étant pas alors de création récente, et à la fin de ce siècle, l'une et l'autre étaient, après divers incidents, desservies par les chanoines de Saint-Calais [1].

Thibaut VI, le dernier comte de Blois de cette branche puissante descendue du vieux Thibaut-le-Tricheur, mourut en 1218. Le comté échut à sa tante Marguerite, femme de de Gauthier d'Avesnes, et, après la mort de celle-ci, survenue en 1230, passa à sa fille Marie, femme de Hugues de Châtillon. C'est dans cette maison de Châtillon qu'il restera jusqu'à la fin du XIVe siècle, et il va, durant ce temps, être l'objet de diverses transformations.

Nous n'avons malheureusement à peu près aucun document relatif à ces travaux et ne connaissons pour autant dire que ce que nous révèle l'étude des parties ou vestiges qui sont venus jusqu'à nos jours. A cette époque, sans doute, remontait l'enceinte flanquée de tours, dont il subsiste quelques parties. C'est au XIIIe siècle que son style doit faire rapporter la grande salle seigneuriale désignée depuis trois cents ans sous le nom de Salle des États. Enfin, la *Gallia christiana* mentionne, à la date de 1324, l'existence au château d'une chapelle neuve, qui n'est point identifiée autrement, en même temps que l'état de délabrement de la vieille chapelle de la tour.

A la fin du XIVe siècle, en 1391, Guy de Châtillon, âgé, dans une situation pécuniaire obérée, ayant perdu son fils unique, et n'ayant plus espoir d'une postérité, vendit son comté de Blois au frère de Charles VI, Louis, duc de Touraine,

1. Bibl. nat., Housseau XII[1], fol. 56 r°; Bernier, *Hist. de Blois*, p. XII des *preuves*. — Charte de 1191 publiée par La Saussaye, *Le chât. de Blois*, 2e édit., 1840, p. 222 (autres exempl. Arch. nat. L 982, n°s 10 et 11).

AILE DE LOUIS XII

Cl. Fred. Lesueur

Façade sur la cour

qui allait bientôt recevoir le titre de duc d'Orléans sous lequel il est demeuré célèbre. Toutefois, le nouveau seigneur n'entra en jouissance qu'à la fin de 1397, à la mort du vieux comte qui s'en était réservé l'usufruit. Il serait superflu d'insister sur l'importance de ce fait capital pour l'histoire de notre monument : c'est cet événement qui en fera un siècle plus tard la demeure de Louis XII et de François Ier et auquel nous devons les chefs-d'œuvre qu'ils y élevèrent.

Il n'apparaît pas que Louis d'Orléans, bien qu'il fût grand bâtisseur, en ait donné de preuve au château de Blois, qu'il ne posséda du reste que dix ans et où sa vie agitée ne lui permit pas sans doute de faire de nombreux ni longs séjours.

Après le meurtre de ce prince par les assassins de Jean-sans-Peur le 23 novembre 1407, Valentine de Milan, sa veuve, se réfugia à Blois, où elle s'éteignit le 4 décembre 1408, à peine un an après son mari. Au dire du Religieux de Saint-Denis, elle aurait fait restaurer la ville et le château, *villam cum municipio restaurari fecit*[1]. Il s'agissait sans doute surtout de réparations, d'aménagements intérieurs et de travaux pour la mise en parfait état de défense. Cependant, des lettres du duc Charles d'Orléans datées du 18 août 1410 parlent du « bois que nous avons naguères fait prandre pour eddiffier la grosse tour de nostre chastel de Blois »[2].

Le comté de Blois était, en effet, échu à Charles d'Orléans, le fils aîné du duc Louis. On sait comment, fait prisonnier à la bataille d'Azincourt en 1415, il demeura en captivité outre-mer pendant vingt-cinq ans et comment les progrès des Anglais dans leur conquête de la France les avaient menés presque aux portes de notre ville, quand Jeanne d'Arc com-

1. *Chron. du religieux de Saint-Denis*, édit. Bellaguet (*Coll. des Doc. inéd.*), t. III, p. 752.
2. Bibl. nat., franç. 27595, dr 25575, p. 4.

mença la délivrance du royaume. Il ne pouvait être question durant ce temps d'embellissements, et les pièces d'archives ne font en effet mention que de fortifications improvisées ou de réparations aux ouvrages militaires permanents.

Mais lorsque Charles fut revenu en France en 1440, il fit du château de Blois sa résidence préférée et marqua sa prédilection par de grandes constructions. On peut penser que la vieille forteresse féodale avait conservé un caractère rude et sévère qui n'était point au goût d'un prince dont les poésies célèbres attestent l'esprit délicat et cultivé. Dès 1443, il est parlé des « ouvraiges de massonnerie du chastel de Blois », qui étaient alors en cours d'exécution. Des lettres du receveur du comté, datées du 18 décembre 1446, se réfèrent aux « ouvraiges des maisons et édiffices que Monseigneur le duc d'Orléans fait présentement faire en son chastel de Bloys ». L'inventaire des layettes de la Chambre des comptes de Blois signale l'existence d'un compte d'« aucuns édiffices nouveaux et réparations faittes par le commandement de Monseigneur le duc en son chastel de Blois l'an mil quatre cent quarente huict ». Enfin un procès-verbal de visite de la forêt de Blois dressé au mois d'avril 1457 mentionne à diverses reprises les arbres abattus « pour les chauffaulx des édiffices de Monseigneur le duc », ceux qui ont été enlevés « par Jehan de Reyns pour les galeries par lui naguères faictes ou chastel de Blois », ailleurs ceux « qui longtemps a y ont esté coppez tant par le maistre des ouvrages que Jehan de Reins et autres qui ont fait les besongnes et édiffices de Monseigneur pour la viz du chastel de Blois », et encore ceux pris « pour les édiffices de la viz du chastel de Blois ». Il est vraisemblable que toutes les mentions que nous venons de dire se rapportent à la construction de l'aile que nous montrent les planches de Du Cerceau au fond de la cour à l'emplacement occupé aujourd'hui par le bâtiment de Gaston d'Orléans. Son style annonçait le xve siècle et les historiens Bernier et Félibien y signalent, encore que de manière assez imprécise, l'œuvre des princes de la maison d'Orléans [1].

Vers le même temps, l'église Saint-Sauveur fut l'objet de travaux importants qu'y fit exécuter Jean de Saveuses, premier chambellan du duc Charles, et sur lesquels nous reviendrons par la suite.

Charles d'Orléans mourut dans la nuit du 4 au 5 janvier 1465. Le château de Blois devint la propriété de son fils Louis, le même qui devait trente-trois ans plus tard monter sur le trône de France sous le nom de Louis XII. Il ne semble pas que durant cet espace de temps il ait été fait autre chose au château que diverses réparations d'entretien.

Avec l'avènement de Louis XII va s'ouvrir une ère nouvelle dans l'histoire de notre édifice. Il deviendra pendant vingt-cinq ans le siège habituel de la cour et restera durant tout le XVIe siècle une des résidences préférées des derniers Valois. D'autre part, il va être complètement transformé par les grandes constructions qui seront élevées par ces princes et au siècle suivant par Gaston d'Orléans et qui constituent le monument que nous voyons aujourd'hui. Le moment est venu d'essayer de restituer, dans la mesure du possible, le château médiéval tel qu'il était à cette fin du XVe siècle, dans l'état où l'avaient mis les accroissements et transformations de ses maîtres successifs et au moment où ses diverses parties vont commencer de disparaître tour à tour pour faire place aux constructions actuelles. Cette restitution, qui s'appuie à la fois sur les anciennes images, sur les descriptions des auteurs, sur les documents d'archives et sur les vestiges demeurés debout, sera souvent incomplète et imprécise. D'ailleurs, elle sera

1. Bibl. nat., franç. nouv. acq. 20511, p. 25. — Arch. du Loire A 2169. — Bibl. nat., Moreau 406, fol. 422 r°. — Arch. nat. Q[1] 503[1] fol. 5 r°, 8 r°, 11 v° e 12 v°,

sommaire et ne tendra qu'à donner une vue d'ensemble, sauf à décrire plus amplement dans la seconde partie de ce livre ce qui est venu jusqu'à nous.

B. — RESTITUTION DU CHATEAU A LA FIN DU XVe SIÈCLE

(*Voir à la fin du volume le plan restitué en 1515.*)

Le château médiéval occupait l'extrémité étroite et escarpée du promontoire qui s'élève au confluent de la Loire et du petit ruisseau de l'Arrou, actuellement souterrain dans cette partie inférieure de son cours. Une large et profonde tranchée artificielle, qui forme aujourd'hui la rue des Fossés du Château, isolait déjà au Sud-Ouest cette extrémité du reste du plateau et complétait l'œuvre de la nature. L'espace ainsi déterminé offre grossièrement la figure d'un triangle très allongé et renflé au Nord-Ouest, du côté de l'Arrou ; il est orienté du Nord-Est au Sud-Ouest, mesure environ 250 mètres de long sur 100 mètres de large et couvre une superficie approximative de 23.000 mètres carrés. C'est l'emplacement qu'occupent de nos jours la place du Château avec ses maisons et le château actuel. La forteresse, à cet endroit merveilleusement propice pour une telle destination, se rattachait à la ville, mais sans en dépendre : elle pénétrait comme un coin dans l'enceinte de la cité qui se soudait à sa masse de part et d'autre, au Nord à peu près au point où la Salle des États joint aujourd'hui l'aile de François Ier, et au Sud contre la tour du Foix ; de la sorte le château était en même temps dans et hors la ville, il concourait à sa défense et la dominait de sa position élevée.

L'enceinte ; les tours ; les portes. — Tout l'emplacement que nous venons de dire était enclos d'une eeinucte fortifiée, d'un développement de 650 mètres environ, flanquée de tours et percée de portes. Elle a presque entièrement disparu; mais le tracé et les principales dispositions en sont suffisamment connus. Les murs de soutènement des maisons de la place du Château doivent occuper à peu près l'emplacement de l'enceinte militaire et ne sont peut-être en bien des endroits que la base des anciens remparts. Au Nord, vers l'extrémité du promontoire, il subsiste même, dans un assez bon état de conservation, un fragment de la courtine entre deux tours rondes. De l'autre côté de la Salle des États, le rempart n'a pas été détruit et il forme depuis le XVIe siècle le mur de refend épais de plus de deux mètres qui divise dans toute sa longueur le bâtiment de François Ier. L'épaisseur de ce mur et les tours dont il est flanqué, et que nous verrons bientôt, ne laissent pas de doute sur ce point, que confirme encore l'étude de la construction du bâtiment de la Renaissance. Il semble, d'ailleurs, que cette courtine était moins élevée proche de la Salle des Etats qu'à l'autre extrémité. Au delà de l'aile de François Ier, le rempart se poursuivait encore pendant une trentaine de mètres jusqu'à l'angle de la forteresse. Au Sud-Ouest, du côté du fossé, l'enceinte a été rasée pour la construction de l'aile de Gaston d'Orléans : des fouilles, pratiquées en 1906 sur les terrasses qui s'étendent devant deux faces de cette aile, ont fait retrouver la base de la courtine à une douzaine de mètres environ en arrière des murs de soutènement de ces terrasses; elle était légèrement infléchie vers son milieu et aboutissait contre la tour du Foix[1]. Au Sud-Est, enfin, du côté de la Loire, le rempart, partant de cette tour, allait rejoindre le mur de soutènement de la place du Château; il existe encore dans sa partie inférieure et sur une petite longueur proche de l'escalier qui se trouve au point de rencontre.

1. Fréd. Lesueur, *Les fouilles du chât. de Blois.*

L'enceinte était flanquée de tours. Nous en avons déjà signalé deux très voisines qui se trouvent à l'extrémité de la place du Château. Peut-être en existait-il d'autres autour de cette place ; mais il n'en est point demeuré de vestige.

Trois tours rondes s'adossaient à la courtine aujourd'hui englobée dans le bâtiment de François Ier. La première, située à l'angle de ce bâtiment et de la Salle des États, subsiste encore jusqu'au niveau du premier étage et a été complètement rasée au-dessus ; nous verrons que c'est sans doute celle que les textes appellent la « tour ronde de dessus la porte des champs ». La seconde tour, située au milieu de cette courtine, n'a point été détruite ; mais elle a perdu toute figure par l'utilisation qu'en fit François Ier en l'incorporant à sa construction, dont la façade extérieure s'élève bien en avant de l'ancien rempart ; cependant, la salle inférieure, malgré diverses transformations, a été conservée ; au-dessus, l'épaisseur insolite de deux murs de refend du XVIe siècle et la surépaisseur à ce point de la façade de la Renaissance indiquent seules l'emploi qu'on y a fait de la puissante maçonnerie de notre tour transformée sur plan carré. Enfin, la troisième tour s'élève à l'autre extrémité de l'aile de François Ier ; ce prince l'a conservée, mais après en avoir modifié les parties hautes, l'avoir entourée au-dessous d'élégantes galeries à jour et en avoir transformé l'intérieur à partir du second étage. Elle est connue, au moins depuis le XIVe siècle, sous l'appellation de tour de Châteaurenault, ou par abrégé de « tour Renault », sans doute du nom d'une ancienne seigneurie des comtes de Blois située dans cette direction (ch.-l. de canton d'Indre-et-Loire). La Saussaye et d'autres à sa suite ont pensé que c'était celle-là que Miron, le médecin d'Henri III, dans sa *Relation de la mort du duc de Guise*, nomme la « tour du Moulin », et ils ont conjecturé que ce nom lui venait de ce qu'elle aurait contenu certain moulin à chevaux qu'un guide du commencement du XVIIe siècle, l'*Itinerarium Galliæ* de Jodocus Sincerus, signale parmi les curiosités du château, « *in arce moletrina equis agitata* », et qui était, sans doute, le même que nous savons avoir été fait en 1408 : au vrai, rien de tout cela n'est démontré [1].

Au delà de cette tour, à l'angle Ouest de la forteresse, les fouilles pratiquées en 1906 ont découvert des substructions qui paraissent indiquer que cet angle était défendu par une tour carrée, contrairement d'ailleurs aux règles de la bonne fortification. C'était sans doute celle qu'un document de 1432-1434 appelle la « tour carrée emprès Chasteauregnault » [2]. Toutefois elle n'est pas figurée sur les dessins et gravures de Du Cerceau.

Du côté du fossé, la courtine était renforcée par quatre tours : celle dont nous venons de parler, à l'angle Ouest ; puis, à la suite, une autre de plan rectangulaire, que montrent les planches de Du Cerceau et dont les fouilles de 1906 semblent avoir mis à jour les substructions ; plus loin, une troisième tour ronde, également révélée par Du Cerceau et dont l'existence n'a pu être vérifiée ; enfin, à l'angle Sud, la tour du Foix.

La tour du Foix, qui tire ce nom, d'ailleurs moderne, du faubourg du Foix situé à ses pieds, existe encore entièrement à l'exception de son couronnement et de quelques détails. Au moins dès la fin du xve siècle et jusqu'en 1635, elle fut occupée par la Chambre des comptes de Blois qui y conservait ses archives. La partie supérieure, qui se terminait au moyen âge et encore au temps de Du Cerceau vers 1579 par un comble en poivrière, fut aménagée en terrasse pour l'observation du ciel, selon la tradition par Catherine de Médicis

1. Bibl. de Blois, Joursanvault, XV, 43 ; Bibl. de Blois, fonds acquis en 1867, 123 ; Bernier, *Hist. de Blois*, p. 16 ; Félibien, *Mémoires*, p. 13. — Miron, dans Cimber et Danjou, 1re série, t. XII, p. 137 ; Jodocus Sincerus, 1616, p. 104 ; Bibl. nat., franç. 29506, d^r 66943, p. 6 ; cf. de Vaissière, *De quelques assassins*, 1912, p. 312 et les doc. par lui cités.

2. Bibl. de Blois, Joursanvault, XVII, 114.

dont on sait la foi en l'astrologie, moins romantiquement peut-être par Gaston d'Orléans qui s'occupait de sciences astronomiques : de là lui vinrent les noms de tour de l'Observatoire ou tour des Mathématiques généralement employés aux xviie et xviiie siècles [1].

Enfin, les textes font quelquefois mention d'une tour de Saint-Calais et d'une tour de la Vicomté [2], dont nous ne connaissons que les noms.

L'enceinte était naturellement percée de portes. Plusieurs quittances de 1412, 1413, 1415 nous apprennent que les « portiers » étaient alors au nombre de cinq [3]. Il y faut sans doute comprendre celui qui était chargé de la garde de la « porte du donjon », laquelle était une porte intérieure que nous retrouverons. Dans l'enceinte s'ouvraient la « porte des champs », la « porte devers les Jacobins », et la poterne ou « planche devers Saint-Martin ». Enfin, il y avait encore une petite porte percée dans le flanc de la tour du Foix, dont il sera parlé en même temps que de cette construction.

La « porte des champs » était ainsi nommée de ce que, à la différence de celle des Jacobins et de la poterne Saint-Martin qui faisaient communiquer le château avec la ville, elle s'ouvrait sur la campagne au delà de l'enceinte de la cité. C'était la seule praticable aux chevaux et aux voitures. Elle occupait

1. Arch. nat., KK 297B, fol. 9 v° ; Q^1 447, acte du 8 août 1523 ; KK 902, fol. 203 v° ; $P\ 2881^3$, fol. 260 r° ; $P\ 2883^1$, fol. 136v° ; $P\ 2883^2$ fol. 338 r° ; Arch. de Loir-et-Cher, B, bailliage de Blois, procès-verbal d'estimation de l'hôtel de Mayenne du 7 janvier 1635 ; H, Bourgmoyen. — Du Cerceau, édit. Ward, pl. V, fig. a. — *Les Œuvres de feu M. de Bouillon*, 1663, p. 37, 101 et 257. — Blondel, *Recueil*, p. 3 ; Arch. nat., O^1 1324, liasse 3 et 1327, liasse 10, plans ; O^1 1325, liasse 2, mémoire de 1711.

2. Bibl. de Blois, Joursanvault, XVII, 110, 112, 114.

3. Bibl. de Blois, Joursanvault, 1069 et 1100 : fonds acquis en 1867, 139.

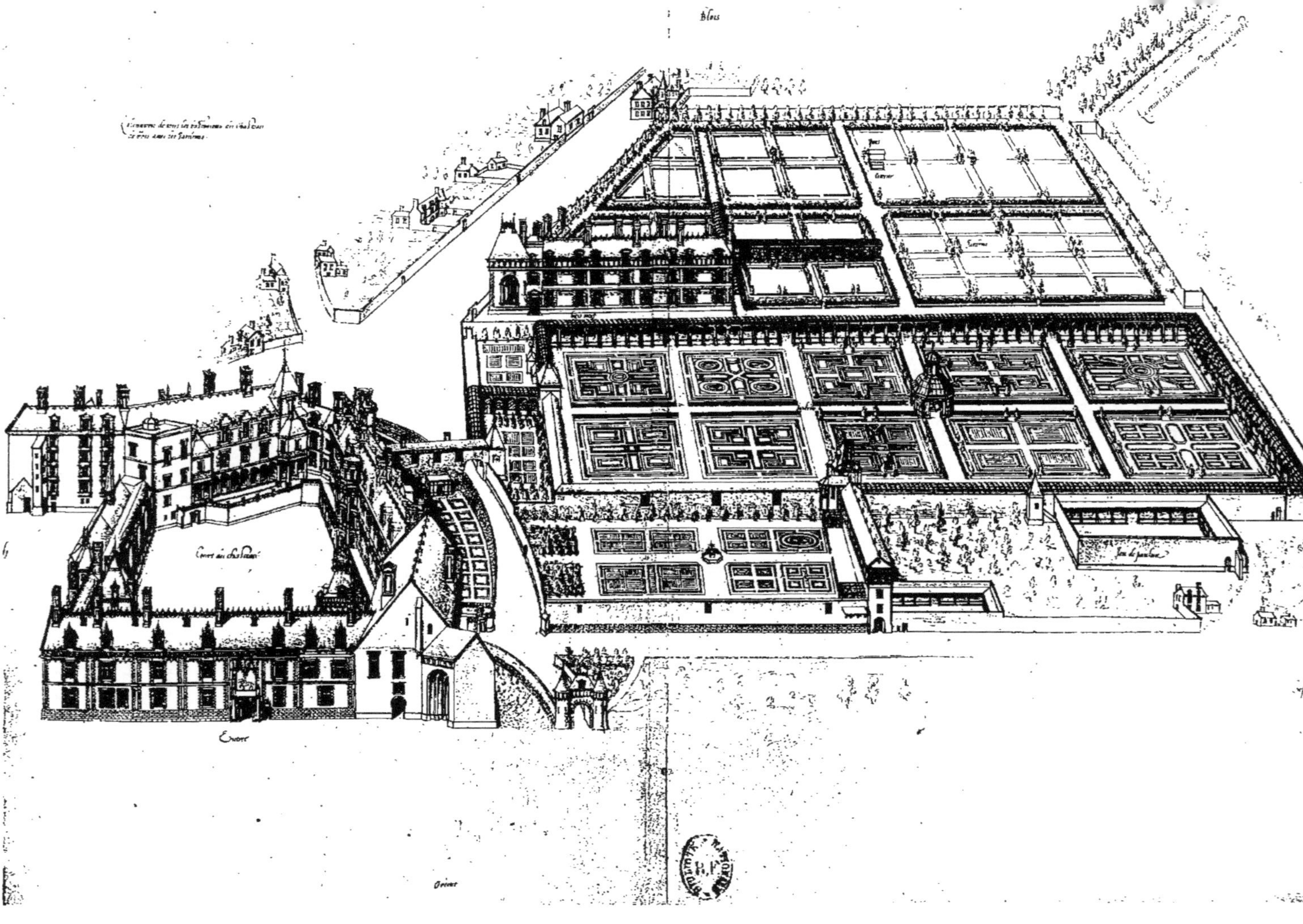

Le Château de Blois et ses jardins, vers 1575
Dessin de Du Cerceau (British Museum)

l'emplacement de la rue actuelle de la Voûte qui conduit de la place Victor-Hugo à celle du Château. L'ouvrage, qui nous est connu surtout par les plans de l'Administration des Bâtiments du roi des XVIIe et XVIIIe siècles, les vues d'Israël Silvestre et de Félibien et les relevés de Duban [1], se composait d'abord d'une porte percée dans le mur d'enceinte à l'angle Nord de la Salle des États, munie d'une herse et couronnée d'une rangée de mâchicoulis; à en juger par une planche de Du Cerceau, elle commandait un court passage voûté au-dessus duquel s'élevait un corps de garde; très mutilée par Henri III qui éleva à cet endroit une grande construction, elle fut complètement détruite vers 1860. De cette porte partait un passage longeant la face latérale de la Salle des États et surplombant le ruisseau de l'Arrou, qui coulait alors à ciel ouvert. Ce passage se terminait au rempart de ville, lequel abutait contre le château à peu près au point de jonction du bâtiment de François Ier et de la Salle des États; là s'ouvrait dans ce rempart une seconde porte, munie aussi d'une herse et d'un pont-levis auquel faisait suite un pont-dormant, pour franchir le fossé de l'enceinte urbaine. Aux XVIIe et XVIIIe siècles, cette seconde porte était flanquée de deux tours polygonales, déjà en ruine sous le règne de Louis XIV, qui disparurent avec la porte vers la fin du XVIIIe siècle. Au moyen âge, elle était commandée par la tour qui se trouvé, nous l'avons vu, à cet endroit et que pour cette raison on appelait très exactement la « tour de dessus la porte des champs » [2].

La « porte devers les Jacobins » se trouvait à l'emplacement

1. Arch. nat., O^{1}_{1} 1324, liasse 3 et 1327, liasse 11. — Israël Silvestre, *Veüe du Chasteau de Blois*. — Félibien, *Mémoires*, pl. 5. — Duban, *Arch. de la Comm. des Mon. hist.* (ancienne série). — *Adde* : La Saussaye, *Hist. du chât. de Blois*, 7e éd., p. 59; Bibl. de Blois, Joursanvault, 1234 et 1291.

2. Bibl. de Blois, Joursanvault, 1234; 1291; XVII, 110; XVII, 114.

de l'escalier qui relie la place du Château à la rue Saint-Lubin ; elle ouvrait donc sur la ville en face du couvent qui lui avait donné son nom. La disposition de cette entrée, qui paraît n'avoir disparu qu'au commencement du xixe siècle, nous est bien connue par un plan de l'Administration des Bâtiments du roi de l'époque de Louis XIV[1], qu'expliquent et complètent les vestiges qu'elle a laissés. La pente rapide du terrain en ce point ne la rendait accessible qu'aux piétons : encore avait-il fallu la garnir de marches dont il est fait mention dès le début du xvie siècle. Elle se composait de deux portes, séparées par un passage ; celle de devant était munie d'un pont-levis et d'une herse ; au-dessus de celle-ci était une chambre qui la commandait, et plus haut encore un poste qui s'étendait en arrière sur tout le passage et communiquait avec une autre chambre établie sur la seconde porte. Les deux portions de l'enceinte, à droite et à gauche de l'ouvrage, n'étaient point dans le prolongement l'une de l'autre, mais se raccordaient l'une avec la porte antérieure et l'autre avec la porte postérieure : de la sorte, au Nord-Est, des archères commandaient le passage en cas que la première porte eût été forcée, et au Sud-Ouest, au contraire, d'autres archères s'ouvraient vers l'extérieur et permettaient de battre la courtine au flanquement de laquelle servait cet ouvrage.

Nous connaissons beaucoup moins bien l'entrée « devers Saint-Martin » ; car elle fut condamnée au commencement du règne de Louis XII et le passage par lequel on y arrivait de la ville, d'abord loué à un particulier, paraît avoir été, vers 1540, incorporé à l'église Saint-Martin qui fut rebâtie et agrandie en ce temps. Cette entrée se trouvait « derrière l'église Saint-Saulveur » et joignait la « partye d'embas » de l'église Saint-Martin située entre les murs du château et la rue Saint-Martin,

1. Arch. nat., O¹ 1324, liasse 3. — Cf. Arch. de Loir-et-Cher, Plans, 21. — *Adde* : Bibl. de Blois, Joursanvault, 535 et 656 et Arch. de Loir-et-Cher, G 2482, fol. 76 r°.

vers le milieu de celle-ci ; elle occupait un emplacement assez voisin de celui de l'escalier qui existe en ce lieu depuis un siècle ; elle s'ouvrait ainsi sur la rue Saint-Martin et faisait communiquer le château avec la ville. Les termes de « planche » ou de « poterne », qui lui sont ordinairement appliqués, indiquent son peu d'importance ; du reste, la grande différence de niveau n'avait permis de la rendre accessible qu'aux piétons, et nous savons que le passage qui la reliait à la rue Saint-Martin n'avait pas deux mètres de large [1].

Ajoutons que le rempart de pierre que nous venons de restituer était encore fortifié, au moins dans la partie située hors la ville, « devers les champs », par des ouvrages avancés en charpente, tels que palissades et haies vives, peut-être permanents, plus vraisemblablement improvisés quand un surcroît de protection paraissait opportun. Nous possédons divers documents se rapportant à des travaux importants de cette sorte pour l'époque de la guerre de Cent Ans [2].

Les archives ni les chroniqueurs ne fournissent aucun document sur l'âge de cette enceinte. Mais les diverses dispositions que présente ce qui en subsiste ou qu'on peut restituer avec certitude paraissent indiquer qu'elle datait du XIIIe ou du XIVe siècle, ce qui nous reporte au temps de la maison de Châtillon. Du reste, toutes les parties n'en étaient peut-être point contemporaines.

Le logis seigneurial : la « grosse tour » ; les bâtiments ; les chapelles. — Tout l'espace compris dans l'enceinte formait la forteresse. Mais celle-ci, qui constituait une sorte de petite cité, se divisait en deux parties : d'une part, le château proprement

1. Arch. de Loir-et-Cher, G 994 ; G 2182, fol. 30 r°. — Bibl. de Blois, Joursanvault, 657, 756, 801.

2. Laborde, *Les ducs de Bourgogne*, t. III, p. 16. — Bibl. de Blois, Joursanvault, 1166, 1213, 1231 et 1234.

dit, le logis du seigneur, qui servait à l'habitation du comte et de ses gens, et, d'autre part, l'avant-cour, qu'on ne saurait mieux définir qu'en disant qu'elle comprenait le reste de la forteresse et qui renfermait des constructions diverses.

La demeure seigneuriale occupait la partie occidentale de la forteresse et confinait aux courtines de l'angle Ouest ; son emplacement répondait assez exactement à celui de l'édifice actuel. C'était le côté de la citadelle le plus exposé puisqu'il regardait le haut du plateau ; mais c'était, par contre, un espace situé presque entièrement hors de la ville. L'ensemble des bâtiments qui constituaient le logis seigneurial et formaient comme un château dans le château était appelé alors du nom de « donjon », lequel ne désignait point du tout la grosse tour, comme l'ont cru tous les historiens, et le terme de « chastel » était réservé à toute la forteresse comprenant le « donjon » et l'avant-cour. L'étude des textes ne laisse pas de doute sur ce point, que nous n'avons pas la place de développer ici, mais que nous devions signaler pour prévenir les méprises qu'ont commises de nombreux auteurs.

Il est très possible que le donjon, qui s'étendait de deux côtés jusqu'à l'enceinte extérieure, ait été, sur les autres faces, isolé de l'avant-cour par une enceinte intérieure : ce qui le donne à supposer est la mention en 1432-1434 d'un « ostel de la porte du donjon » et davantage en 1372 d'un « garde de la porte du danjon », comme il en existait pour les portes extérieures [1]. Il convient, du reste, de remarquer que ces dernières portes s'ouvraient toutes dans l'avant-cour, en dehors du donjon.

Les diverses constructions dont se composait celui-ci étaient à destination militaire, civile ou religieuse. Au premier ordre d'idées appartenait la « grosse tour » ou « grant tour ». On a vu qu'elle avait été élevée par le comte Thibaut-le-Tricheur

1. Bibl. de Blois, Joursanvault, XVII, 114 ; 734 et 735,

AILE DE LOUIS XII

Cl. Fred. Lesueur

Facade de la terrasse du Foix et Chapelle Saint Calais

vers le milieu du xe siècle et reconstruite par Charles d'Orléans au commencement du xve ; la mention qui en est faite dans un document de 1432-1434 est la dernière en date à notre connaissance et l'on ne peut dire, par suite, si elle existait encore à la fin du xve siècle. Nous ignorons quel était son emplacement, qui peut, d'ailleurs, avoir été changé par Charles d'Orléans, et toutes les opinions que l'on a émises à ce sujet reposent sur des raisonnements arbitraires ou sur la signification erronée attribuée au mot donjon, le seul qu'emploient les textes d'où l'on veut tirer une indication topographique. L'incertitude n'est guère moins grande touchant les dispositions qu'elle présentait. Il était facile de supposer qu'elle était plus élevée que toute autre construction du château : c'est ce que paraît confirmer la mention en 1372, 1374, 1376 et 1411 d'un « guette en la grosse tour ». Nous savons encore que vers 1360 on plaça dans cette tour, pour donner l'alarme en cas de surprise, une cloche qui fut enlevée d'un prieuré de l'Ermitage sis dans la forêt de Blois. Il est vraisemblable enfin que c'est dans cet édifice que se trouvait la « chapelle de la tour », dont l'existence est signalée comme durant depuis déjà un certain temps dès la seconde moitié du xiie siècle et qui en 1324 était trop délabrée pour que le culte y pût être continué ; il est impossible de dire si elle fut rétablie dans la tour de Charles d'Orléans, et les mentions postérieures qu'on en connaît peuvent ne concerner et pour les dernières même ne concernent certainement que le bénéfice du chapelain et non la construction [1].

1. *La Chron. de Nantes*, édit. Merlet, p. 108. — Bibl. nat., franç. 27595, dr 25575, p. 4. — Bibl. de Blois, Joursanvault, XVII, 114. — Guette : Bibl. de Blois, Joursanvault, XIV, 72 ; 761 ; 1069. — Cloche : La Saussaye, *Le chât. de Blois*, 2e éd., 1840, p. just. III, IV et IV bis. — Chapelle : Bibl. nat., Housseau XII[1], fol. 56 r° ; Bibl. de Blois, Joursanvault, 4 ; *Gallia christ.*, t. VIII, col. 1394 ; Bibl. de Blois, Joursanvault, 1267 ; Arch. de Loir-et-Cher, H, Bourgmoyen, Saint-Calais.

Un autre édifice obligé des châteaux gothiques était la grande salle seigneuriale. Le donjon de Blois ne manquait point à la règle, et sa grande salle, construite au XIIIe siècle et connue sous le nom de Salle des États depuis que les trois ordres s'y réunirent en 1576 et 1588, s'élevait à l'angle Nord, au-dessus de la porte des champs qui la contournait. Elle est venue presque intacte jusqu'à nos jours et sa description trouvera place dans la seconde partie de ce livre.

Il y avait à l'extrémité de la grande salle une chapelle dédiée à la Vierge. Elle est mentionnée à partir de 1398 ; elle existait encore au début du XVIe siècle ; mais elle était déjà disparue au XVIIe et des actes de 1623, 1627 et 1677 nous apprennent que le service en avait été transféré dans la chapelle Saint-Calais. Les textes l'appellent « la chapelle Nostre-Dame fondée au bout de la salle du chastel de Bloiz », la « chapelle Nostre-Dame cituée et assize ou chevet de la salle haulte du chastel de Blois », « *capella perpetua ad altare beate Marie in buto magne aule in castro Blesense fundata* ». Il semble qu'il ne s'agissait pas d'un simple autel, mais d'une véritable chapelle ; car le récit de la réception de l'archiduc d'Autriche en 1501, rapportant que la grande salle était tendue de tapisserie, ajoute : « et pareillement une chapelle qui estoit au bout de ladite salle ». Mais on ne saurait préciser davantage sans tomber dans l'arbitraire [1].

A la suite de la grande salle s'élevaient des constructions adossées à la courtine et qui occupaient l'emplacement du bâtiment de François Ier ou plus exactement des pièces de ce bâtiment ayant vue sur la cour : nous avons déjà dit, en effet, que l'ancienne courtine n'est autre que le gros mur de refend qui sépare ces pièces de celles ayant vue sur l'extérieur,

1. Bibl. de Blois, Joursanvault, 908, 977, 1116, 1255, 1375. — Godefroy, *Le cérémonial françois*, t. II, p. 731. — Arch. nat., P 2883[1] fol. 407 v° ; P 2883[2] fol. 308 v° ; KK 900, fol. 154.

et que celles-ci se trouvent donc en dehors de l'emplacement du château gothique. Il existe encore diverses dispositions datant des constructions du moyen âge dans l'édifice de la Renaissance, où l'on a utilisé en partie les bâtisses qui l'avaient précédé : on peut citer notamment certaines portes au chambranle en pierre dure et des escaliers droits pratiqués dans l'épaisseur du mur d'enceinte ; un escalier à vis et une fenêtre seront signalés dans un instant.

D'ailleurs, toute la longueur de l'aile de François Ier y compris ce qu'en a détruit Gaston d'Orléans, c'est-à-dire depuis la Salle des États jusqu'à la tour de Châteaurenault, n'était pas occupée par une construction unique, mais par deux bâtiments parfaitement distincts. L'un s'étendait en longueur depuis la tour de Châteaurenault jusques et compris la tour qui s'élevait au milieu de l'édifice de la Renaissance ; il répondait donc à la partie de l'aile de François Ier démolie par Gaston d'Orléans et aux pièces sur lesquelles s'ouvre le grand escalier à jour du XVIe siècle. L'autre bâtiment, moins important, s'étendait depuis le précédent jusqu'à la Salle des États et répondait aux appartements de la Renaissance contigus au pignon de cette salle. Le mur qui séparait ces deux bâtiments a été utilisé dans la construction de François Ier où il divise les pièces que nous venons de dire.

Au surplus, et c'est précisément ce qui prouve l'existence de deux corps de logis à cette place au moyen âge, ils n'avaient point les mêmes niveaux d'étage. Pour celui du côté de la tour de Châteaurenault, qui était sans doute aussi élevé, et certainement pas moins, que l'aile de la Renaissance dont la charpente s'appuie sur la vieille courtine, ses différents étages devaient être exactement ou à peu près au niveau de ceux de cette aile, ainsi que l'indiquent les paliers des escaliers ménagés dans l'épaisseur du mur médiéval et les salles anciennes de la tour de Châteaurenault. Au contraire, les étages de l'autre bâtiment, contigu à la Salle des Etats, étaient à des hauteurs très différentes des étages actuels; en effet, de récents travaux de réparation ont momentanément mis à jour une fenêtre percée dans l'ancien mur extérieur, proche la Salle des États, qui s'ouvrait immédiatement au-dessous du plancher du second étage actuel, et à trois mètres au-dessus de celui du premier. D'autre part, il existe encore des parties importantes d'un escalier à vis situé à l'angle de la courtine et du mur séparant nos deux bâtiments gothiques et qui faisait communiquer ceux-ci : l'une de ses extrémités débouchait au troisième étage du premier de ces bâtiments et l'autre extrémité s'ouvre du côté du bâtiment contigu à la Salle des États à deux mètres au-dessus du plancher du second étage actuel. Cette disposition donne la hauteur de l'ancien plancher, qui correspond parfaitement à ce qu'indique la fenêtre que nous avons dite.

Nous avons insisté sur ces points parce qu'ils éclairent singulièrement, comme on le verra, la construction de l'aile de François Ier. Quant à dire quelle était la largeur respective de ces deux bâtiments, l'ordonnance de leurs façades, leurs dispositions intérieures, ce sont autant de questions insolubles dans l'état de nos connaissances.

L'aile qui s'appuyait à l'enceinte du côté des fossés, c'est-à-dire au Sud-Ouest, et qui occupait l'emplacement actuel de l'édifice de Gaston d'Orléans, nous est beaucoup mieux connue, bien qu'il n'en reste aucun vestige ; car elle ne fut démolie qu'au XVIIe siècle et le souvenir par suite nous en a été conservé par les dessins et gravures de Du Cerceau. Nous avons vu qu'elle avait vraisemblablement été édifiée par Charles d'Orléans au milieu du XVe siècle. Elle s'étendait depuis l'angle Ouest jusque vers le milieu de ce côté de l'enceinte, au point où celui-ci s'infléchit légèrement. Elle reposait sur un vaste soubassement, un terre-plein sans doute, élevé au niveau du premier étage de l'aile de François Ier, et se composait d'un rez-de-chaussée, d'un premier étage et d'un second étage en par-

AILE DE LOUIS XII ET DE FRANÇOIS Ier

Cl. Fred. Lesueur

Escalier de François Ier et galerie de Louis XII

tie sous comble. De petites constructions irrégulières la reliaient au bâtiment qui occupait l'emplacement de l'édifice

LE BATIMENT DE CHARLES D'ORLÉANS AU FOND DE LA COUR
(Fragment d'une gravure de Du Cerceau, 1579.)

A droite, l'aile de François Ier et la galerie de Catherine de Médicis.
A l'arrière-plan, la tour de Châteaurenault.

de la Renaissance. A l'autre extrémité, elle était flanquée d'une grande et grosse tour carrée, terminée en terrasse et contenant un vaste escalier. Entre cette tour et les petites constructions de l'autre bout se développait une façade construite en brique et pierre, ainsi qu'allaient l'être cinquante ans plus tard celles de l'aile Louis XII ; elle comportait au rez-de-chaussée une colonnade à arcades ouverte sur une galerie, au premier étage des fenêtres rectangulaires à meneau, au-dessus des lucarnes aux gables découpés en marches d'escalier. Les deux angles qui marquaient les extrémités de cette façade étaient occupés chacun par un petit avant-corps carré, complètement ouvert au rez-de-chaussée et terminé au-dessus du premier étage par un toit pointu. Derrière celui de droite, la tourelle d'un escalier intérieur émergeait du toit et faisait saillir une couverture élancée. En avant de cette façade, le soubassement formait une terrasse décorée d'une balustrade de fer doré ; au XVIe siècle on l'appelait la « Perche aux Bretons », parce que, rapporte Brantôme, c'est là qu'au temps de Louis XII se rassemblait la garde bretonne de la reine Anne laquelle disait, la voyant : « Voilà mes Bretons sur la Perche qui m'attendent ». Tout l'ensemble, d'un parti très mouvementé, était d'une décoration très sobre et très simple. Cette ordonnance a d'ailleurs visiblement inspiré celle de la façade de l'aile Louis XII qui lui fait face. A l'intérieur, les pièces prenaient jour du côté du fossé par des fenêtres ouvertes dans l'ancienne courtine et étaient desservies au rez-de-chaussée par le portique de la façade sur la cour et aux étages supérieurs par des galeries établies au-dessus de ce portique : c'est encore une disposition qu'imitera l'architecte de Louis XII.

Au Sud-Est, en face des bâtiments qu'a remplacés l'aile de François Ier, une longue et étroite galerie s'étendait depuis la grosse tour carrée de l'édifice de Charles d'Orléans jusqu'à l'endroit qu'occupe aujourd'hui la construction de Louis XII. Une notable partie en fut démolie au XIXe siècle quand le château servait de caserne ; il en subsiste encore environ la moitié le long de la chapelle Saint-Calais. Elle présente les plus grandes analogies avec l'œuvre de Charles d'Orléans et fut sans doute élevée en même temps.

Enfin, un compte de 1432-1434 fait encore mention d'un « ostel de la porte du donjon »[1]. Il n'est pas arbitraire de supposer que ce bâtiment était situé à l'emplacement qu'occupe aujourd'hui l'aile de Louis XII, puisque c'est normalement de ce côté, face à l'avant-cour, que devait se trouver l'entrée au moyen âge comme de nos jours.

Nous ne savons à peu près rien de l'ordonnance et de la décoration des différentes pièces dont se composaient les logis que nous venons de passer en revue. Cependant un mémoire de travaux de 1340 montre que les murs étaient couverts d'un enduit jaune dont il reste, semble-t-il, quelques traces infimes dans les parties anciennes de l'aile de François Ier au rez-de-chaussée ; ce badigeon était en beaucoup d'endroits rehaussé d'une décoration « quarrelée », c'est-à-dire d'un appareil de pierre de taille simulé en peinture. Quelques pièces plus importantes étaient ornées de litres peintes. En une autre les poutres du plafond étaient décorées d'armoiries[2].

Pour donner un aperçu complet du donjon du château de Blois, nous devons encore nous occuper des édifices religieux qu'il comprenait. Nous n'avons pas à revenir sur la « chapelle de la tour » et la « chapelle Notre-Dame de la Salle ». Nous avons déjà signalé également l'existence de la « chapelle de la chambre du comte » et dit qu'elle tirait son nom de sa situation, qui du reste ne nous en est pas mieux connue ; elle est citée pour la première fois en 1191 ; mais les pièces postérieures qui en font mention, certaines mêmes du XVIIe siècle, ne se rapportent qu'au bénéfice du chapelain qui survécut certainement à la disparition de l'édifice auquel il était primitivement attaché : nous ignorons la date de cette disparition. La chapelle la plus importante sans doute et la seule vraisemblable-

1. Bibl. de Blois, Joursanvault, XVII, 114.
2. *Ibid.*, XV, 43.

ment qui formât une construction architecturale ayant son individualité, était celle dédiée à saint Calais, qui existait déjà dans la seconde moitié du ixe siècle; en son état actuelle ne date que du règne de Louis XII, et nous ignorons ce qu'était le ou les édifices qui précédèrent celui-ci : on ne saurait même affirmer, encore que ce soit très vraisemblable, qu'ils aient toujours occupé le même emplacement.

Il faudrait encore, pour se figurer exactement l'aspect de tous ces lieux, les animer du mobilier qui les garnissait. Si nous sommes loin d'être aussi bien renseignés à cet égard qu'il serait désirable et si nous ne pouvons même espérer l'être jamais, nous avons du moins une précieuse source d'information dans l'inventaire des tapisseries et orfèvreries qui fut dressé à la mort de Valentine de Milan, à la fin de 1408 et au commencement de 1409. Ce document révèle le luxe extrême déployé par le feu duc Louis en cette résidence, que cependant il fréquenta peu, et l'on est ébloui à l'énumération de toutes les tapisseries, rideaux, tapis, des parements d'autel, des tableaux et ouvrages d'orfèvrerie, des pièces de vaisselle, des objets cultuels, des reliquaires, coffrets, miroirs, et de mille objets que recommandaient autant le prix de la matière que la richesse du travail [1].

L'avant-cour ; l'église Saint-Sauveur. — Le donjon, dont nous venons de tenter la restitution, formait en un sens la partie la plus importante du château, la partie essentielle et la raison d'être de l'édifice. Mais ce n'était pas la plus considérable en étendue, puisqu'elle ne représentait pas le tiers de la surface comprise dans l'enceinte. Le surplus formait l'avant-cour, qu'on appelait encore la « grand' cour » ou la « basse-cour ». Celle-ci occupait donc l'emplacement actuel de la

1. Arch. nat KK 268A.

AILE DE FRANÇOIS Ier

Cl. Fred. Lesueur

Place du Château avec ses maisons, qui en formait la plus grande partie, et également celui de la terrasse dite du Foix, située entre la tour de ce nom, le bâtiment de Gaston d'Orléans et la chapelle Saint-Calais : elle entourait ainsi le donjon de deux côtés. Il est certain, en effet, quoique peu connu, que l'avant-cour s'étendait aussi à l'endroit de la terrasse du Foix, dont le sol, d'ailleurs, était alors au niveau de celui de la cour du château actuel, et où s'élevaient des maisons particulières exactement comme dans les autres parties de l'avant-cour [1].

Toute cette étendue était inoccupée en sa partie centrale, sur le tiers environ de sa superficie, et formait une vaste cour, une sorte d'esplanade, de forme grossièrement triangulaire, qui répondait presque exactement à la Place du Château actuelle. Autour, entre cette esplanade et l'enceinte, et à l'endroit de la terrasse du Foix s'élevaient des constructions nombreuses et variées.

La plus importante à tous égards était sans conteste la vénérable église Saint-Sauveur. Bien qu'elle ait subsisté jusqu'à la Révolution, on est peu renseigné à son sujet. Le plus clair de ce qu'on sait se tire de plans des dernières années du XVIIIe siècle et premières du XIXe, qui ne marquent que le contour extérieur de l'édifice, et d'une vue panoramique de Blois dessinée par un certain Claude Maugier en 1675, avec quelque souci du détail et de l'exactitude, mais aussi avec beaucoup de maladresse [2].

Il ne s'agissait plus assurément de la vieille basilique érigée

1. Arch. de Loir-et-Cher, B bailliage de Blois, 17 janvier 1635, — Arch. nat., Q[1] 447, 8 août 1523. — Arch. de Loir-et-Cher, G 2482, fol. 76 r° (14 oct. 1504) et *passim*.

2. Arch. de Loir-et-Cher, Plans, 21 et 31 ; O, liasse « Blois, voirie urbaine, an 10 à 1869 ». — La vue de Maugier appartenait à Mme Laurand de Blois ; photogr. au Musée de Blois.

en l'an mil : nous allons y voir des arcs-boutants et un chevet polygonal qui indiquent un monument de style gothique. D'autre part, les réparations importantes qui y sont exécutées au milieu du xve siècle impliquent qu'il n'était pas alors de

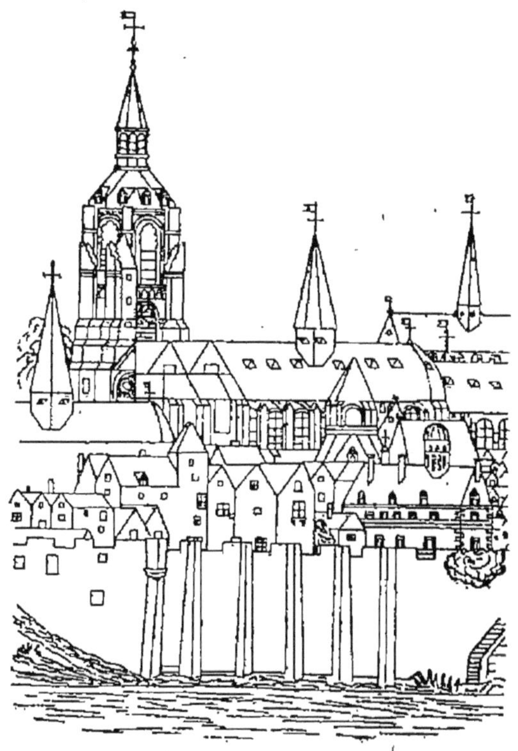

L'ÉGLISE SAINT-SAUVEUR EN 1675
(D'après le dessin de Claude Maugier.)

construction récente. Par suite, quand Pierre de Blois, dans une lettre que nous avons déjà citée et qui doit avoir été écrite vers 1180, parle de l'église qui se relève de ses ruines, il est permis d'émettre l'hypothèse que l'édifice fut reconstruit vers ce temps. Toutefois, le tracé polygonal des absides ayant été peu usité avant le xiiie siècle, il est difficile d'assigner à cette partie de l'édifice une date plus ancienne.

La collégiale de Saint-Sauveur était située au Sud-Est de l'avant-cour, à l'emplacement qu'occupent aujourd'hui les maisons numérotées 2, 4, 6 et 6 *bis* de la place du Château, et était orientée vers le Nord-Est, c'est à-dire parallèlement à la Loire, ainsi que la plupart des églises de la ville. Elle mesurait hors œuvre 62 mètres de long sur 31 dans sa plus grande largeur. Elle se composait d'une grande nef flanquée de deux collatéraux et d'un chœur entouré d'un déambulatoire; le chevet était à cinq pans. La question de savoir si elle avait un transept est fort incertaine. Les arcs-boutants qu'indique le dessin de Maugier font présumer l'existence de voûtes d'ogives.

L'église avait trois portes. L'une, percée dans la façade principale, était précédée, au XVIIIe siècle, d'un petit parvis; à la fin du XVe siècle, il est fait mention en cet endroit d'un petit cloître, « *parvum claustrum existens ante magnam portam* ». Une petite porte existait vers le Sud dans la quatrième travée du bas-côté droit. En face de celle-ci s'ouvrait dans le mur du bas-côté Nord un grand portail largement ébrasé, qui donnait directement sur l'avant-cour et qu'on appelait la « porte des Saints » ou quelquefois encore la « porte des Apôtres », à raison des sculptures qui l'ornaient. Cette dernière porte ainsi que toute l'aile gauche de l'église avaient été, au témoignage de Bernier, restaurées au milieu du XVe siècle par le chambellan du duc d'Orléans, Jean de Saveuses. Un grand et haut clocher terminé par une fine aiguille flanquait la façade principale à gauche; Maugier paraît avoir figuré à droite la partie inférieure d'une tour symétrique. Une flèche couverte d'ardoise se dressait au milieu du vaisseau.

L'église Saint-Sauveur avait été peu à peu accrue par la construction de chapelles. Les plans nous montrent qu'il en avait été élevé au long de tout le bas-côté Nord; et sans doute en existait-il aussi de l'autre côté une grande à trois travées, ou trois contiguës, encore que les documents iconographiques soient d'une interprétation difficile sur ce point; en tout cas, il n'y en avait point autour du déambulatoire. La moins mal connue de ces chapelles est celle qu'avait fait élever Jean de Saveuses au milieu du xve siècle sous l'invocation de sainte Barbe et qui était située « à gauche le long du cœur », « joignant le portail [sans doute la Porte des Saints] devant la croix ». Une autre, dédiée à saint Eustache, avait été fondée en 1270 par le doyen de la collégiale, Jean de Saint-Sulpice. Une chapelle Saint-Jean joignait celle de Sainte-Barbe. La plupart d'ailleurs des « chapelles » mentionnées en très grand nombre par les textes ne constituaient que des fondations de services et n'avaient aucune existence au sens architectural : tel était le cas par exemple d'une « chapelle » fondée par le dernier comte de Châtillon en l'honneur de la Vierge à « l'autel de derrière le cuer » et qu'on appelait « la grosse Mère Dieu »[1].

Comme toutes les anciennes églises, Saint-Sauveur avait reçu de nombreuses sépultures. C'est là notamment qu'étaient inhumés les comtes de Blois, Louis et Guy de Châtillon, et les anciens auteurs vantent la magnificence de leurs monuments. Jean de Saveuses avait son tombeau dans la chapelle qu'il avait fait construire; le principal motif en était un « schelete de mort ». Nous connaissons les épitaphes de quelques personnages de rang médiocre. On peut encore signaler,

1. Chap. Sainte-Barbe : Arch. nat., KK 897, fol. 139 et sq.; Arch. de Loir-et-Cher, G 37; Bibl. de Blois, Joursanvault, 1353, 1354; Bibl. nat., Moreau, 405, fol. 286 v°; franç. 8229, p. 223. — Chap. Saint-Eustache : Arch. de Loir-et-Cher, G 39; *Mém. Soc. hist. et archéol. Orléanais*, t. XVIII, p. 73. — Chap. Grosse mère Dieu : Arch. de Loir-et-Cher, G 18; Bibl. de Blois, Joursanvault, 1229, 1239, 1287, 1646. — Autres chap. : Arch. de Loir-et-Cher, G 41, 25, 27, 28, 35; Bibl. de Blois, Joursanvault, 150, 246, 272, 471, 492, 673, 754, 755, 815, 816, 820, 1015, 1148, XIV 146-148; Bibl. nat., Moreau 405, fol. 286 r°, 287 v°, 294 r°; franç. 8229, p. 223-224; franç. 5779, fol. 4 r°; Arch. nat., Q^{1} 447.

quant à la décoration intérieure, une statue colossale de Saint-Christophe haute de 18 pieds qui était adossée au premier pilier près la porte d'entrée [1].

Nous en aurons fini avec notre église, quand nous aurons dit qu'elle était pourvue d'orgues, dont le poète Antoine d'Asti a célébré la grandeur et la qualité au milieu du xve siècle. Elles devaient être alors déjà anciennes, car elles furent refaites une cinquantaine d'années plus tard par Pierre Jousseaume, facteur renommé de ce temps, qui établit aussi celles de l'église de Cléry et de la cathédrale d'Angers [2].

En dehors de la basilique Saint-Sauveur, l'avant-cour renfermait encore une chapelle dédiée à sainte Constance. Mentionnée pour la première fois en 1352 et bien des fois par la suite, elle existait encore en 1576; mais des plans de 1752 et 1770 établissent qu'elle était alors disparue. Elle était située derrière le chevet de Saint-Sauveur et proche la poterne de Saint-Martin, par conséquent à l'extrémité de l'avant-cour. Nous n'en savons, du reste, rien autre [3].

C'est encore dans l'avant-cour que s'élevaient les écuries du château et la « maison à mettre les munitions ». Enfin, des logis privés occupaient le surplus de l'espace compris autour de la grande esplanade centrale et l'emplacement actuel de la terrasse du Foix. Un grand nombre de ces logis appartenaient

1. Bernier, *Hist. de Blois*, p. 28 et 34. — Jodocus Sincerus, *Itinerarium Galliæ*, 1616, p. 105. — Gölnitz, *Ulysses Belgico-Gallicus*, 1631, p. 257. — Zeiller, *Topographia Galliæ*, 1657, t. VII, p. 13. — Arch. de Loir-et-Cher, G 2482, fol. 86 v°. — Bibl. nat., franç. 8229, p. 223 et 224. — Bergevin et Dupré, *Hist. de Blois*, t. Ier, p. 499.

2. Antoine d'Asti, *Epistol. heroic. liber tertius*, édit. Le Roux de Lincy (*Paris et ses histor.*), p. 568. — Port, *Les artistes angevins*, p. 159. — De Farcy, *Monogr. de la cathéd. d'Angers*, t. II, p. 73. — Jarry, *Hist. de Cléry*, p. 202.

3. Arch. de Loir-et-Cher, G 2482, fol. 30 r° et 1 v° ; G 48. — Bibl. nat., franç. 27761, d[r] 28760, p. 7. — Bibl. de Blois, Joursanvault, 173.

au chapitre de Saint-Sauveur. Ils étaient habités par des chanoines de la collégiale et des officiers des comtes de Blois. C'est sur la terrasse du Foix qu'était située la maison du prieur de Saint-Calais provenant, semble-t-il, d'une donation faite en 1190 par un certain Raoul Louvel et Isabelle, sa mère [1].

Les jardins. — Les châteaux du moyen âge, qui étaient avant tout des forteresses encloses de remparts, ne pouvaient posséder de grands jardins qui eussent contraint d'agrandir démesurément l'enceinte ou qui, laissés en dehors, se fussent trouvés exposés à être trop facilement saccagés. De fait, à Blois il est seulement fait mention, en 1340, des « vergers des fossez du chastel », au pied même du donjon par conséquent, et, en 1410, d'un jardin situé près la chapelle Sainte-Constance, donc dans l'avant-cour : tout cela devait être fort insignifiant. Dans la seconde moitié du xve siècle apparaît une œuvre peut-être un peu plus importante avec la création du Jardin de Bretonnerie ou de Porte-Côté, qui existait encore certainement à l'époque de Louis XII et paraît bien avoir été annexé et incorporé aux grands jardins établis par ce prince ; il aurait été situé aux environs de l'emplacement actuel de la Manutention militaire. Signalons enfin en 1497 l'existence d'un « petit jardin du donjeon » [2].

Tel était, autant du moins que nous l'avons pu restituer, l'état, à la fin du moyen âge, du château qui avait abrité successivement la puissante race de Thibaut-le-Tricheur et l'illustre maison d'Orléans-Valois. Dès avant qu'il ne fût parvenu au faîte de son histoire en devenant résidence royale et que

1. Sur les maisons de l'avant-cour appartenant au chapitre voir : Arch. de Loir-et-Cher, G 2482, *passim*.
2. Pierre Lesueur, *Les Jardins du chât. de Blois*, p. 236-239.

Louis XII et François Ier ne l'aient complètement transformé, c'était déjà un des édifices remarquables de notre pays. Froissard, suspect, il est vrai, de quelque partialité en la question, le proclamait en 1388 « bel et grant, fort et plantureus et l'un des beaulx du roiaulme de France ». Le Religieux de Saint-Denis, en 1417, y voyait « la résidence la plus sûre et la plus agréable de France ». Et en 1451, le poète Antoine d'Asti en célébrait l'ampleur et la puissance [1]. La restitution que nous avons essayée, quelque imparfaite qu'elle soit, montre assez que ces témoignages ne sont que l'exacte expression de la vérité.

1. Froissart, *Œuvres*, édit. Kervyn de Lettenhove, t. XIII, p. 138. — *Chron. du religieux de Saint-Denys*, édit. Bellaguet, t. VI, p. 72. — Antoine d'Asti, *Epistol. heroic. liber tertius*, édit. Le Roux de Lincy (*Paris et ses histor.*), p. 568.

CHAPITRE II

LE CHATEAU SOUS LOUIS XII

(1498-1514)

A. — LE BATIMENT ROYAL

La mort inopinée de Charles VIII, survenue le 7 avril 1498, en appelant à la couronne sous le nom de Louis XII le duc d'Orléans et comte de Blois, détermina les plus hautes destinées de notre monument.

C'est en ces lieux, où il était né et avait été élevé, que le fils du duc Charles et de Marie de Clèves, après qu'il fut monté sur le trône, fit sa résidence la plus habituelle et transporta le siège de la cour. Aussi l'une de ses premières pensées fut-elle de rajeunir et d'embellir la demeure de ses pères par d'importantes créations.

Dates de la construction. — Les travaux commencèrent par la construction de l'aile qui porte encore aujourd'hui le nom de ce prince et qui sépare la cour de la place du Château. L'édifice, qui subsiste entièrement, est d'une unité parfaite en toutes ses parties et dut être conçu dès le début tel qu'il fut exécuté sans modification ni transformation de la pensée premièrement arrêtée. Les dates principales nous sont connues d'une façon suffisamment précise.

On peut penser que ce fut lors du séjour que Louis XII fit dans le Blésois à la fin d'octobre et au commencement de novembre 1498 que fut définitivement organisée l'entreprise ; car le roi, très occupé depuis son avènement par les affaires inhérentes à tout commencement de règne et par les négociations de son divorce avec Jeanne de France, n'avait pu avant ce moment venir à Blois. En tout cas, les travaux devaient être déjà commencés peu après : dans un des interrogatoires du maréchal de Gié, lors du célèbre procès qui lui fut intenté quelques années plus tard, il est dit que « les maçons besoignoient à Bloys » au mois de décembre 1498. En mars 1500, un document fait incidemment mention des tailleurs de pierre qui travaillaient alors pour le roi, *lathomi nunc operantes pro domino nostro rege*. Environ deux ans plus tard, au mois de décembre 1501, l'archiduc Philippe d'Autriche vint en ambassade à Blois, et, dans un récit contemporain de sa réception au château que nous a transmis Godefroy, on relate qu'il alla « depuis l'entrée de la basse-cour jusques à la porte du logis neuf..... et depuis ladite porte du logis neuf jusques à la grande vis..... et depuis ladite vis jusques à la grande salle » ; le « corps de logis neuf » désigne évidemment l'aile de Louis XII, et la « grande salle » doit être la Salle des États, d'autant qu'il est fait mention de la « chapelle qui estoit au bout de ladite salle », ce qui doit s'entendre de cette chapelle Notre-Dame de la salle dont nous avons parlé : il semble bien alors que la « grande vis » ne soit autre que le grand escalier de l'aile de Louis XII, qui peut avoir été élevé dès ce moment si les travaux avaient été commencés de ce côté. Quoi qu'il en soit, la construction était encore en cours l'année suivante : nous possédons un fragment de compte s'y rapportant de l'année 1502 ; il y est surtout question de matériaux pour la couverture, d'une part, et, d'autre part, de fournitures de briques, de marches d'escalier et de pierres de taille ; il est à croire que tout le bâtiment n'avait pas été commencé en même temps et ce serait pourquoi à cette date on en était à la couverture d'une partie et seulement à la maçonnerie d'une autre. A la fin de cette même année 1502, au mois de décembre, le chroniqueur Jean d'Auton rapporte que Louis XII « s'en alla à Bloys dedans son chasteau, que lors faisoit faire tout neuf et tant sumptueulx que bien sembloit œuvre de Roy ». Enfin, dans un compte du 3e trimestre de 1504, un article est consacré à un menuisier qui a « plancheay et chambrillé la cuisine ou chastel de Bloys » et fait quelques menues besognes au même lieu, sans qu'on puisse dire s'il s'agit de travaux faits au nouvel édifice. A tout le moins, ne connaissons-nous pas de mention postérieure se rapportant à cette entreprise [1].

Le personnel de l'entreprise. — Si la chronologie de la construction est connue de façon satisfaisante, il n'en va point de même de son attribution, de la détermination de celui ou de ceux auxquels on doit en rapporter le mérite. C'est à dessein que nous n'employons pas le mot d'architecte qui donnerait à croire que les monuments s'élevaient à cette époque comme aujourd'hui et qu'il existait déjà comme plus tard un personnage pleinement et seul responsable, concevant la pensée, arrêtant et dessinant les plans, dirigeant la réalisation, un personnage sans doute entouré de collaborateurs, mais qui n'agissent que sous ses ordres et sur son initiative et ne sont que des agents d'exécution, un personnage auquel revienne tout le mérite de l'œuvre, en un mot ce que nous appelons aujourd'hui un architecte. On ne peut assurer que cela ne se soit pas rencontré ; mais il est de fait que ce n'était pas l'habitude.

D'abord, l'invention et la réalisation étaient choses souvent distinctes et auxquelles des hommes différents prenaient part.

1. De Maulde, *Procédures politiques du règne de Louis XII*, p. 202. — Arch. de Loir-et-Cher, G 2482, fol. 42 r°. — Godefroy, *Le cérémonial françois*, t. II, p. 728. — Bibl. nat., franç. 26289, pièce 386. — Jean d'Auton, *Chroniques de Louis XII*, édit. de Maulde, t. III, p. 100. — Bibl. nat., franç. 2927, fol. 73 r°.

Il arrivait fréquemment que ceux qui étaient chargés d'exécuter des plans ne les eussent point conçus et les eussent reçus tout préparés, alors que ceux qui en étaient les auteurs demeuraient étrangers à cette mise en œuvre. Mais encore ne s'agissait-il pas là de plans précis et rigoureux, exacts et calculés, tels qu'on les ferait aujourd'hui. Il est certain en bien des cas qu'on ne s'est point préoccupé, avant d'entreprendre les travaux, de régler tous les détails de ce qu'on voulait faire et de ne poser la première pierre qu'après avoir déterminé précisément où serait la dernière. On trouvait même naturel de se mettre à la construction d'un édifice en ayant seulement arrêté ce qui était indispensable pour la pouvoir commencer et de ne décider les autres parties que le moment venu de les exécuter. Il est clair que de telles pratiques laissaient une grande initiative à celui qui devait réaliser ces plans imprécis et ces pensées imparfaites. Enfin, il faut encore tenir compte de l'immixtion du commettant : si, lorsqu'il s'agissait de corps constitués, de fabriques, de chapitres, de municipalités, ce n'étaient que conférences, consultations et commissions, l'ingérence n'était guère moindre quand le commettant était un individu, et il est attesté par des exemples certains que ceux qui faisaient bâtir se mêlaient activement de l'élaboration architecturale. On doit bien entendre pourtant que de simples amateurs ne pouvaient donner que des indications sans précision, qu'un cadre général, qu'un thème à traduire et à interpréter. Il convient, du reste, de remarquer que toutes ces pratiques anarchiques ne présentaient qu'un inconvénient modéré pour les édifices du quinzième siècle et de la première Renaissance dont l'effet est plus pittoresque qu'harmonique, alors que l'ordre précis, méthodique et rigoureux et la solidarité de toutes les parties des monuments classiques n'eussent pu s'en accommoder. Ce sont là toutes choses dont on commence seulement à se rendre compte aujourd'hui et qui sont encore fort confuses, mais qu'il était nécessaire de poser au début pour montrer qu'il faut, en ces questions d'attributions, s'abstraire des notions modernes et se demander, non quel fut l'architecte de notre monument, mais quels en furent les auteurs, en étudiant avec soin les conditions dans lesquelles il fut élevé et en recherchant le rôle respectif de ceux qui prirent part à cette œuvre[1].

Le commissaire, le contrôleur et le trésorier. — Il ne paraît pas que Louis XII ait jamais montré pour les bâtiments le goût que devait leur témoigner son successeur. Il est vraisemblable que sa part ne fut pas considérable dans l'élaboration des constructions qu'il fit élever à Blois, quelle que fût sa prédilection pour cette demeure.

Plus important sans doute fut le rôle de celui que le souverain avait préposé à la direction de l'entreprise, de François de Pontbriant, « commissaire du roy sur le fait de ses bastimens et édiffices de Blois ». Né vers 1451, c'était un vieux serviteur de la couronne, qui avait été attaché à Louis XI et à Charles VIII ; il avait même été envoyé, en 1485, contre le duc d'Orléans et les autres princes insurgés. Pour lui comme pour un personnage plus fameux, Louis XII ne voulut pas se souvenir de cet incident lorsqu'il fut monté sur le trône et la fortune de

1. Croÿ, *Nouv. doc.*, p. 99-106. — Dimier, *Le Primatice*, 1900, p. 141-145. — Stein, dans *Réun. Soc. B.-A. des départ.*, 25e session de 1901, p. 14-18. — Charvet, *L'archit. au point de vue artist. et prat. pendant les* XVIe, XVIIe *et* XVIIIe *siècles en France*, même recueil, 23e session de 1899, p. 286-304. — Charvet, *Les édif. de Brou*, même recueil, 21e session de 1897, p. 255-257. — Viollet-le-Duc, *Dict. d'arch.*, t. Ier, vo *architecte*, p. 113. — Exemples divers : Pont Notre-Dame à Paris : *Reg. des délib. du Bureau de Ville de Paris,* t. Ier, *passim* ; — Cath. de Rouen : Deville, *Revue des arch. de la cath. de Rouen*, 1848, p. 41-47 et 56-67 ; — Cath. de Bourges : Girardot et Durand, *La cath. de Bourges*, 1849, p. 120-137 et Girardot, dans *Arch. de l'art franç.*, 2e série, t. Ier, p. 226-232 ; — Hôtel de Ville de Loches : Gautier, dans *Mém. Soc. archéol. Touraine*, t. XVII, 1865, p. 83-105.

notre homme ne fit que croître : il fut appelé à divers postes de confiance et pourvu de charges honorifiques, et une curieuse lettre qu'il écrivait au souverain en 1514 nous montre l'intimité et la déférente familiarité de ses relations avec la famille royale. Aussi sous le règne suivant et jusqu'à sa mort survenue le 11 septembre 1521, la reine Claude lui continua-t-elle la faveur que lui avait témoignée son père. Il prit durant sa vie une part importante à l'histoire artistique de la région de la Loire. Outre son rôle à Blois à l'époque de Louis XII, sur lequel nous allons revenir et qui s'étendait non seulement à l'aile nouvelle du château, mais encore aux grands jardins créés en même temps aux abords de cette demeure et dont l'étude viendra par la suite, il fut à cette époque, par lettres du 17 décembre 1500, chargé, avec Roland de Plorec, de diriger les travaux du château d'Amboise que la mort subite de Charles VIII avait laissés inachevés. Et sans vouloir chercher maintenant ce qu'il en fut au règne suivant pour l'édification de l'aile François Ier à Blois, à tout le moins est-ce à lui qu'en 1519 fut confiée la « superintendance » de l'entreprise de Chambord. Il est intéressant de noter à ce point de vue qu'en 1476, à une époque où l'art italien était pour ainsi dire inconnu en France, il avait été chargé d'une mission auprès du marquis de Ferrare. Il a d'ailleurs fait bâtir pour son compte, et, de concert avec son frère Gilles, doyen de la collégiale de Cléry, il fit élever une nouvelle chapelle en cette église au commencement du règne de François Ier ; mais il serait peut-être vain d'y vouloir chercher la marque de ses préférences personnelles, car il est à penser que la plus grande part dans cette affaire revint à son frère, qui fit exécuter d'importants travaux à cette église [1].

1. Jarry, dans *Mém. Soc. archéol. et hist. Orléanais*, t. XXII, 1889, p. 547-553, 560-566, 579. — Croÿ, *Nouv. doc.*, p. 11-13, 20-21, 33-34, 42, 44-45, 61-63, 191, 197. — De Maulde, *Procéd. polit. du règne de Louis XII*, p. 23, LXXXVII-LXXXVIII. — Croÿ, dans *Mém.*

Nous voyons François de Pontbriant en 1502 et 1503 dans l'exercice de sa charge de « commissaire » des travaux du château de Blois [1], et il n'y a pas de bonne raison de supposer qu'il n'en ait pas été investi dès le début des travaux.

Les pièces dont nous faisons état ici nous le montrent certifiant des travaux ou des fournitures. Mais elles sont beaucoup trop rares pour qu'on en puisse conclure que là se bornât sa mission ; et nous croyons pouvoir, pour nous éclairer à ce sujet, faire appel aux documents relatifs aux autres grandes résidences royales élevées sur les bords de la Loire à la fin du xve siècle et durant le premier tiers du xvie et que tout indique avoir été construites dans des conditions et suivant une méthode sensiblement identiques [2]. C'est toujours sous un aspect administratif qu'y apparaît la fonction : surveillance du chantier, direction économique de l'entreprise, passation des marchés, ordonnancement des payements : c'est, en effet, ce qu'il fallait régler par pièces en bonne forme. Pourtant, on peut

Soc. archéol. et hist. Orléanais, t. XXVIII, 1902, p. 599, 604. — Jarry, *Hist. de Cléry*, 1899, p. 211-214 et 224. — Boulay de la Meurthe, dans *Bull. Soc. archéol. Touraine*, t. III, 1877, p. 86. — Chevalier, *Invent. analyt. arch. comm. Amboise*, 1874, p. 362. — Dom Morice, *Mém. p. servir de preuves à l'hist. de Bretagne*, t. III, p. 351, 412. — De Maulde, *Hist. de Louis XII, Louis II d'Orléans*, 1889, t. II, p. 140, n. 2. — Bibl. nat., franç. 28818, d^r 52557, p. 15, 33, 38, 52, 55 ; lat. 17129, p. 285 ; franç. 7856, p. 924. — Arch. nat. KK 897, fol. 299 ; KK 289, fol. 584 v°.

1. Bibl. nat., franç. 26289, pièce 386. — Arch. nat., K 78, n° 2 et double Bibl. nat., franç. 2927, fol. 57 v°. — Arch. nat., KK 902, fol. 47 v°.

2. On trouvera la plupart des documents relatifs à l'édification des châteaux d'Amboise et Chambord dans : Jarry, dans *Mém. Soc. archéol. et hist. Orléanais*, t. XXII, 1889, p. 535-588. — Croÿ, *Nouv. doc.* — Croÿ, dans *Mém. Soc. archéol. et hist. Orléanais*, t. XXVIII, 1902, p. 573-607. — Grandmaison, dans *Congrès archéol. de France*, 77e session de 1910, t. II, p. 305-334. — Chevalier, *Invent. analyt. arch. comm. Amboise*, 1874. — Félibien, *Mémoires*.

supposer que le rôle du commissaire ne se bornait pas à ces besognes et qu'il ne demeurait pas étranger à l'élaboration artistique : les habitudes de l'époque le donnent à croire. Et bien qu'il ne faille pas toujours prendre à la lettre et interpréter trop strictement les documents, on doit reconnaître qu'ils sont assez favorables à cette manière de voir, quand ils disent d'un commissaire des travaux d'Amboise qu'il en avait « la totalle charge et conduicte » et d'un autre qu'il avait mission d' « ordonner et disposer de la forme et manière de procéder et besogner ». Il y a dans tout cela l'indication d'une direction générale et supérieure. Quelle que pût être l'habitude de ne point régler avant d'entreprendre un édifice les moindres détails de la besogne jusqu'à son parfait achèvement, lorsqu'il fallait au début arrêter au moins ces dispositions sans lesquelles il est impossible de placer une seule pierre, soit qu'on imposât au maître-maçon un programme plus ou moins précis, soit qu'il s'agît de discuter ses idées et ses projets, il n'est pas vraisemblable que le commissaire n'ait pas été appelé à ces conférences préliminaires. Et quant, au cours de l'œuvre, on en était venu à décider ces points qu'il n'était d'usage de régler que le moment venu de leur exécution, il est difficile d'admettre qu'on l'ait toujours fait sans consulter celui-là qui était investi de la confiance royale en même temps que chargé de la responsabilité de l'entreprise. Il y a là, à Blois comme ailleurs, toute une action obscure, qui ne pouvait laisser de témoignages positifs, qu'il est donc fort malaisé de saisir et de préciser, mais qu'il semble bien difficile de mettre en doute.

Après le commissaire chargé de la direction générale de l'entreprise, on trouve habituellement le contrôleur parmi les agents préposés à l'érection des grands châteaux royaux élevés sur les bords de la Loire à cette époque. Il y a donc toute raison de croire qu'il en fut ainsi à Blois, et nous allons voir que c'est, en effet, ce qui paraît bien se vérifier.

Il n'est pas très aisé de définir avec certitude et précision l'objet de la fonction du contrôleur. Le plus probable semble être qu'elle consistait essentiellement à tenir le compte exact et détaillé des travaux exécutés et des matériaux livrés, d'après lequel les payements étaient ensuite ordonnancés par le commissaire, parfois conjointement avec le contrôleur. Celui-ci certifiait que la besogne avait été exécutée et celui-là qu'elle l'avait été par son ordre. Enfin, il est un point dont on ne voit pas lequel était chargé, ou bien si un autre agent en avait mission, ou même si personne n'y était préposé, comme il y a quelque apparence qu'il en fut jusqu'à Philibert de l'Orme : nous voulons dire de s'assurer de la bonne exécution des travaux et de la qualité des matériaux. Quoi qu'il en soit, les attributions du contrôleur, bien que se rattachant exclusivement à la gestion financière, exigeaient des connaissances techniques autant que des aptitudes administratives : aussi voit-on cette charge donnée tantôt à des maîtres-maçons et tantôt à des fonctionnaires des finances. Même, il arrivait, au premier cas, que celui-là qui en était pourvu participât à la construction, voire fût le maître de l'œuvre, et qu'il fût ainsi appelé à se contrôler lui-même; il semble toutefois qu'à Chambord on ait fini par se rendre compte de tout ce qu'une telle pratique avait de critiquable.

Nous croyons que le contrôleur des constructions de Louis XII à Blois fut Simonnet Guischart, lequel, d'ailleurs, exécuta divers travaux de son métier pour cet édifice. C'est ce qui nous paraît se déduire d'un mémoire d'ouvrages et de matériaux du milieu de l'année 1502, le seul que nous possédions [1]. A la fin se trouve l'ordonnancement du payement : il est rédigé au nom du commissaire Pontbriant; mais il est signé non seulement de lui, mais encore de Simonnet Guischart.

1. Bibl. nat., franç. 26289, pièce 386; p. p. Croÿ, *Nouv. doc.*, p. just. V.

C'est exactement dans les mêmes conditions qu'un rôle contemporain de travaux exécutés au château d'Amboise durant le premier trimestre de l'année 1501 se termine par un ordonnancement rédigé au nom des commissaires, Pontbriant et Roland de Plorec, et signé, en même temps que d'eux, de « Goullet, contrerolleur ». Et nous avons dit le rôle que jouaient les contrôleurs dans l'ordonnancement des payements. De plus, ce même rôle des ouvrages de Blois nomme Simonnet Guischart au chapitre des « gens commis »; et, dans la terminologie de l'époque, cette expression désignait les personnages pourvus d'attributions d'ordre administratif.

Simonnet Guischart paraît avoir appartenu à une famille de charpentiers blésois. Il était lui-même menuisier-charpentier. Depuis 1497 ou 1498 au moins, « commis du maistre des ouvrages » du comté de Blois, lequel était alors Guillemin Cadot, il fut, entre 1500 et 1506 et vraisemblablement vers 1505, pourvu en titre de l'office de maître des ouvrages. Il le résigna le 8 août 1519 au profit de Jacques Sourdeau que nous retrouverons plus tard. Ce fait paraît indiquer qu'il avait à cette date un âge assez avancé [1].

La fonction du contrôleur ne lui donnait par elle-même aucune action sur l'élaboration artistique du monument. Et il est bien possible, en effet, que les agents des finances, qui furent chargés du contrôle, y soient demeurés entièrement étrangers. Mais on admettrait difficilement qu'un homme de métier comme Guischart, dont on ne saurait méconnaître les capacités puisqu'il devait être bientôt maître des ouvrages du comté, ait été appelé à s'occuper journellement de la cons-

1. Arch. nat. Q[1] 503[1], fol. 38 v°-43 v° ; KK 297[B], fol. 9 r° — Bibl. nat., franç. 26289, pièce 386 ; franç. 11197, fol. 7 r° et v°. — Arch. nat. KK 297[B], fol. 5 v°, 6 v°, 9 r°, 47 v°, 56 v°. — Bibl. nat., franç. 27051, d[r] 12991, pièce 12 ; Bibl. nat., franç. 2927, fol. 71 v°, 72 r°, 73 r° ; Arch. nat. KK 902, fol. 50 r°, 54 r° ; Bibl. nat., franç. 27936, d[r] 32874 pièces 2 et 3, — Arch. nat. KK 902, fol. 74 v°,

truction de notre édifice et se soit strictement renfermé dans sa tâche de contrôleur sans jamais donner un conseil ou un avis, émettre une opinion ou une appréciation. Il est bien vraisemblable qu'il eut sur cette entreprise, au point de vue artistique, une certaine action mal définie, une certaine part de collaboration officieuse, qu'il est naturellement impossible de préciser, d'apprécier et d'évaluer.

Le personnel administratif chargé de la construction des grands châteaux royaux des bords de la Loire de Charles VIII à François Ier comportait encore invariablement un autre agent, le trésorier, ou, comme on disait alors, le « commis à tenir le compte et faire le paiement des édiffices ». Son titre indique suffisamment son rôle qui consistait à recevoir les deniers affectés à l'entreprise et à faire à leur moyen les payements régugulièrement ordonnancés ; il devait tenir de ses opérations des comptes en bonne forme et était soumis au contrôle et à la vérification des juridictions financières. Une telle mission exigeait une compétence spéciale : aussi était-elle toujours confiée à des fonctionnaires des finances. Également, il paraît par la nature de ces attributions et par l'origine de ceux qui en furent investis que ces derniers demeurèrent étrangers à toute ingérence artistique. La charge de trésorier des constructions élevées par Louis XII au château de Blois dans les premières années de son règne fut exercée d'abord par Jean Serine et, après sa mort survenue en 1502, par Guillemin Viart. Ils relevaient l'un et l'autre de la Chambre des comptes de Blois [1].

Les attributions. — Quelle que soit l'importance que l'on veuille attacher, assez hypothétiquement d'ailleurs, au rôle

1. Jean Serine : Arch. nat. KK 902, fol. 42 v° et 62 r°. — Guill. Viart : Bibl. nat., franç. 26289, pièce 386 ; Arch. nat. KK 902, fol. 42 v°. — Sur la date du décès de Serine ; Arch. nat. KK 902, fol. 37 r° et 42 v°.

joué en cette affaire par le commissaire et le contrôleur, il est bien certain pourtant que la plus grande et meilleure part du mérite des constructions de Louis XII revient à ceux que nous appellerons, avec M. de Croÿ et faute d'un meilleur terme, le personnel technique : nous voulons dire les maîtres maçons, sculpteurs et ornemanistes. Et c'est d'eux qu'il faut maintenant nous occuper.

Une opinion, jadis en grande faveur et qui compte encore des partisans, voit dans notre monument l'œuvre de fra Giocondo, le célèbre moine véronais, à la fois architecte et ingénieur, philologue et archéologue, qui, ramené par Charles VIII de Naples en 1495, séjourna en France jusqu'à la fin de 1504 ou au commencement de 1505, et auquel il fut de mode pendant longtemps de faire honneur de toutes les constructions élevées sous le règne de Louis XII. Cette attribution, qui ne repose sur aucun fondement, constitue certainement une des plus étranges aberrations qui se puissent imaginer. Sans doute, si Giocondo paraît avoir généralement séjourné durant ce temps à Paris, où il prit une part importante à la reconstruction du pont Notre-Dame, où il professa un cours sur Vitruve, où il fit la découverte de lettres inconnues de Pline le Jeune, et où il fut un des maîtres de l'humanisme naissant, cette circonstance pourtant n'est pas déterminante ; et d'ailleurs nous savons positivement qu'en 1503 il fut chargé de travaux hydrauliques exécutés dans les jardins du château de Blois. Mais le style de l'édifice repousse de la façon la plus absolue une telle paternité. On verra dans la seconde partie de ce livre qu'à part quelques rares motifs décoratifs, on n'y trouve rien d'italien et que toute l'ornementation, sauf ces quelques exceptions, et toute la construction, sans aucune réserve, sont absolument et foncièrement françaises et gothiques. C'est là l'œuvre qu'on veut donner à un étranger. Au surplus, une curieuse lettre écrite par un ambassadeur vénitien le 18 novembre 1504 donne une sorte de résumé de la vie de Giocondo pendant son séjour en France [1], et il n'y est point dit qu'il ait élevé cet édifice, non plus du reste qu'aucun des châteaux et palais qu'on lui a attribués, alors que des travaux de bien moindre importance y sont relatés.

Nous devons donc tenir pour assuré qu'il ne peut s'agir ici que de l'œuvre d'artistes français. Parmi ceux-ci, divers noms ont déjà été proposés, notamment celui de Simonnet Guischart, que nous croyons avoir été le contrôleur, ce qui ne serait pas inconciliable, et celui de Jacques Sourdeau, que nous retrouverons plus tard lorsque nous étudierons l'aile de François Ier. Mais, si nous savons qu'ils ont tous deux pris part à cette construction et fait divers travaux de leur état, rien n'autorise à croire que l'un ou l'autre ait joué ici le rôle prépondérant qu'on veut leur donner.

Il faut, à notre avis, faire beaucoup plus de cas de l'attribution à Colin Biart. Ce personnage, trop ignoré bien qu'on doive assurément le tenir pour l'un des grands maîtres de ce temps, était né à Amboise en 1460. C'est en cette ville qu'on le voit pour la première fois en 1483 : il fait alors quelques ouvrages provisoires en charpente pour les fêtes données à l'occasion des fiançailles de Marguerite d'Autriche avec le dauphin Charles. Une douzaine d'années plus tard, on le retrouve encore à Amboise dans une situation singulièrement plus éminente. Il avait comme maître maçon, conjointement avec Guillaume Senault et Louis Amangeart, « la charge et conduicte du fait de la maçonnerie des édiffices » du château, dont la construction était alors en pleine activité ; c'était la plus grande entreprise du temps où il jouait ainsi le premier rôle, celui de maître de l'œuvre, et il avait sous ses ordres bien des hommes

1. Baschet, *Les archives de Venise, hist. de la chancell. secrète*, 1870, p. 562. — De Maulde-la-Clavière, *La diplom. au temps de Machiavel*, 1892, t. II, p. 293.

qui devinrent les grands maîtres du commencement du XVIe siècle, Martin et Bastien François, Pierre Gadyer, Roland Leroux, Jean Fouquet, Jacques Sourdeau, Pierre Trinqueau, etc. Ensuite, il est à Paris, au mois de mars 1500, pour la reconstruction du pont Notre-Dame qui venait d'être renversé : il est nommé, avec deux autres confrères, « maistre des œuvres en l'édiffice dudit pont » ; il était chargé à ce titre de diriger l'exécution des dispositions qu'arrêtaient au fur et à mesure les officiers municipaux en des assemblées qui réunissaient des fonctionnaires, des bourgeois expérimentés en telle matière et des hommes de l'art parmi lesquels se trouvait notre homme ; il ne resta, d'ailleurs, qu'un mois environ attaché à cette œuvre. Comme s'il avait dû s'occuper de toutes les grandes constructions de l'époque, on le retrouve à Gaillon, la célèbre résidence que se faisait élever le cardinal d'Amboise. De 1504 à 1508, il y fit d'assez nombreuses apparitions et même des séjours prolongés, envoyé pour « visiter les bastimens », s'occupant du choix de la pierre ; il semble qu'il ne prit pas une part active aux travaux et qu'il n'eut qu'une sorte de rôle consultatif. Pendant qu'il était en Normandie, le cardinal l'envoya en 1505 à Rouen « visiter les édiffices » qu'il faisait bâtir au palais archiépiscopal. Les chanoines de cette ville, l'année suivante, l'appelèrent à une conférence relative à l'achèvement de la tour de Beurre à la cathédrale. Ensuite, ce fut le chapitre de Bourges qui employa son talent. La tour Nord de la cathédrale menaçant ruine, il prit part à la fin de 1506 à une réunion de maîtres maçons tenue à ce sujet, puis, après la chute, à une nouvelle réunion où l'on arrêta le projet de reconstruction ; et, de la fin de 1508 jusqu'en avril 1515, de concert avec Jean Chéneau pendant deux ans et ensuite seul, il dirigea les travaux de réédification, que d'ailleurs il ne mena pas à terme. En effet, à cette époque, il abandonna le Berry pour revenir à Amboise, et à la fin de 1515, il apparaît à nouveau, ayant, comme vingt ans auparavant, « la charge et conduytte du fait de la maçonnerie des édiffices du chasteau d'Amboise et des environs », cette dernière expression désignant la résidence voisine de Clos-Lucé que le roi faisait réparer pour l'arrivée de Léonard de Vinci. On ne connaît pas de mention postérieure le concernant [1].

La participation de Colin Biart à la construction de l'aile Louis XII à Blois est attestée par sa déposition au cours d'une enquête faite à Bourges entre 1508 et 1510 et dans laquelle il s'exprime ainsi : « Depuis son jeune aige, il a toujours esté meslé et entremis du faict de massonnerie, et entr'aultres a esté à conduire le commancement des ponts Notre-Dame de Paris. Depuys fust appellé par le seigneur de Guyez, mareschal de France, à veoir faire et visiter quelqu'œuvre du chasteau du Verpré et au chasteau d'Amboyse, et depuys au chasteau de Blois, qui sont choses somptueuses et de grant entreprise, et a toujours hanté et fréquenté plusieurs maîtres expérimentés audict mestier »[2].

L'exactitude de cette déposition, qu'il n'y a d'ailleurs aucune

1. Bossebœuf, *Le chât. de Chaumont*, 1906, p. 275-277 ; Chevalier, *Inv. anal. des arch. comm. d'Amb.*, 1874, p. 50. — Grandmaison, dans *Congrès archéol. de France*, 77ᵉ session de 1910, t. II, p. 306. — *Reg. des délib. du Bureau de la Ville de Paris*, t. Iᵉʳ, p. 25, 26 et 27 ; Le Roux de Lincy, dans *Bibl. Éc. des Chartes*, 2ᵉ série, t. II, p. 32 et sq. ; Dupain, *Not. hist. sur le pont N.-D.*, 1882. — *Comptes de dépenses de la constr. du chât. de Gaillon*, p. p. Deville, 1850, p. 133, 126, 166, 162, 183, 184, 185, 186, 189. — *Comptes* de Gaillon, p. 126. — *Comptes* de Gaillon, p. CVII et XCIII ; cf. Deville, *Revue des archit. de la cath. de Rouen*, 1848. — Girardot et Durand, *La cath. de Bourges*, 1849, p. 120-137 ; Girardot, dans *Arch. art franç.*, 2ᵉ série, t. Iᵉʳ, p. 226-232 ; Croÿ, dans *Mém. Soc. arch. et hist. Orléanais*, t. XXVIII, 1902, p. 579-582 ; Croÿ, dans *Bull. Soc. arch. Touraine*, t. XIX, 1ᵉʳ trim. 1913, p. 47. — Croÿ, dans *Mém. Soc. arch. et hist. Orléanais*, t. XXVIII, 1902, p. 601.

2. Girardot, dans *Bull. archéol. p. p. le Comité hist. des arts et monum.*, t. II, p. 469, séance du 8 février 1843. — Cf. Croÿ, dans *Mém. Soc. arch. et hist. Orléanais*, t. XXVIII, 1902, p. 578.

raison de suspecter, est attestée par tout ce qu'on sait sur Biart d'autres sources. Nous avons dit, en effet, son œuvre à Amboise et au pont Notre-Dame; s'il ne parle point de son rôle à Gaillon, peut-être est-ce parce que c'est là que l'avaient envoyé chercher les chanoines de Bourges et qu'ils savaient assez ce qu'il en était, ou bien parce que, comme il semble, il n'y avait rien construit et n'y avait fait qu'une besogne adventice, si l'on peut dire ; enfin, si l'on ne connaît point par ailleurs ce qu'il a pu faire au château du Verger en Anjou, la belle résidence du maréchal de Gié, dont le nom est défiguré ici en « Verpré », il faut dire que l'histoire de cet édifice est presque ignorée. Pour ce qui est de Blois, on doit noter qu'au pont Notre-Dame, en 1500, il paraît être de ces « massons qu'on avait fait venir tant de Blois que Auvergne » et du logement desquels on s'occupait précisément au moment où il apparaît dans cette entreprise; de même, en 1504 et 1505, c'est de Blois que le cardinal d'Amboise l'envoya à Gaillon ; et à la fin de 1505, il est encore appelé « maistre maçon en la ville de Blois ». Il est, du reste, certain qu'il ne faut pas s'attacher à ce que, d'après sa déposition, il n'aurait été appelé à Blois que « depuis », après sa participation à la reconstruction du pont Notre-Dame, puisque la même indication apparaît en ce qui concerne Amboise où nous savons qu'elle est inexacte.

Le plus difficile est de déterminer de quelle sorte fut l'activité de Biart à Blois. N'eut-il qu'un rôle consultatif comme à Gaillon ou à Rouen? ou au contraire fut-il le maître de l'œuvre ? et en ce cas lui avait-on imposé le plan de quelque « deviseur de pourtraicts », ou au contraire ne lui avait-on donné qu'un thème général lui laissant une liberté d'invention plus ou moins complète ? ou bien a-t-il fait un projet qu'un autre aurait exécuté ? Ici encore, on ne peut rien conclure des termes de sa déposition à l'enquête de Bourges ; car s'il est vrai que l'expression « appellé à veoir faire et visiter quelqu'œuvre », qu'on peut aussi bien ponctuer « veoir, faire et visiter », rappelle celle de « envoyé visiter les bastimens », employée dans les comptes de Gaillon, cette même expression définit aussi son activité à Amboise où nous savons qu'il ne s'employa point du tout de même qu'à Gaillon. Pourtant, il reste que dans cette enquête de Bourges, il doit relater ses travaux les plus considérables, ceux où il a joué un rôle important : c'est ainsi qu'il passe sous silence les avis qu'il avait donnés à Rouen au palais archiépiscopal ou à la cathédrale. On doit aussi retenir la similitude du style et de certaines dispositions entre le monument blésois et le château du Verger, similitude qu'on ne peut saisir d'une façon nette et assurée, la résidence du maréchal de Gié étant depuis longtemps détruite et connue seulement par d'imparfaites gravures [1], qu'il ne faut point en tout cas exagérer et qui pourrait n'être que celle qui existe normalement entre édifices élevés à la même époque dans la même région artistique et sans grande originalité, mais qui est cependant assez impressionnante alors qu'on sait que Biart a pris part à l'une et l'autre œuvre. Ces arguments sont loin de donner une certitude; du moins constituent-ils des présomptions en faveur de l'opinion qui voit en Colin Biart le principal auteur de notre monument.

Les sculpteurs. — Si la valeur proprement architecturale d'un édifice réside dans l'ordonnance, dans le choix et la combinaison des dispositions, dans les proportions des éléments, il demeure cependant que le détail de l'ornementation, pour indifférent qu'il soit à l'aspect monumental, n'en est pas moins digne pour lui-même d'un grand intérêt.

Malheureusement, à Blois, les documents écrits ne nous apprennent rien et sont muets sur les artistes auxquels revient le mérite de l'œuvre sculptée, et ce n'est que du style de ce

1. Bibl. nat., Est., *Topogr. de la France*; la principale reproduite par Célestin Port, *Dict. hist., géogr. et biogr. du Maine-et-Loire*, pl. 95, et Vitry, *Michel Colombe*, p. 34.

AILE DE FRANÇOIS Ier

Cl. Fred. Lesueur

Façade extérieure

qu'ils ont fait qu'on peut tirer quelques conclusions sur leur origine : elles seront mieux à leur place dans la seconde partie de cet ouvrage. On y verra que ce furent tous des Français, encore entièrement dans la tradition gothique, et que l'italianisme ne se révèle que dans le dessin de quelques rares motifs isolés que les nôtres ont taillés et qui sont d'ailleurs d'un enseignement intéressant.

Pourtant, il est une œuvre singulièrement plus considérable, non plus d'ornementation mais de grande statuaire, dont chacun attribue la paternité au plus célèbre des sculpteurs ramenés par Charles VIII d'Italie en 1495 : nous voulons parler de la statue équestre de Louis XII, détruite à la Révolution, mais assez bien connue par diverses reproductions, qui surmontait la porte d'entrée, et que tous les auteurs, sur la foi de Quicherat, La Saussaye et Montaiglon, s'accordent à regarder comme le travail indiscutable de Guido Mazzoni, dit *il Paganino*.

Cette attribution résulterait du rapprochement, dans un manuscrit de la Bibliothèque Nationale, de deux quatrains du très médiocre poète Lodovico Eliano, l'un consacré à une statue de Paganino qui représentait le roi en chasseur d'oiseaux, le faucon au poing, et dont l'emplacement n'est pas indiqué, l'autre consacré à la statue de Louis XII qui surmonte la porte du château de Blois et dont l'auteur n'est désigné que comme un nouveau Phidias [1]. Le fait que ces deux quatrains se trouvent l'un à la suite de l'autre dans le manuscrit indiquerait que la première statue se trouvait également à Blois et que l'auteur de la seconde, traité pompeusement de Phidias, était encore Mazzoni, dont il eût été inutile de répéter à nouveau le nom ; on a même prétendu que les deux pièces se rapportaient à la même œuvre [2].

1. Bibl. nat., franç. 1717, fol. 88 v° et 89 r°.

2. La Saussaye, *Hist. du chât. de Blois*, 5e édit., 1862, p. 369. — Montaiglon, dans *Arch. art franç.*, 2e série, t. II, 1862, p. 220. — Vitry, *Michel Colombe*, 1901, p. 170 et 184.

En réalité, rien n'est à retenir de tout cela. Le manuscrit dont il s'agit est un recueil de poésies françaises et latines ; les pièces latines se trouvent toutes ensemble vers la fin du

L'ANCIENNE STATUE DE LOUIS XII
(Dessin de Félibien, 1681.)

volume. Parmi celles-ci, cinq sont d'Eliano et elles sont copiées l'une à la suite de l'autre sans intercalation ; nos deux quatrains sont la première et la quatrième, la seconde étant une épigramme sur le poète Faust Andrelini, la troisième se rapportant aux jardins du château de Blois et la cinquième étant l'épitaphe d'un roi de Naples enterré au Plessis-lès-Tours. Il ressort de là que les deux quatrains en question ne sont rapprochés dans ce recueil que parce qu'ils sont l'un et l'autre d'Eliano et que les cinq œuvres de cet auteur qui y ont trouvé place sont ensemble ; ils ne se suivent même pas immédiatement, comme on le dit, puisqu'au contraire ils sont séparés par deux autres pièces, dont celle qui suit le premier quatrain, relatif à la statue dont l'emplacement n'est pas indiqué, n'a aucun rapport avec le château de Blois. Il est même certain que cette statue expressément donnée au Paganino ne peut être celle qui nous intéresse, puisqu'il y est dit que le roi était représenté le faucon au poing, ce qui n'était pas le fait de la statue de Blois. On arrive donc à ceci que la première poésie concerne une œuvre de Mazzoni inconnue et que la seconde relative à l'œuvre blésoise ne nous apprend rien sur celle-ci.

Ce que nous venons de dire nous dispense d'insister sur l'argument qu'on a voulu tirer, pour confirmer le précédent, de ce qu'une ancienne représentation de notre statue offre une figure laide, un personnage disgracieux et un cheval sans élégance, le tout dans la manière réaliste, brutale et vulgaire de Mazzoni. En fait, ces caractères peuvent aussi bien être rapportés à la maladresse certaine du dessinateur, et l'œuvre apparaît très différente sur d'autres reproductions, qui, du reste, ne sont sans doute pas plus exactes quant au style et à la manière [1].

Le mobilier. — Louis XII, pendant qu'il reconstruisait cette maison où il avait fixé sa demeure, ne négligeait pas davantage le mobilier qu'il voulait digne de la résidence habituelle de la cour. Le château d'Amboise, séjour préféré de son prédécesseur, et celui de Nantes, chef-lieu du fief de la reine

1. Bibl. nat., Est., *Topogr. de la France*, Loir-et-Cher, 2ᵉ vol. — Félibien, *Mémoires*. — Bibl. nat., Est., Qb 17. — Montfaucon, *Monum. de la monarchie franç.*, t. IV, pl. XX, p. 140.

Anne, furent mis à contribution et fournirent leurs richesses. Les modes nouvelles étaient en honneur ; on s'enorgueillissait des meubles apportés de Naples ou venus de Milan, et nous voyons des ouvrages « à la mode italyenne » derrière ces façades d'un style demeuré tout français. D'assez nombreux inventaires nous renseignent sur toutes ces choses et font défiler devant nos yeux les grandes tapisseries historiées, les tentures des lits et les garnitures des meubles, les épais « tapis velus », et les pièces d'orfèvrerie et d'argenterie richement ciselées et ornées d'émaux et de pierres précieuses. Un récit contemporain de la réception de l'archiduc Philippe d'Autriche, en 1501, anime ces froides énumérations en représentant les tapisseries couvrant les parois des salles, les « dosselets » sur les cheminées, l' « accoustrement » des lits, des chaires et des tabourets, les lustres pendant aux plafonds ; le cérémonial du souper et celui du coucher montrent l'emploi de mille objets. Ces diverses indications s'accordent à révéler la magnificence de tous ces ouvrages qui formaient une splendide décoration intérieure au nouvel édifice [1].

B. — LA CHAPELLE

L'aile de Louis XII, dont nous venons de retracer la construction, ne constitue point toute l'œuvre de ce prince à Blois, — il s'en faut même de beaucoup.

1. La plupart des inventaires connus sont réunis dans un manuscrit provenant du prieuré des Blancs-Manteaux et plus anciennement de la collection de dom Lobineau, Bibl. nat., franç. 22335, p. 50-51 et 137-252, et ont été en partie publiés par Le Roux de Lincy, *Vie de la reine Anne de Bretagne*, 1860, t. III et IV, *passim ; adde* invent. publié par M. Arnauldet, dans *Bull. Soc. antiq. France*, 1905, p. 349-352. — Godefroy, *Le cérémonial françois*, 1649, t. II, p. 712 et s. ; *adde* la pompe funèbre d'Anne de Bretagne, Bibl. nat., franç. 5094, fol. 15.

LE PALAIS DE GASTON D'ORLÉANS

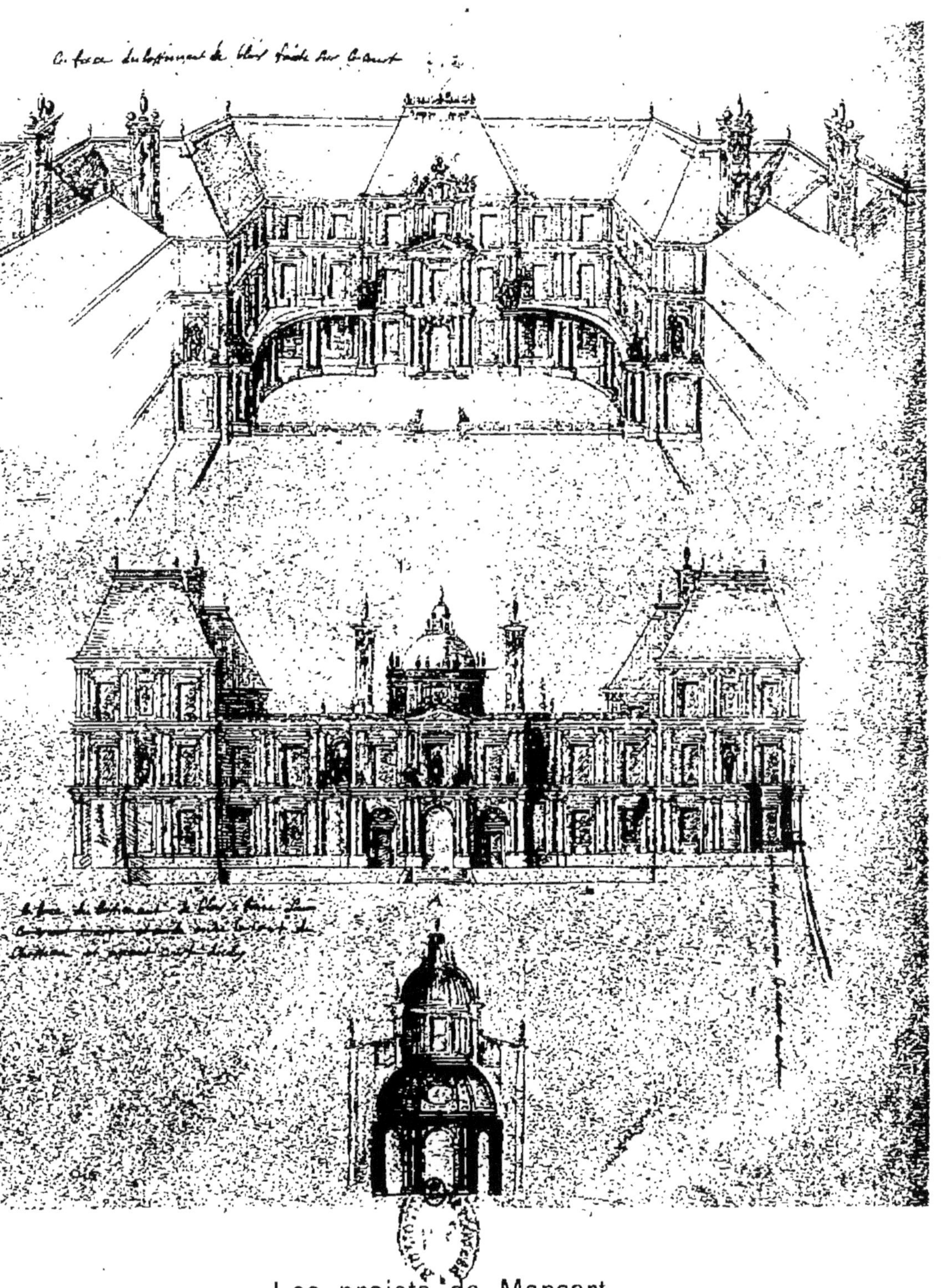

Les projets de Mansart

Nous avons déjà parlé plusieurs fois de cette chapelle dédiée à saint Calais et dont la fondation est antérieure à 873. Soit qu'elle fût dans un inquiétant état de vétusté, soit qu'on ne la trouvât plus au goût du jour, ou pour telle autre raison, Louis XII entreprit de la faire rebâtir. Nous savons seulement que la dédicace du nouvel édifice, *capella seu oratorium Scti Carilephi*, et de ses autels eut lieu à la fin de 1508 ou dans les premiers mois de 1509 en vertu d'un démissoire du 12 novembre 1508 et par le ministère de l'évêque de Marseille [1]. Cela paraît bien indiquer que les travaux étaient alors terminés. Mais on ne peut dire quand ils avaient été commencés et si cette entreprise fut conduite en même temps que la construction de l'aile de l'entrée ou au contraire lui succéda.

On a pourtant contesté tout cela et prétendu rapporter cet édifice seulement au règne suivant sur le fondement d'un mémoire rédigé par les chanoines de Saint-Sauveur en 1653 qu'on a présenté comme la plus ancienne des sources narratives et où ce point se trouve en effet, mais tout à fait incidemment. C'est peu pour appuyer une opinion qui se heurte au document que nous avons cité comme à la tradition et que contredit en outre le style de l'édifice. D'ailleurs, la prétendue antériorité du mémoire en question n'est même pas exacte, puisque quelques années plus tôt dom Noël Mars, l'historien blésois, n'hésitait point à donner la chapelle Saint-Calais à Louis XII.

Nous n'avons aucune indication sur l'auteur de cet édifice.

C. — LES JARDINS

En même temps qu'il entreprenait de renouveler les bâtiments du château de Blois où il avait vu le jour, Louis XII

1. Bibl. nat., franç. 24124, fol. 90 v°.

voulut enrichir les abords de cette demeure par de grands jardins, qui lui feraient une riante parure [1].

Il est vraisemblable qu'il faut rapporter ce projet à la vive impression que les villas italiennes avaient faite sur l'esprit des Français durant la campagne de 1494-1495. Toujours est-il que pour cette œuvre le roi s'adressa à Pacello de Mercoliano, prêtre napolitain, versé dans cet art, que Charles VIII avait ramené de Naples en 1495 et qui avait déjà créé pour ce prince les jardins du château d'Amboise et de la petite résidence voisine de Château-Gaillard. Pacello fut vraisemblablement secondé par un de ses compatriotes, Pierre de Mercoliano, que le cardinal d'Amboise appela par la suite au château de Gaillon [2].

Les mêmes agents administratifs qui étaient préposés aux travaux du château, furent chargés de ceux des jardins. Pontbriant était commissaire. Le trésorier fut sans doute Serine au début, et certainement par la suite Guillemin Viart [3].

Les jardins de Blois furent établis à l'Ouest du château, sur le flanc de la vallée de l'Arrou. Ils étaient complètement indépendants de l'édifice et ordonnés sans rapport avec celui-ci. Ils se composaient essentiellement de trois terrasses étagées, mais dessinées sans correspondance de l'une à l'autre : en bas, un jardin qui paraît être l'ancien jardin de Bretonnerie ; au milieu, le Jardin bas, qui s'étendait à l'emplacement actuel

1. Pierre Lesueur, *Les Jardins du chât. de Blois*. — *Adde* Blondel, *Recueil* ; et dessins originaux de Du Cerceau, éd. Ward.

2. Croÿ, *Nouv. doc.*, p. 109 et s., 124 et s. — *Arch. art franç.*, t. Ier, p. 108 et 116 ; cf. t. III, p. 305. — Journal de dom Antonio de Beatis, dans la *Rev. de Loir-et-Cher*, 1903, col. 188. — Royer, *L'Ombre de Charles VIII*, vers 1786, cité par Cartier dans la *Rev. numism.*, 1848, p. 223. — *Comptes de dépenses de la constr. du chât. de Gaillon*, p. p. Deville, 1850, p. 155 et *passim*.

3. Pontbriant : Bibl. nat., franç. 2927, fol. 57 v° et Arch. nat., K 78, n° 2 ; Arch. nat., KK 902, fol. 47 v°. — Viart : Bibl. nat., Moreau 406, fol. 422 v° (date erronée) ; Arch. nat., KK 902, fol. 42 v°.

de l'école de l'avenue Victor-Hugo et de la manufacture de chaussures qui lui fait face ; au-dessus, enfin, le Jardin haut, qui occupait l'espace compris entre l'allée des Lices, le boulevard Chanzy et la rue de l'Usine-à-Gaz. Ils ont été détruits à la Révolution ; l'avenue qui porte aujourd'hui le nom de Victor-Hugo fut alors ouverte au travers, et il ne reste plus de cette grande œuvre que fort peu de vestiges (*Voir à la fin le plan restitué en 1515 et ci-dessus la vue vers 1575*).

Le Jardin bas était celui qu'on s'était efforcé de faire le plus accompli et dans lequel on avait déployé toutes les ressources d'un art encore rudimentaire. C'est en 1499 que furent acquis les terrains nécessaires à son établissement, qui est par conséquent contemporain des travaux du château. Il formait une grande terrasse rectangulaire, d'environ 200 mètres sur 90, élevée en grande partie de terres rapportées et soutenue sur trois faces par de hauts murs qui subsistent encore presque entièrement. Des allées tracées à angle droit le divisaient en compartiments réguliers et symétriques, qui étaient entourés de clôtures basses en charpente et formaient des parterres de broderie dessinés suivant des compositions géométriques variées. Autour de cette terrasse s'élevaient des berceaux de charpente garnis de plantes grimpantes.

Ce jardin était orné de monuments d'architecture. Vers le milieu d'un côté, au bord de la terrasse, s'élevait le pavillon dit d'Anne de Bretagne, élégante construction qui formait une sorte de petit *casino*. L'idée d'un édifice de cette sorte appartient peut-être à Mercoliano ; mais il n'est certainement pas l'auteur de cette œuvre encore toute gothique ; elle est due, selon toute apparence, aux mêmes hommes qui élevaient alors au château l'aile de Louis XII avec laquelle elle présente les plus grandes analogies. C'est le seul monument qui soit demeuré des jardins et il a été restauré à la fin du siècle dernier ; sa description sera donnée dans la seconde partie de ce livre.

Au centre du Jardin bas, se trouvait un grand pavillon de charpente. Il était de plan octogone et mesurait 14 mètres de diamètre ; quatre faces étaient percées d'arcades, et les quatre autres ornées de niches ; il était couvert d'un dôme d'ardoises, garni de plombs dorés et, à l'intérieur, tapissé de lambris de menuiserie, que surmontait un lanternon terminé à 18 mètres de haut par un Saint-Michel doré. Cet ouvrage abritait une grande fontaine de marbre blanc, qui avait été sculptée à Tours vers 1502 ou 1503. Elle se composait d'un bassin octogone et de deux vasques rondes superposées. On conserve encore au château trois faces du bassin octogone, sur lesquelles sont sculptés respectivement le porc-épic et les initiales de Louis XII et d'Anne de Bretagne, avec, de chaque côté, des ornements à la mode d'outremonts, et la vasque inférieure, décorée de godrons et de masques de lions : ces morceaux, d'un travail soigné et délicat, sont tout à fait italiens, non seulement d'inspiration, mais encore d'exécution, et il faut les attribuer à quelqu'un de ces ornemanistes ultramontains fixés à Tours à la suite de l'expédition de 1494-1495. Il est possible qu'on doive rapporter aussi à cette œuvre un piédouche de marbre blanc, orné de rosaces, de cornes d'abondance et de feuillages stylisés, qui proviendrait, selon la tradition, d'une fontaine de nos jardins et qui sert aujourd'hui de pied aux fonds baptismaux de l'église de la Trinité à Vendôme : c'est assurément aussi une production italienne d'un très bon style.

Le Jardin bas était complètement séparé du château. Pour aller de l'un à l'autre, il y avait une galerie couverte, en maçonnerie, élevée sur un pont de pierre à plusieurs arches qui franchissait les fossés et aboutissait auprès de la tour de Châteaurenault. Entre l'autre extrémité de cette galerie et le Jardin bas, à l'endroit où fut élevée plus tard la terrasse actuelle de l'Éperon, se trouvait un petit jardinet de plan irrégulier. A l'intérieur de la galerie, on voyait de chaque côté, encastrées dans la muraille, des figures en bois sculpté et peint représen-

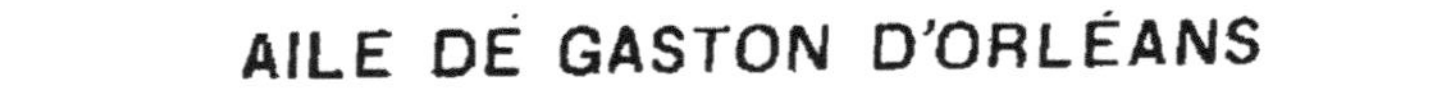

AILE DE GASTON D'ORLÉANS

Cl. Fred. Lesueur

Façade sur la cour

tant des cerfs, des chiens et des faucons : de là lui venait son nom de « Galerie des Cerfs ». On y remarquait encore une image de renne en terre, avec une ramure véritable, qui était un objet de grande admiration, et une biche en cire peinte, qui avait été sculptée, vers 1510, par Antoine Just, le célèbre artiste italien. Dans le Jardin bas, se trouvait pareillement une biche en terre de grandeur naturelle dont le chef était orné d'une ramure prodigieuse ; une inscription en vers apprenait que ce bois provenait d'un animal phénoménal capturé dans les forêts du marquis de Bade.

Au pied du Jardin bas s'étendait le petit jardin que nous croyons être l'ancien jardin de Bretonnerie que Louis XII aurait conservé, sans doute en le remaniant à cette fin. Ses dimensions étaient assez modestes. Encore Du Cerceau le figure-t-il plus étendu en avant que les vues et plans des XVIIe et XVIIIe siècles ; peut-être fut-il ainsi réduit et cette partie antérieure supprimée lors de la construction de la terrasse de l'Éperon sous le règne d'Henri III. Il était divisé symétriquement par des allées perpendiculaires en parterres de broderie aux dessins compliqués. Vers le centre s'élevait une fontaine de marbre blanc exécutée à Tours vers 1502 ou 1503 en même temps que celle que nous avons déjà dite. Au fond de ce jardin et dans toute sa longueur s'élevait, perpendiculairement au Jardin bas et abutant contre le pavillon d'Anne de Bretagne, un long bâtiment sans grand caractère architectural, qui est aujourd'hui occupé par la Manutention militaire. Cette construction servait d'orangerie : de là venait le nom de Jardin de l'Orangerie qui était assez usité au XVIIIe siècle.

Derrière ce bâtiment se trouvaient deux jeux de paume. L'un lui était immédiatement adossé et n'a laissé aucun vestige. L'autre était situé un peu plus loin sur une terrasse appuyée au mur de soutènement du Jardin bas, laquelle subsiste encore presque entièrement. Ce dernier, qui était le plus important, mesurait environ 50 mètres de long sur 20 de large et était assez réputé au XVIIe siècle pour ces dimensions.

Au-dessus du Jardin bas se trouvait le Jardin haut, le plus vaste des trois. Créé pour l'utilité autant que pour l'agrément, il occupait une grande terrasse affectant approximativement la forme d'un trapèze. Il est difficile de le restituer en son premier état ; car si les planches de Du Cerceau, publiées en 1579 et peut-être exécutées quelques années auparavant, nous le font connaître tel qu'il était alors, nous savons qu'au cours du XVIe siècle et à plusieurs reprises, on y fit divers travaux mal précisés. Quoi qu'il en soit, il était divisé en grands compartiments réguliers qui paraissent avoir été affectés à la culture potagère. Dans un quartier, à l'Est, deux grands berceaux de charpente, qui peuvent n'avoir été élevés qu'en 1555, se coupaient en croix. De ce même côté à l'angle Est, on voyait un édifice à deux ailes ; la plus importante formait un grand bâtiment à un étage, parallèle au Jardin bas, que Du Cerceau appelle le « logis neuf » et dont l'ordonnance assez sévère, avec ses grandes chaînes de pierres appareillées et ses lucarnes au fronton en triangle ou en segment de cercle, était, en effet, dans le style de la seconde moitié du XVIe siècle ; il semble que ce soit celui qu'on sait avoir été édifié à la fin du règne de Charles IX.

Dans le Jardin haut, se trouvaient les installations hydrauliques indispensables à de tels ouvrages. Déjà, en 1503, le célèbre fra Giocondo avait imaginé de conduire aux jardins les eaux de l'étang de Pigelée, situé à deux kilomètres environ ; mais cette entreprise ne paraît pas avoir donné ce qu'on en avait espéré [1]. Sept ans plus tard, Mercoliano s'en tint à un

1. Arch. nat. KK 902, fol. 47 v° et 55 r°. — Baschet, *Arch. de Venise, hist. de la chancell. secr.*, 1870, p. 562 ; de Maulde-la-Clavière, *La diplom. au temps de Machiavel*, 1892, t. II, p. 293. —

projet plus modeste ; il établit au milieu du Jardin haut un grand puits ovale de 4 mètres de diamètre et 30 environ de profondeur, avec une machine, peut-être une chaîne à godets actionnée par un manège, qui déversait l'eau dans un réservoir situé à côté, d'où des tuyaux la distribuaient en différents points.

Tels étaient les jardins créés par Louis XII. Ils provoquaient l'admiration des Italiens du commencement du XVIe siècle, qui les virent dans toute leur nouveauté, Louis de Bologne, Antoine de Beatis, André Navagero, cependant familiers avec les œuvres d'outremonts. Au vrai, c'était une création assez insignifiante. On n'avait pas su tirer parti de la pente naturelle du sol et de la disposition des terrasses étagées ; chacune formait un jardin complet, isolé, ayant son ordonnance propre sans lien avec celle des autres. Le Jardin bas, dont on avait cru faire une œuvre accomplie, n'offrait qu'une vaste terrasse plane que ne suffisait pas à animer le dessin des parterres et à laquelle les berceaux de charpente ne formaient qu'un cadre trop mesquin. Il aurait fallu, pour relever et ordonner cette conception, pour lui donner sa valeur, une grande façade d'architecture qui eût formé un fond, une base solide, ou de profonds quinconces qui auraient encadré puissamment ce dessin trop mince.

Mais, ce que l'on doit bien considérer, c'est que nous avons affaire à l'œuvre de primitifs ; cet art naïf est encore nouveau. Et plutôt que les défauts de la création de Pacello de Mercoliano, il faut voir là l'origine du style de Le Nôtre et le germe d'où naîtront plus tard le Luxembourg, Vaux, Versailles et toutes les grandes et fortes compositions du XVIIe siècle.

Manuscrits de Léonard de Vinci, éd. Ravaisson-Mollien, 1888, t. III, ms. K de la bibl. de l'Inst. fol. 100 r°. — Cf. : Bernier, *Hist. de Blois*, p. 24.

D. — L'AVANT-COUR

Le nouveau séjour de la cour à Blois avait entraîné les officiers de la couronne et les seigneurs à fixer leur demeure en cette ville. Et plusieurs, pour se rapprocher du souverain, vinrent habiter dans l'enceinte même du château. Les hôtes de l'avant-cour à cette époque, en dehors des chanoines de Saint-Sauveur, furent le cardinal d'Amboise, le célèbre ministre, le maréchal de Gié, dont on sait le rôle politique, François d'Orléans comte de Dunois, le cousin de Louis XII, Théodore Guarneri, plus connu sous le nom de Théodore de Pavie, le médecin royal, François de Pontbriant, le capitaine du château et le grand ordonnateur des constructions de la couronne, René de Prie, évêque de Bayeux, puis cardinal, le prélat diplomate, et d'autres de moindre renom [1].

Certains d'entre eux, ne trouvant plus à leur goût les anciens logis qui s'élevaient dans l'avant-cour, et incités par l'exemple royal, s'y firent construire de nouvelles habitations. Ce fut le cas du cardinal d'Amboise, grand bâtisseur, comme on sait, dont l'hôtel était proche de son achèvement en 1504; malgré une tradition de plus de deux siècles, il semble qu'on ne puisse l'identifier avec celui que l'on voit au n° 22 de la place du Château à l'angle de l'escalier descendant à la rue Saint-Lubin, ce dernier hôtel paraissant bien être celui qui fut loué par bail du 16 avril 1499 à Jacques de Dinteville, grand-veneur de Louis XII. François de Pontbriant voulut aussi user pour lui-même des facultés qu'il mettait au service du roi et se fit bâtir « ung corps de maison sur la porte du chastel vers Porte-Cousté », c'est-à-dire la porte des champs. Simon Cailleau, prévôt et chanoine de Saint-Sauveur, fit aussi réédifier au

1. Arch. de Loir-et-Cher, G 2482, fol. 63 v°, 72 v°, 17 v° et 30, 73 v°; et les documents cités à la note suivante.

commencement du règne la maison que lui avait louée le chapitre, ainsi que l'y obligeait son bail. Une « maison assise dessus les murailles de la basse-court » et qui servait précédemment au dépôt des munitions, ayant été donnée en 1499 par Louis XII à Charles de Rochechouart, seigneur de Montpipeau, premier gentilhomme de sa chambre, celui-ci la fit reconstruire. Par contre, le roi acquit, vers 1506 ou 1507, une maison appartenant aux neveux d'Adrien de Dampierre, qui fut « comprise et unye en la grange où ledit seigneur a fait mectre son artillerie », et, sans doute vers le même temps, d'autres maisons du chapitre de Saint-Sauveur qu'il fit démolir pour bâtir cette « grange »[1].

Enfin, les maisons qui s'élevaient sur l'emplacement actuel de la terrasse du Foix furent à cette époque l'objet de transformations profondes ou de reprises complètes équivalant à des reconstructions. C'est ce qu'indiquent les restes qui en sont encore apparents et surtout ceux bien plus importants qu'ont révélés les fouilles de 1906. Le niveau de la terrasse étant de quatre mètres plus élevé que l'ancien sol, les fouilles ont dégagé la partie inférieure de ces maisons. L'une, qui était adossée au mur d'enceinte du côté de la Loire et touchait à la tour du Foix, est ainsi assez bien connue : sa façade intérieure était ornée d'un élégant escalier à jour et la façade extérieure

1. Arch. de Seine-Inférieure, G 89, fol. 30 r° ; Ludovicus Bologninus, *De quat. singularibus in Gallia repertis*, 1507, dans le *De triplici disciplina* de Symphorien Champier, 1509 ; *Lettres du roy Louis XII*, p. p. J. Godefroy, 1712, t. Ier, p. 208 (hôtel d'Amboise) ; sur l'identification relatée au texte : Bernier, *Hist. de Blois*, p. 421 ; *contrà* : Arch. de Loir-et-Cher, G 2482, fol. 36 v°. — Arch. nat. KK 902, fol. 227 r° (maison de Pontbriant). — Arch. de Loir-et-Cher, G 2482, fol. 26 r° et 73 v° (maison de Cailleau). — Arch. nat. KK 898, fol. 50 v° ; cf. Arch. de Loir-et-Cher, G 2482, fol. 36 v° (maison de Rochechouart). — Arch. nat., KK 902 fol. 54 r° ; Arch. de Loir-et-Cher, G 2482, fol. 87 v° ; Bibl. de Blois, Joursanvault, 1707 ; Arch. nat., P 2881[1], fol. 106 v° (grange de l'artillerie).

possédait une galerie à arcades ouverte sur la vallée de la Loire, dont un pilastre se voit encore contre la tour du Foix. Le tout pouvait remonter à la fin du règne de Louis XII [1].

E. — LES TRAVAUX DE LA FIN DU RÈGNE

Louis XII ne se tint pas pour satisfait après l'œuvre si considérable qu'il avait accomplie durant la première moitié de son règne, et de nouveaux travaux destinés à l'embellissement de la demeure qui lui était chère vinrent occuper ses derniers jours.

Nous savons, en effet, que le 7 juin 1515, François Ier ordonna de payer à Jacques Viart, receveur ordinaire du comté de Blois, la somme de 8.000 livres, environ 165.000 fr. [2], « pour partie de son remboursement des sommes qu'il a fournies et avancées pour le payement des édiffice, ouvrages et réparacions qui ont esté puis naguères faiz en nostre chastel dudict Blois, dont il a eu la charge et en sera tenu rendre compte ». Et un inventaire de la Chambre des comptes, connu seulement, il est vrai, par une copie souvent fautive, mentionne « un compte de Jacques Viart, commis au fait du payement des réparations du châtel de Blois pour l'année finissant mil cinq cent et quinze » [3].

Malgré ce que pourraient faire penser ces dates, il n'est pas douteux que ces travaux n'aient été exécutés, non sous François Ier, mais bien à la fin du règne de Louis XII. Les termes

1. Fréd. Lesueur, *Les fouilles du chât. de Blois*, p. 94 et 101-108.
2. Ce livre a été écrit en 1913. C'est donc par rapport au pouvoir acquisitif de l'argent en ce temps que doivent être entendues les équivalences monétaires. La situation économique actuelle ne permet pas de déterminer le pouvoir de l'argent au temps présent.
3. Bibl. de Blois, Joursanvault, 1597. — Bibl. nat., Moreau 406, fol. 422 r°.

des lettres du 7 juin 1515 annoncent une entreprise qui n'est plus alors en cours. Le fait du remboursement effectué à ce moment implique que l'avance des fonds devait remonter à plus de cinq mois. Enfin, nous verrons que le comptable de François Ier ne fut pas Viart.

Bien que les documents dont nous faisons état soient muets à cet égard, il est bien vraisemblable qu'il s'agit de la construction des bâtiments qui s'élevaient au XVIe siècle au Sud du château à la suite de l'aile du fond de la cour, proche la chapelle, et qui furent démolis au XVIIe siècle pour faire place à l'édifice de Gaston d'Orléans. Félibien et Bernier rapportent que Louis XII « adjousta apparemment quelques logemens à ceux qui estoient du costé d'Occident », — cette dernière expression désignant l'aile élevée au quinzième siècle au fond de la cour suivant l'orientation inexacte que tous les auteurs donnent au château. Or, un dessin de Du Cerceau (reproduit ci-dessus), que la gravure des *Plus excellens bastiments de France* a tout à fait dénaturé sur ce point, figure la façade intérieure du grand bâtiment qui, adossé à l'enceinte, prolongeait cette aile du quinzième siècle ; et elle apparaît avec une ordonnance à pilastres superposés encadrant les fenêtres et les lucarnes, qui est tout à fait dans le style en honneur à la fin du règne de Louis XII et au commencement de celui de François Ier.

C'était un bâtiment à cinq étages. La courtine du moyen âge, sans doute plus ou moins remaniée, avait dû être conservée pour former la façade extérieure, car celle-ci était encore flanquée de la tour ronde qui, nous l'avons vu, existait à cet endroit. D'autres constructions basses, semble-t-il, et dont l'aspect comme la date nous sont inconnus, reliaient ce bâtiment à la chapelle Saint-Calais et entouraient une petite cour secondaire.

CHAPITRE III

L'ŒUVRE DE FRANÇOIS Ier

(1515-1524)

A. — LA MARCHE DES TRAVAUX ET LES DATES DE LA CONSTRUCTION

Le 1er janvier 1515, François Ier succédait à Louis XII. Le nouveau roi ne semble pas avoir eu personnellement beaucoup de goût pour le séjour des bords de la Loire. Mais la reine Claude, fille de Louis XII, avait été élevée à Blois, et elle avait hérité de son père sa prédilection pour cette résidence. Aussi, jusqu'à sa mort si prématurée, le roi et la cour se tinrent-ils assez habituellement en ces lieux. On s'explique donc aisément que la première entreprise architecturale du jeune roi, le plus grand bâtisseur peut-être de ceux qui montèrent sur le trône de France, ait eu notre monument pour objet. Son dessein s'arrêta sur l'aile Nord-Ouest, qui était, semble-t-il, la plus ancienne alors et qui avait sans doute conservé quelque chose de la rudesse féodale.

De même que l'avait fait Louis XII, c'est dès le début de son règne que François Ier conçut et commença d'exécuter son projet. Par lettres du 17 juin 1515, Raymond Phélippeaux fut « commys à tenir le compte et faire le payement des édiffices du chastel de Bloys ». Le 20 novembre de la même année, il reçut une somme de 2.000 livres allouée par lettres du 13 octobre précédent pour les « ouvrages et édiffices par le roy derrenièrement ordonnez estre faiz en son chasteau de Bloys ». Et il existait autrefois un « compte des réparations du chastel de Bloys » rendu par lui pour l'année 1515. Nous possédons pour les années suivantes d'autres pièces comptables se rapportant aux « bastimens, édiffices et repparacions du chastel de Bloys ». Le 5 juillet 1516, Phélippeaux donna quittance de la somme de 3.000 livres ordonnée par lettres du 9 mai précédent. Le 8 janvier 1517, le roi lui assigna pour l'année 1.000 livres sur chacune des quatre grandes généralités, et il donna quittance le 26 février suivant de la somme ordonnée sur la recette générale de Normandie. Bien que cette allocation fût destinée à toute l'année 1517, dès le 15 avril François Ier lui fit délivrer 2.000 livres sur la généralité d'Outre-Seine et Yonne. Le 7 mars 1518, le souverain alloua 375 livres sur la généralité de Languedoc, et, le 20 mars suivant, Phélippeaux donna quittance au receveur général de Languedoil et Guyenne de pareille somme également ordonnée par lettres du 7 mars. Le 4 septembre 1518, il reçut encore 1.000 livres du receveur général de Languedoil et Guyenne. Bien que les travaux semblent avoir encore duré plusieurs années, selon l'opinion qui sera exposée plus loin, nous ne connaissons pas de pièce postérieure, ce qui est assez singulier [1].

Aussi bien, les documents ne nous apprennent-ils que fort peu de chose, et c'est en définitive par l'étude du monument lui-même que nous est révélée l'histoire de sa construction. Nous y découvrons que, loin d'avoir été élevé d'un seul dessein, il n'est arrivé dans l'état où nous le voyons qu'à la suite de projets divers et par étapes successives.

1. Bibl. nat., franç. 14368, fol. 160 v°. — Bibl. nat., nouv. acq. franç. 20517, pièces 119 et 120 ; 20525, p. 264. — Bibl. nat., Moreau 406, fol. 422 r°. — Bibl. de Blois, Joursanvault, n° 1602. — Bibl. nat., franç. 25720, n° 58. — Bibl. nat., franç. 6212, n° 101. — Bibl. nat., franç. 25720, n° 66. — Bibl. nat., franç. 21448, n° 5. — Arch. nat., KK 289, fol. 848 v°. — *Ibid.*, fol. 860 v°.

La façade de la cour. — L'aile de François Ier forme actuellement un bâtiment double en épaisseur et divisé dans toute sa longueur par un énorme mur de refend. La façade sur la cour et toute la partie qui prend jour de ce côté ont été un peu atteintes par les démolitions de Gaston d'Orléans ; anciennement, elles avaient le même développement que la partie qui regarde l'extérieur et s'étendaient donc jusqu'au droit de la tour de Châteaurenault.

Il est nécessaire, pour l'intelligence de ce qui va suivre, de rappeler qu'avant François Ier il y avait à cet endroit deux bâtiments, dans le prolongement l'un de l'autre. Leur façade extérieure était constituée par le gros mur de refend dont nous venons de parler et ils n'occupaient ainsi que l'emplacement des appartements actuels qui regardent la cour. L'un répondait à ce qu'a détruit Gaston d'Orléans et aux pièces sur lesquelles s'ouvre le grand escalier de la Renaissance ; l'autre, de moindre longueur, aux pièces qui joignent la Salle des États. Ces deux bâtiments étaient complètement indépendants et notamment n'avaient point du tout les mêmes niveaux d'étages, ceux du bâtiment qui joignait la tour de Châteaurenault étant exactement ou à peu près aux mêmes niveaux que dans la construction actuelle, ceux de l'autre bâtiment étant, au contraire, à des hauteurs absolument différentes. Le mur extérieur était flanqué de trois tours, qui se trouvaient donc à l'emplacement des appartements de l'aile de François Ier qui regardent la place Victor-Hugo, une à chaque extrémité et la troisième vers le milieu, proche du point de jonction des deux bâtiments.

L'entreprise de François Ier ne comporta d'abord que la construction d'un édifice simple en épaisseur dont la courtine médiévale formait la façade extérieure et dont la façade sur la cour était déjà celle que nous voyons aujourd'hui, sous réserve toutefois de ce que nous dirons du grand escalier. On utilisa la courtine, le mur pignon qui séparait les deux bâtiments du moyen âge, et peut-être même d'autres dispositions.

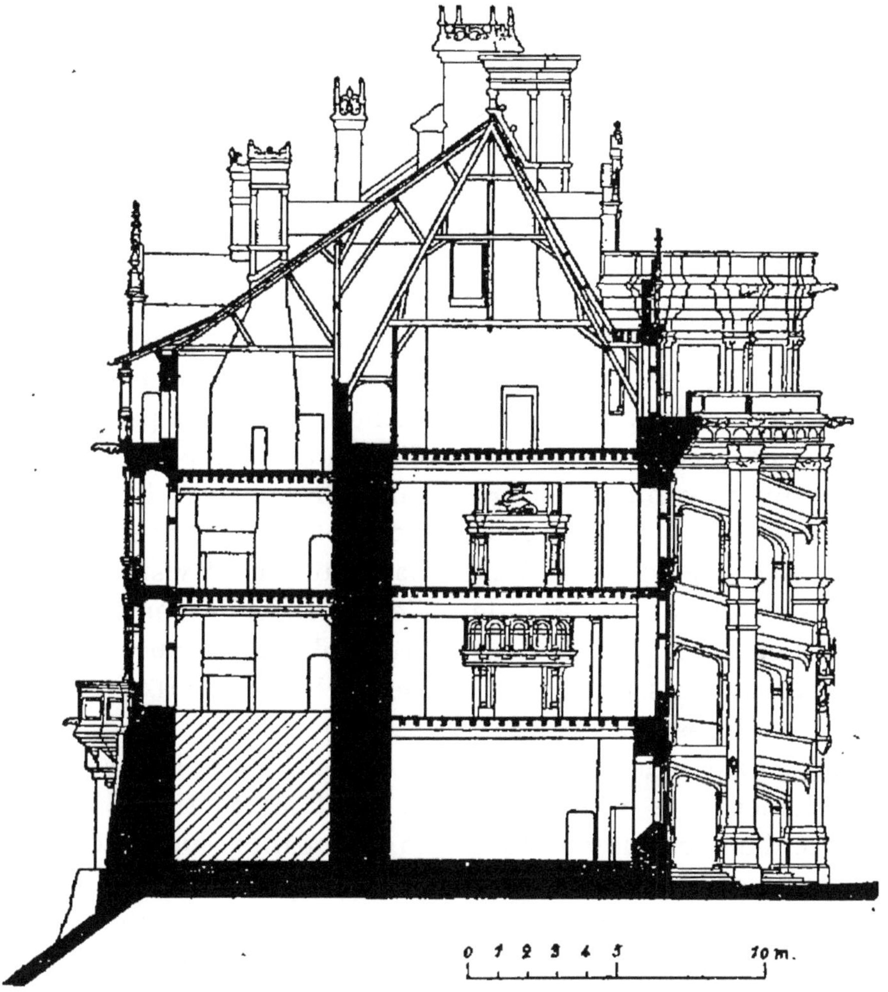

Fréd. Lesueur del.

COUPE DU BATIMENT DE FRANÇOIS Ier.

L'ancienne courtine féodale montre encore divers témoignages de cet ancien état de choses, au moins dans la partie correspondant à celui des bâtiments médiévaux qui joignait la tour de Châteaurenault. Dans l'épaisseur de cette muraille est pris en partie un escalier à vis qui monte du premier étage aux combles et se trouve actuellement au milieu de la construction. Or, la cage de cet escalier est percée, entre le premier et le second étage, dans la direction de la place Victor-Hugo, de quatre petites fenêtres aujourd'hui murées : la face extérieure de l'une, conservée par les maçonneries qui y ont été appuyées par la suite et dont on l'a en partie dégagée, est encore ornée de pilastres à arabesques surmontés de chapiteaux ; à côté se voit une grande console, de style Renaissance également, dont une partie est demeurée à l'état d'épannelage. Le palier qui est au bas de cet escalier, au premier étage, est richement orné, sur toutes ses faces, de sculptures de même style qu'on a peine à distinguer parce que le palier, ne recevant plus aujourd'hui aucun jour direct, est fort sombre ; de plus, le léger mur de refend qui le sépare actuellement de la pièce adjacente du côté de la place Victor-Hugo coupe une colonne et son chapiteau : il est visible qu'il devait y avoir là une grande baie éclairant largement cet espace. Les toiles peintes dont le reste de cette muraille est actuellement tapissé empêchent de rechercher s'il y existe d'autres vestiges analogues.

La structure de la charpente qui couvre l'aile de François Ier est également très curieuse et tout à fait instructive. Elle se compose d'un comble normal à deux rampants, supporté d'un côté par l'ancienne courtine et de l'autre par la façade de la cour, et sur une face duquel on a appuyé par la suite une nouvelle charpente en porte-à-faux qui retombe sur la façade actuelle de la place Victor-Hugo. A la base de la face extérieure de ce premier comble, celle qui est actuellement recouverte par la nouvelle charpente, se voient encore, dans toute la longueur, de la tour de Châteaurenault à la Salle des États, les emplacements d'anciennes lucarnes qui surmontaient la courtine ; celles qui étaient proches de la Salle des États s'élevaient

AILE DE GASTON D'ORLÉANS

Cl. Fred. Lesueur

Façades extérieures

précisément aux points où sont venus passer par la suite les corps des cheminées des pièces qui s'ouvrent aujourd'hui du côté de la place Victor-Hugo. Toutes ces dispositions indiquent assez qu'on ne voulait faire d'abord qu'un bâtiment simple en épaisseur.

Ce bâtiment ne fut point même édifié d'une seule entreprise, mais au contraire en deux campagnes successives qui ont élevé respectivement les deux parties de la construction correspondant chacune à l'un des bâtiments du moyen âge qui occupaient cette place ; le pignon qui divisait ceux-ci et qu'on a conservé marque le passage de l'une à l'autre. Du reste, il est difficile de dire si ce fut seulement l'exécution en deux phases d'un même projet ou si, au contraire, la seconde campagne répond à l'extension d'un projet initial plus réduit.

Ce point résulte, d'abord, de ce que le comble primitif que nous avons dit se divise en deux parties séparées par cet ancien pignon. La charpente de l'une et l'autre partie s'appuie contre le pignon sans le recouvrir ; chacune est d'une structure nettement différente de l'autre ; les dimensions des lucarnes qui s'ouvraient à la base, du côté extérieur, ne sont point du tout les mêmes ici et là. D'ailleurs, ni d'une part, ni de l'autre, on ne peut supposer qu'on ait utilisé l'ancienne charpente du moyen âge, les niveaux d'étage ayant été complètement modifiés du côté de la Salle des États, et les poinçons des fermes se terminant, du côté de l'aile de Gaston d'Orléans, en culots moulurés dans le style de la Renaissance.

D'autre part, la façade sur la cour se compose pareillement de deux parties répondant à la division de la charpente, l'une et l'autre de même dessin, mais cependant nettement différenciées dans le détail. Au rez-de-chaussée, l'ordonnance se relie, d'un côté, à celle des étages supérieurs et ne s'y raccorde point de l'autre ; et les dimensions des fenêtres comme l'ornementation des chapiteaux diffèrent de part et d'autre. Au premier étage, les fenêtres n'ont qu'un meneau horizontal vers l'aile de Gaston d'Orléans et deux à l'opposé. Les chambranles de ces fenêtres, aussi bien que de celles du second étage, sont plus larges du côté de la Salle des États que de l'autre, et ils sont, de même que les pilastres, nus ici et là couverts de sculptures. Le double corps de moulures qui sépare le premier étage du second n'est pas tracé de même de part et d'autre. Les panneaux de muraille que définissent les pilastres sont, au second étage, plus ornés dans la partie droite que dans la partie gauche. Enfin, un bandeau à la base de la grande corniche est sculpté à droite et nu à gauche.

De ces deux parties, il semble que la première en date soit celle du côté de l'aile de Gaston d'Orléans. Elle est traitée plus sobrement que l'autre ; or la richesse décorative de celle-ci la rapproche du grand escalier, si brillamment ouvragé, lequel est certainement postérieur à la partie gauche de la façade. D'autre part, François Ier a conservé les niveaux des étages du moyen âge du côté de la tour de Châteaurenault, alors au contraire qu'il les a changés complètement dans l'autre partie, précisément pour adopter ceux de la première, et par conséquent pour réunir celle-là à celle-ci, ce qui n'aurait eu que peu de raison si c'était à la partie du côté de la Salle des États que s'était limité le projet initial.

Nous avons dit que le grand escalier à jour, qui s'encastre dans la partie de la façade sur la cour joignant l'aile de Gaston d'Orléans, était étranger au projet initial et qu'il n'était point prévu lorsqu'on construisit cette portion de la façade. En effet, il ne se raccorde nullement avec celle-ci ; pilastres et chapiteaux sont coupés à l'aventure et l'absence de toute liaison est manifeste. D'ailleurs, nous avons déjà dit que sa brillante décoration l'harmonise plus avec l'autre partie de la façade qu'avec celle-ci. Enfin, si l'on croit que le projet d'abord suivi laissait subsister celui des bâtiments du moyen âge qui joignait la Salle des États, on peut observer que l'escalier se trouve à peu près au milieu de la façade prolongée, — en tenant compte de ce qu'a démoli Gaston d'Orléans, — et que sa masse importante est mieux en rapport avec l'étendue de l'édifice complètement développé.

La façade extérieure. — Le bâtiment, d'abord simple en épaisseur dans toute sa longueur, fut ensuite doublé pour arriver à la construction que nous connaissons. La façade extérieure fut reportée à sept mètres environ en avant; c'est celle que nous voyons aujourd'hui. La courtine du moyen âge, qui formait la première façade de ce côté, devint ainsi le mur de refend qu'elle est demeurée, et les tours qui la flanquaient furent englobées dans cet agrandissement.

L'opération de ce doublement fut réalisée encore en deux campagnes successives. La façade extérieure se divise, en effet, en deux parties d'une ordonnance semblable, mais présentant de nombreuses différences de détail. On passe de l'une à l'autre au droit de la tour qui, au moyen âge, s'élevait vers le milieu de la construction et dont la maçonnerie fut en partie utilisée dans l'édifice de la Renaissance ; il s'en faut donc d'assez peu que ces deux parties ne répondent exactement à celles que nous avons distinguées dans le bâtiment simple qu'on avait d'abord élevé. Voici les différences en question. A l'étage inférieur, la moitié gauche de la nouvelle façade est seule percée de fenêtres. Aux deux étages supérieurs, les arcades des loges affectent le tracé en anse de panier du côté de la tour de Châteaurenault et celui en segment de cercle à l'opposé. Ici les piédroits des arcades et les pilastres qui les accostent sont nus ; là, du moins au premier étage, les piédroits sont cannelés et les pilastres chargés d'arabesques, d'ailleurs inachevées. Enfin, les travées étroites qui séparent par endroits celles des loges sont ornées différemment de part et d'autre. Nous ne parlons pas de ce qu'on remarque à l'attique, lequel est le résultat d'une transformation postérieure.

Peut-être, des deux moitiés de cette façade, celle qui fut élevée avant l'autre est-elle celle qui joint la tour de Châteaurenault. C'est ce que laisse supposer le fait que la décoration sculptée n'a été commencée que de ce côté. Également, l'autre moitié se termine encore aujourd'hui, vers la Salle des États, par des arrachements et des amorces d'arcades et de loges semblables à celles du reste de la façade, qui indiquent en cette partie l'inachèvement du gros œuvre même, — sans qu'on puisse dire d'ailleurs quelle suite le projet voulait leur donner. Enfin, on peut encore remarquer, si l'on veut, l'emploi pour les arcs, du côté de la tour de Châteaurenault, de la forme en anse de panier, un peu surannée à cette époque.

Les élégantes galeries qui habillent la tour de Châteaurenault paraissent n'avoir pas non plus été élevées en même temps que la partie de la façade à laquelle elles font suite, si l'on en juge par la façon maladroite dont elles se raccordent avec celle-ci. Mais, il est assez difficile de dire si leur construction a constitué la première phase de l'entreprise ou si, au contraire, elle a suivi l'édification de cette partie de la façade.

Enfin, après tous les travaux que nous avons déjà vus, le monument n'était pas encore tout à fait tel que nous le connaissons aujourd'hui. Il était alors couvert de deux combles parallèles, chacun à double rampant, l'un s'appuyant sur la façade de la cour et le gros mur de refend longitudinal, et l'autre, moins large et moins élevé, supporté par ce même mur de refend et la façade extérieure. La charpente de celui qui regardait la cour existe encore entièrement dans le comble unique actuel, comme il a été dit. De l'autre comble, il reste, contre la tour de Châteaurenault, une partie du solin du rampant intérieur et la trace bien visible du rampant extérieur ; de même, vers le milieu du bâtiment, un mur de refend perpendiculaire à la façade est encore coupé suivant l'inclinaison du rampant intérieur ; enfin, les anciennes lucarnes dont nous allons parler dans un instant attestent l'existence de la double toiture jusqu'à la Salle des États ; d'ailleurs, on voyait, dit-on, avant la dernière restauration de cette aile, des vestiges de la charpente de ce deuxième comble. La partie supérieure de l'escalier à vis qui se trouve au milieu de l'édifice, dans l'épais-

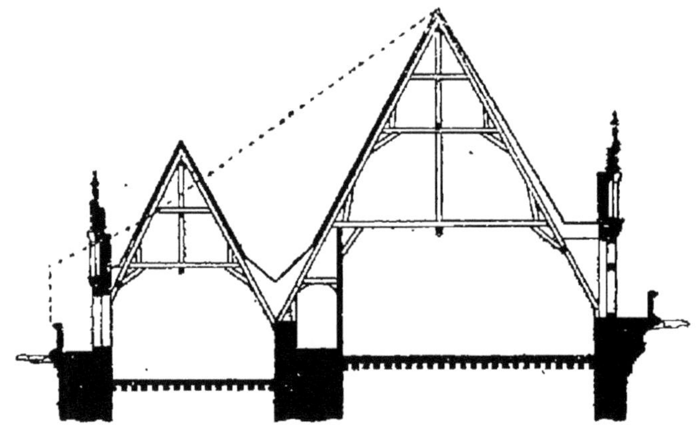

Fréd. Lesueur del.

DISPOSITION PRIMITIVE DES COMBLES
DU BATIMENT DE FRANÇOIS Ier.

seur de l'ancienne courtine médiévale, s'élevait alors extérieurement dans une tourelle entre les deux toits. L'attique n'existait point à ce moment et la façade de la place Victor-Hugo se terminait par un passage découvert et en arrière par une rangée de lucarnes se détachant sur l'ardoise du toit, selon la disposition qui se voit sur l'autre face et qui était alors si usuelle. Les gargouilles qui règnent à la base de l'attique dans toute sa longueur et qui n'ont plus d'utilité pour l'écoulement des eaux attestent l'existence antérieure du passage découvert ; et, du côté de la Salle des États, on s'est contenté, lors de la transformation que nous allons dire, d'abattre le gable des lucarnes et de noyer tout le surplus de celles-ci dans la nouvelle maçonnerie exhaussée, à l'intérieur de laquelle on retrouve notamment les retours de leurs entablements.

On sent assez le défaut de ce parti : la noue qu'il avait fallu établir à la rencontre des deux toits pour recevoir les eaux de leurs rampants convergents ne pouvait avoir qu'un écoulement insuffisant en temps de pluie ou, à tout le moins, en temps de neige. On dut s'apercevoir de l'inconvénient assez vite et se préoccuper d'y porter remède. On décida alors de conserver entièrement la charpente du comble qui regardait la cour, de supprimer celui de l'autre côté et de le remplacer par une charpente nouvelle appuyée sur celle que l'on conservait et ne formant qu'un immense versant depuis le faîte de celle-ci jusqu'à la façade extérieure. Cet expédient réalisait un comble unique à deux rampants inégaux et encore assez bien équilibré à raison de la faible pente du nouveau versant.

En même temps, les lucarnes qui couronnaient la façade extérieure furent abattues et l'on construisit l'attique actuel, en exhaussant la façade d'un petit mur en arrière de l'ancien passage découvert, en établissant en avant du passage une rangée de colonnes et en prolongeant le nouveau toit jusque sur celles-ci. C'est la disposition que l'on voit aujourd'hui.

L'attique se compose de deux parties correspondant à celles que nous avons distinguées dans la façade et offrant également de nombreuses différences de l'une à l'autre : inégalité de diamètre des colonnes à droite et à gauche, supports de ces dernières d'un modèle ici et d'un autre là, lucarnes conservées, pour la majeure partie, dans le mur de fond du côté de la Salle des États et point du côté de la tour de Châteaurenault où les baies sont au contraire surmontées par des entablements à frises sculptées. Cette entreprise paraît donc avoir aussi été réalisée en deux parties.

En résumé, le premier projet de François Ier ne comportait qu'une construction simple en épaisseur. Celle-ci fut élevée en deux campagnes correspondant respectivement aux deux bâtiments médiévaux qu'elle remplaçait ; il semble que l'on ait commencé par réédifier celui de ces bâtiments qui joignait la tour de Châteaurenault, et c'est peut-être même à cela que se bornait le projet primitif. C'est probablement lorsque l'édifice fut prolongé jusqu'à la Salle des États que fut élevé le grand escalier à jour, qui n'était assurément pas prévu au début. Ensuite toute la construction fut doublée en épaisseur et la façade extérieure actuelle édifiée, et cela fut aussi fait en deux campagnes ; encore les galeries de la tour de Châteaurenault ne sont-elles vraisemblablement point contemporaines de la partie de la façade qu'elles joignent. Enfin, on transforma toute la couverture du côté extérieur et, en la mettant en son état actuel, on construisit l'attique.

Dates de la construction. — Les diverses étapes que nous venons de rappeler, à l'exception probablement de la réfection du comble extérieur et de l'établissement de l'attique, se placent entre 1515 et 1524, dans un espace de moins de dix années.

La date initiale de 1515 est donnée par les documents cités au début de ce chapitre. On a pourtant voulu remonter plus haut et prétendu que l'œuvre avait été commencée du vivant de Louis XII. Il n'y a nulle apparence à cela ; les textes même y sont défavorables ; et nous avons déjà dit ce qu'avaient dû être les travaux exécutés à la fin du règne de Louis XII.

La construction, d'autre part, ne peut guère s'être poursuivie après 1524. On trouve, en effet, en même temps que les chiffres et emblèmes de François Ier, ceux de la reine Claude de France, morte le 20 juillet 1524, décorant l'édifice de tous côtés : on les voit à la balustrade qui termine la façade de la cour dans toute sa longueur et aussi bien en la première qu'en la seconde partie ; au grand escalier à la base comme à la partie supérieure et au plafond rampant ; à la façade extérieure sur les balcons des loges du premier étage dans toute la longueur encore ; aux galeries de la tour de Châteaurenault sur le plafond du premier étage ; et encore à l'intérieur en différents points.

Enfin, il serait assez difficile d'accepter une date finale bien antérieure, malgré le silence des documents après 1518. Car un laps de neuf années paraît déjà bref, étant donné l'importance de l'édifice, les campagnes successives de sa construction et les remaniements et agrandissements dont il a été l'objet.

Il semble qu'on peut même préciser davantage. L'œuvre n'a point été terminée. Nous avons déjà signalé les arrachements qui se trouvent à l'extrémité de la façade extérieure Pareillement, la décoration est restée inachevée : du côté de la cour, les niches des lucarnes étaient demeurées vides et les ornements des pilastres et des chambranles des fenêtres n'ont été taillés qu'en partie, certains pilastres étant encore seulement épannelés ; au grand escalier, les statues des contreforts n'avaient point été faites et un seul panneau du noyau avait été sculpté ; du côté extérieur, les arabesques des pilastres n'ont été taillées que jusqu'à mi-hauteur. Tout cela révèle une brusque interruption. Or, l'année 1524 est celle où fut entreprise la malheureuse expédition d'Italie qui devait se terminer au mois de février suivant par la défaite de Pavie et la captivité du roi pendant un an. Il est à présumer que dès le début de la campagne toutes les ressources du Trésor furent absorbées par les besoins militaires et nous savons positivement que les travaux du château de Chambord, qui s'élevait près de Blois, furent suspendus de juillet 1524 à octobre 1526. Il est vraisemblable que ce fut le cas à Blois.

Lorsque le roi, rendu à la liberté, rentra en France en 1526, la reine Claude était morte depuis deux ans et rien ne l'attachait plus au Blésois, qu'il est avéré qu'il abandonna de plus en plus pour le séjour de l'Ile-de-France. Sans doute, la

SALLE DES ÉTATS

Cl. Fred Lesueur

Vue intérieure

construction de Chambord fut reprise et continuée ; mais c'est que la grandeur et la singulière originalité de l'œuvre devaient séduire François Ier et aussi qu'elle était probablement trop peu avancée encore pour pouvoir être abandonnée. Tel n'était point le cas pour notre édifice : aussi les travaux y demeurèrent en l'état où ils étaient en 1524.

Il est vraisemblable, cependant, que le remaniement des combles et la construction de l'attique ne furent exécutés qu'après cette époque. Il s'agit, en effet, d'une modification imposée par des nécessités pratiques qui ne se révélèrent qu'à l'expérience. Mais le style de l'attique, qui ne diffère point de celui du reste du bâtiment, indique que ces derniers travaux ne sont pas d'une date très postérieure.

C'est pourtant à des conclusions très différentes, et d'ailleurs fort singulières, qu'est arrivé sur ce sujet, pour la façade extérieure du moins, l'un des auteurs qui ont le plus contribué au progrès de l'histoire du château de Blois ; et sa thèse a été accueillie favorablement. Elle ne tend à rien moins qu'à établir que le second étage de la façade en question et l'attique, ainsi que les pièces situées derrière ces parties, auraient été élevés seulement au temps de Charles IX [1].

Ce point résulterait de deux textes de 1563 et 1570, qui mentionnent la construction, entre ces dates, d'une « gallerie au long du logis du roy », étant donné que le second étage de notre bâtiment aurait été affecté à l'habitation du souverain. Mais, ces textes ne sauraient comporter pareille interprétation. D'abord, le terme de « galerie » est inapplicable à cet ouvrage, qu'on veuille l'entendre de la série des loges de la façade ou de la suite des pièces qu'elles éclairent. On ne prend pas

1. Croÿ, *Nouv. doc.*, p. 52 et s. — Cf. Geymüller, *Die Bauk. der Renais. in Frankr.* t. Ier, p. 117 ; Vitry, *L'arch. de la Renais. en France*, p. 515 ; Bournon, *Blois*, p. 48.

moins de liberté avec l'expression de « logis du roy » : non seulement, rien n'indique qu'elle désigne précisément l'appartement royal, plutôt que le bâtiment où il se trouvait compris ; mais davantage, s'il est certain que cet appartement était bien établi au second étage de notre construction à la fin du règne d'Henri III, on ne saurait dire s'il en était déjà ainsi au temps de Charles IX, et la chose serait même peu croyable en cette hypothèse qui suppose que cet étage se réduisait alors aux pièces du côté de la cour. En réalité, ces deux textes se réfèrent, selon toute apparence, à l'édification d'un portique adossé à la façade de la cour, comme on le verra plus loin.

D'autre part, le style de l'œuvre, qu'on invoque également ici, résiste, au contraire, de la façon la plus absolue à une telle chronologie. Sans parler de l'architecture du second étage de la façade qu'on pourrait prétendre avoir été copié sur l'étage inférieur, il serait en tout cas impossible d'assigner cette date à l'attique, comme à l'ornementation sculptée de l'une et l'autre partie ou à la décoration intérieure.

Enfin, — et ceci peut dispenser de toute autre raison, — cette thèse est encore plus incontestablement démentie par la présence de la salamandre de François Ier au fronton de la lucarne qui culmine sur toute cette façade. La salamandre que l'on voit aujourd'hui ne date, il est vrai, que du siècle dernier ; mais l'ancien fronton, que l'on possède encore, atteste la fidélité de la restauration sur ce point.

B. — LA DIRECTION DES TRAVAUX ET LES ATTRIBUTIONS

Il nous faut, après avoir montré quand et comment fut construite l'aile de François Ier, rechercher à qui en revient le mérite, Il n'y a nulle raison de supposer, malgré la pénurie de documents, que le personnel qui y fut préposé ait été constitué différemment de celui des autres grandes constructions royales contemporaines des bords de la Loire, Amboise aux différentes époques, aile de Louis XII à Blois, Chambord.

Le roi et le personnel administratif. — Avant et au-dessus de tous il convient de placer la personnalité de l'initiateur de l'entreprise, du roi François Ier, ce prince « merveilleusement addonné après les bastimens », comme le dit Du Cerceau. Et, de fait, nous savons, par divers exemples certains, combien il s'intéressait activement aux monuments qu'il faisait élever, « ce qui estoit le plus grand de ses plaisirs ». Du Cerceau encore dit, en parlant du château de Saint-Germain, qu' « y estoit ledit sieur Roy en le bastissant si ententif que l'on ne peult presque dire qu'autre que luy en fust l'architecte ». A Chambord, au rapport de Félibien, il se fit soumettre différents projets avant « d'arrester le plan et les élévations de cette maison », et il traça lui-même l'enceinte du parc. A l'Hôtel de Ville de Paris, pourtant élevé en dehors de lui, comme il s'agissait à certain moment de modifier les plans primitivement arrêtés avec son approbation, il fallut, bien qu'il fût alors éloigné, aller solliciter son opinion et il ne voulut se décider qu'après s'être entouré des renseignements les plus précis. Un trait relaté par Guillaume Paradin témoigne encore qu'il connaissait la qualité des pierres [1].

On ne peut admettre, dans ces conditions, qu'il se soit désintéressé de la première entreprise architecturale de son règne. Certainement il fit établir des projets qu'il discuta,

1. Du Cerceau, *Les plus exc. bast. de France*, notices sur Villers-Cotterets et Saint-Germain. — Félibien, *Mém.*, p. 27. — Croÿ, *Nouv. doc.*, p. 205. — Lalanne, dans *Bull. Soc. hist. Paris*, t. XI, 1884, p. 185. — Charvet, *Les édif. de Brou*, dans *Réun. Soc. B.-A. des départ.*, t. XXI, 1897, p. 331, n. 1.

remania, amenda ; peut-être avait-il dès l'abord indiqué quelque thème à traduire ; il est bien probable que ses idées s affirmèrent encore dans les modifications et transformations que subirent les plans au cours de l'entreprise. Une collaboration de cette sorte ne peut toutefois être précisée et échappe nécessairement à l'analyse et à la dissociation, eût-on dans les documents des indications qui font ici défaut.

On a pourtant prétendu que le rôle du roi aurait été insignifiant en cette affaire et que l'initiative reviendrait à la reine Claude de France, comtesse de Blois, à laquelle François Ier avait abandonné l'administration de ce domaine. Et cette opinion a été favorablement accueillie, parce qu'elle s'accordait avec une théorie qui fut chère à Palustre et selon laquelle bien des qualités de la Renaissance française s'expliqueraient par l'action de nombreuses femmes sur le mouvement artistique de cette époque, — théorie d'ailleurs tout à fait inexacte à notre sens. En l'espèce, l'assertion est dénuée de toute preuve ; et, s'il est bien vraisemblable que Claude a pris un vif intérêt à l'embellissement de la demeure natale qui lui était chère, on aurait peine à croire que le passionné d'architecture qu'était François Ier ait laissé à d'autres, fût-ce à la reine, le soin d'élever le premier édifice de son règne. Et nous savons positivement que rien de tel n'est advenu pour le château de Chambord élevé du vivant de Claude et dans ce même comté de Blois.

Nous arrivons au personnel qui fut chargé de cette entreprise. On admet généralement que le « commissaire » fut ici François de Pontbriant, le même que nous avons vu remplir ce rôle pour les travaux du règne précédent, aussi bien qu'à Amboise au temps de Louis XII, et qui le remplira encore à Chambord sous François Ier. Au vrai, c'est là une pure hypothèse, que rien ne dément, mais que rien ne confirme, les textes étant d'ailleurs muets à cet égard. Le principal argument était qu'on ne connaissait point de résidence royale élevée sur les bords de la Loire sous Louis XII ou François Ier pour laquelle Pontbriant n'eût point été chargé d'une telle mission et qu'il eût été extraordinaire que, seuls, les travaux commencés à Blois en 1515 eussent échappé à sa « surintendance ». Mais, nous savons aujourd'hui que les constructions élevées à Amboise au début du règne de François Ier le furent sous la direction de Jean Aborthic et d'Antoine de Troyes, et non point sous la sienne, ce qui met à néant tout le raisonnement. Il est bien vrai encore qu'on voit Pontbriant en septembre 1517 envoyer un courrier « porter lettres closes au maistre maçon qui gouverne la maçonnerie dudit Bloys » : mais on ne sait point l'objet de cette lettre, ni à quel titre notre homme l'écrivait ; ce peut aussi bien avoir été comme capitaine du château, qui est précisément le titre que lui donne le document qui relate le fait.

Quoi qu'il en soit, et que le commissaire ait été Pontbriant ou quelque autre, — et, en tout cas, Pontbriant ne l'aurait point été jusqu'à la fin, puisqu'il mourut en 1521, — aucun document ne nous renseigne sur ce que fut son rôle. Mais, on doit croire qu'il fut le même que celui joué par le même personnage à Amboise ou à Blois au règne précédent ou à Chambord à partir de 1519 et que nous avons déjà essayé de définir dans le précédent chapitre. Il faut ajouter que son initiative devait, du fait de l'intervention plus grande du roi, être moins importante sous François Ier que sous Louis XII. On aperçoit facilement toutefois une sorte de collaboration du roi, du commissaire et du maître de l'œuvre.

Précédemment, on a déjà vu qu'un autre personnage placé à côté ou, si l'on veut, au-dessous du commissaire était le contrôleur, dont les attributions ont été alors précisées dans la mesure du possible. Il est infiniment vraisemblable, malgré le silence des textes, qu'un pareil fonctionnaire se trouva aussi pour notre édifice. Mais, naturellement, on ne peut deviner qui fut chargé de cette tâche.

Nous devons encore dire un mot du trésorier, du comptable. Ce fut Raymond Phélippeaux seigneur de la Brosse, qui avait été à ce commis par lettres du 17 juin 1515. Il était chargé de « recouvrer les deniers des assignacions qui luy estoient baillées et faire les achaptz et payemens des matières et ouvriers » ; et les documents nous le montrent dans l'exercice de la première de ces attributions. Il était soumis à la juridiction de la Chambre des comptes de Blois et il semble avoir parfois aussi compté à Paris. Il n'était plus en possession de son office en 1520, sans doute pour raison d'âge ou de maladie, car il mourut peu après. On ignore quel fut son successeur [1].

Il semble qu'à l'inverse de ce qui se passa pour Chambord du moins pendant un temps, il n'y eut pas ici d'allocation annuelle régulière, mais que le trésorier était provisionné au fur et à mesure des besoins. Nous voyons Phélippeaux recevoir ainsi de 1515 à 1518 diverses sommes tantôt par le domaine du comté de Blois, tantôt par les quatre grandes généralités du royaume. Ces sommes ne représentent d'ailleurs qu'une petite partie de la dépense qui fut faite.

Les attributions italiennes. — Malgré tout ce qu'on peut imaginer, si studieux d'architecture qu'ait été François Ier, quelque ingérence qu'on veuille supposer de sa part ou de celle du commissaire, — et en définitive nous ne savons rien de précis ni de positif à cet égard, — il est d'évidence que la principale part dans l'élaboration artistique de cette œuvre fut le fait des hommes de l'art.

1. *Adde* aux documents cités au commencement de ce chapitre : Bibl. nat., nouv. acq. franç. 20517, pièce 134 ; 20525, p. 264. — Voir sa biographie par M. de Croÿ dans *Mém. Soc. Sciences et Lettres Loir-et-Cher*, t. XVII, 1907, p. 295 et 509.

Nous ne sommes point les premiers à chercher quels furent ceux-ci. Peut-être n'a-t-on pas assez remarqué que les diverses parties de l'édifice, répondant à des projets successifs, peuvent ne pas être dues au même homme. Du reste, comme pour la plupart des œuvres de la Renaissance caractérisée par un compromis entre l'art français et l'art italien, la controverse porte moins sur tel ou tel nom que sur l'attribution à un Français ou à un Italien, ou, si l'on veut, de chaque personnage proposé on retient moins l'individualité que la nationalité. Les ultramontains aujourd'hui se rangent généralement autour du nom de Dominique de Cortone.

Celui-ci avait été ramené de Naples par Charles VIII en 1495 et il resta en France jusqu'à sa mort survenue en 1549. On invoque en sa faveur que le style de notre monument annoncerait une œuvre italienne, que précisément le Cortonais habita Blois depuis 1512 au moins jusque vers 1530, enfin que l'analogie avec le château de Chambord, qui serait son œuvre conduirait également à lui donner celle-ci.

Il est parfaitement exact que notre homme était fixé à Blois à l'époque de la construction du château. Mais il est clair que ce point ne comporte par lui-même aucune conclusion.

L'analogie avec Chambord n'est pas plus décisive. D'abord, il n'y a pas lieu, croyons-nous, de regarder le château de Chambord comme l'œuvre de Dominique de Cortone, bien qu'il ait certainement fait un projet. En tout cas, l'analogie de style invoquée, pour réelle qu'elle soit, du moins avec la façade sur la cour de l'édifice blésois, aucune similitude n'existant avec l'autre face, cette analogie n'est point telle qu'elle impose la même attribution pour les deux monuments, alors surtout qu'ils furent élevés dans la même région, dans les mêmes conditions et à la même époque.

Il reste alors l'argument tiré du style de l'édifice, qui ne suffirait point, d'ailleurs, pour qu'on en doive faire honneur à Dominique de Cortone, mais dont la portée dépasse singulièrement cette question particulière. Il s'agit de savoir si l'aile de François Ier est l'œuvre de quelque Italien, que ce soit celui-ci ou bien tel autre. La question doit être posée séparément pour les diverses parties de cette construction dépourvue d'homogénéité. Mais, pas plus pour l'une que pour une autre, nous ne croyons qu'on puisse admettre une telle attribution.

En ce qui concerne la façade de la cour, de laquelle il faut détacher le grand escalier qui n'y fut ajouté que par un nouveau dessein, nous montrerons, lorsque nous la décrirons dans la seconde partie de ce livre, que la part de l'italianisme se réduit à un revêtement superficiel, à l'ornementation sculptée, à la modénature, à l'emploi des pilastres. Mais le programme, l'ordonnance schématique sont entièrement conformes à ceux des édifices gothiques de l'âge précédent, à la réserve de l'importance exceptionnelle donnée à la corniche ; et il suffirait de traiter en une plastique différente ces membres d'architecture pour qu'il ne s'y vît plus rien qui rappelât la péninsule.

C'est exactement ce que pouvait faire un maître français, qui n'avait qu'une connaissance imprécise et superficielle de l'art d'outremonts et qui, d'ailleurs, n'entendait point tout abandonner de l'art traditionnel du temps précédent ni se borner à une simple imitation.

Il est apparent, au contraire, qu'on ne saurait reconnaître ici l'œuvre d'un architecte italien. Sans doute, on peut bien admettre que celui-ci n'aurait pas nécessairement élevé un édifice semblable à ceux de Rome ou de Florence et qu'il aurait dû faire des concessions aux exigences naturelles et aux traditions nationales. Mais ce qu'exigeait la différence de climat n'était pas bien considérable ; et pour le reste, même à supposer un étranger fixé depuis un long temps en France, on doit croire que les concessions qu'il aurait pu être conduit à faire au goût des nôtres auraient plutôt porté sur des dispositions particulières, qui se seraient, en quelque sorte, greffées sur l'œuvre et n'en auraient pas beaucoup altéré le caractère intime. Or c'est exactement l'inverse qui se vérifie, puisque les éléments italiens employés dans cette façade sont incorporés dans un ensemble d'inspiration franco-gothique.

Au surplus, cette œuvre appartient de la façon la plus nette au style qui a produit en quelques années nombre de monuments en cette région. Il est clair, malgré le silence des documents, qu'ils n'ont pas tous été élevés par des Italiens. Mais on ne saurait davantage l'admettre pour l'un d'entre eux à l'exclusion des autres, car on aurait peine à croire qu'un maître de la péninsule eût pu faire une œuvre exactement semblable à celles des maîtres français, alors que leur tempérament et leur éducation étaient si différents. Ainsi, tout concourt à faire reconnaître en cette façade une production française.

Pour le grand escalier, l'attribution étrangère n'est pas plus admissible. Il suffit de rappeler, à cet égard, que c'est peut-être le plus magnifique représentant de cette longue lignée des escaliers à vis encastrés dans les façades gothiques, lesquels allaient être bientôt abandonnés sous l'influence d'outremonts.

Si nous passons à la façade extérieure, qu'on se rappelle qui ne comportait pas l'attique en son premier état, les choses se présentent un peu différemment, mais la conclusion ne sauraitêtre différente. Sans doute, nous sommes ici en présence d'un parti extrêmement original et sans précédents directs de l'un ou de l'autre côté des Alpes. Mais on ne voit pas en quoi cela permettrait de reconnaître une œuvre italiènne et il ne suffit pas de constater le caractère étrange de cette construction pour la pouvoir dire d'invention étrangère, comme on l'a fait. Du reste, les édifices singuliers et extraordinaires ne manquent point en notre pays au temps de François Ier, comme il est habituel aux époques de crise et de renouvellement, et ils ne sauraient être tous œuvres d'outremonts.

En réalité, ici comme sur l'autre face, la part italienne, ainsi qu'on le verra dans la seconde partie de ce livre, consiste surtout dans le détail décoratif et la modénature, et se réduit, pour l'ordonnance, à des intentions, qui sont très imparfaitement réalisées et qui sont loin de dominer entièrement la conception ; et c'est l'esprit franco-gothique qui s'affirme même là où l'on a voulu faire quelque chose d'italien. Ces caractères s'accordent aussi bien avec l'attribution à un maître français qu'ils sont contraires à l'attribution à un architecte venu de l'autre côté des Alpes.

Pour essayer d'échapper à ces objections, on pourra être tenté de faire état de ce que souvent, en ce temps, les plans n'étaient pas réalisés par celui qui les avait conçus et, étant peu rigoureux, laissaient une grande initiative à celui qui les devait mettre en œuvre. On prendrait ainsi argument de ce que l'exécution du projet donné par un Italien aurait été confiée à un Français, qui, tant par suite de sa connaissance insuffisante de cet art et de cette technique qu'à raison de l'imprécision de ce projet, aurait mis beaucoup du sien dans l'édifice réalisé et aurait dénaturé sensiblement la conception étrangère de l'auteur du projet. Même avec cette restriction, l'hypothèse d'un plan italien n'est pas plus admissible. En ce cas, quelque liberté qu'on suppose avoir été prise par l'exécutant et qu'il ne faut pas, d'ailleurs, exagérer, on devrait néanmoins retrouver dans la construction édifiée le projet d'outremonts sous la traduction dont il aurait été l'objet. Or, la façade extérieure, — surtout en son premier état, — ne permet rien de tel ; et si l'on y voit deux rangées d'arcades sur piédroits encadrées entre des pilastres et des plates-bandes, il est bien impossible pourtant de dégager de cette œuvre le projet qu'on voudrait avoir été donné par un Italien.

Pour en revenir plus particulièrement à Dominique de Cortone, on allègue souvent en sa faveur que, venu en France en 1495, il y séjournait donc depuis vingt ans quand fut commencé notre édifice et s'y était sans doute naturalisé en quelque sorte et que d'ailleurs, encore jeune homme à son arrivée, il avait pu faire la majeure partie au moins de son éducation architecturale sur les bords de la Loire. Mais, en réalité, ces hypothèses ne s'accordent point avec ce que nous savons : il y a tout lieu de croire, au contraire, que c'est en Italie, avant 1495, que Dominique de Cortone a appris l'architecture à l'école de Giuliano da San Gallo, et il ne paraît pas qu'en notre pays il ait beaucoup oublié l'enseignement de ce maître, si l'on en juge par le projet, figuré jadis en une maquette de bois, qui semble bien être celui qu'il avait fait pour le château de Chambord, et par les parties de l'ancien Hôtel de Ville de Paris élevées avant 1549, qui seules doivent être regardées comme son œuvre. En tout cas, de deux choses l'une : ou bien, contre notre opinion, son art ne différait point de celui des artistes français, et alors il n'y a nulle raison, dans le silence des documents et en l'absence de toute indication, de prononcer son nom plutôt que celui d'un des nôtres ; ou bien, au contraire, il avait conservé quelque chose de son éducation ou de son origine italienne, et en ce cas il y a encore moins lieu de lui attribuer aucune partie d'une construction qui ne présente point, à cet égard, un autre caractère que toutes celles élevées en France en ce temps.

Il est assez vraisemblable pourtant qu'on ne doit pas refuser absolument toute part en cette affaire aux artistes de la péninsule. Sans doute, toutes les dispositions d'origine étrangère peuvent s'expliquer sans leur intervention directe, alors que depuis vingt ans la pénétration d'outremonts s'exerçait efficacement en France. De nombreux objets mobiliers et morceaux sculptés avaient été importés de Ligurie, de Toscane et de Lombardie ; bien des artistes italiens étaient alors venus exercer leur art chez nous ; beaucoup de français avaient déjà franchi les Alpes au cours des expéditions de cette époque ; les estampes contribuaient également à répandre les modes de nos voisins. Il est certain que tout maître français, à cette date, pouvait de lui-même imaginer d'orner une façade de pilastres, de disposer des arcades sur piédroits dans une manière d'ordre ou de décorer une corniche de coquilles et de modillons. Pourtant, il faut considérer que François Ier aimait à s'entourer d'avis divers ; il recueillait des opinions et des conseils avant de rien entreprendre en ces questions d'architecture qui l'intéressaient si fort, et il n'est pas à croire que les Italiens aient été écartés de ces consultations. Il est naturellement impossible de préciser ce qu'ils ont pu suggérer et il serait vain de vouloir déterminer, dans les dispositions d'inspiration ultramontaine, celles qu'il faut rapporter à l'italianisation déjà avancée de notre art et celles dont on est redevable à l'intervention des artistes de la péninsule. Il est encore plus impossible de dire ceux qui ont pu jouer un rôle ici, bien qu'il soit fort naturel de penser à Dominique de Cortone, qui était alors fixé à Blois et auquel nous savons que François Ier allait dans le même temps demander un projet pour le château de Chambord.

Les attributions françaises. — De tout ce qui précède, il résulte assez que nous n'accordons qu'un rôle très limité aux hommes d'outremonts dans la conception de l'aile de François Ier et que nous considérons cet édifice comme ayant été devisé par des Français. Deux attributions ont été principalement proposées dans ce sens : à Charles Viart, et à Jacques Sourdeau.

La première ne nous retiendra pas longuement. D'abord, il paraît bien que la personnalité de Charles Viart soit presque entièrement une création née de l'imagination féconde des historiens du XIXe siècle ; mais la chose n'importe pas ici. Cette attribution résulterait d'une prétendue analogie entre notre édifice et les hôtels de ville d'Orléans et de Beaugency, qu'on dit être de cet artiste, ce qui, surtout pour le premier, n'est

AILE DE LOUIS XII

Cl. Fred Lesueur

Le portail

rien moins que démontré. Mais, en réalité, la seule analogie signalée consiste dans la corniche à coquilles surmontée d'une balustrade qui termine la façade de chacun de ces monuments, encore selon un dessin assez différent suivant le cas. Véritablement, est-ce que le fait de couronner ainsi un bâtiment constitue le style et la manière exclusive d'un seul ? Il ne suffit pas qu'une disposition se retrouve en deux ouvrages pour qu'on puisse inscrire le même nom et prodiguer ces attributions dont Palustre et ses élèves ont fait un si étrange abus ; la paternité artistique s'affirme par d'autres traits tenant davantage à l'esprit et au caractère de l'auteur, et il faut, pour employer légitimement les arguments de cette sorte, considérer l'ensemble de l'œuvre et non tel détail qu'on isole arbitrairement. Or, à regarder les choses impartialement, ces trois édifices sont de ceux qui présentent le moins d'analogie dans toute la production de la première Renaissance en cette région. Et ceci juge la valeur de l'attribution.

Il est nécessaire d'examiner de plus près l'attribution à Jacques Sourdeau. On ignore son origine, on ne connaît ni le lieu ni la date de sa naissance, et on ne saurait dire où et comment il a fait son éducation artistique. On le rencontre pour la première fois en 1496 sur ce chantier d'Amboise où travaillèrent obscurément tant de ceux qui allaient être les maîtres de notre première Renaissance; il y était employé comme simple maçon sous la direction de Colin Biart, Guillaume Senault et Louis Amangeart, parmi les plus payés cependant de cette foule glorieuse. Six ans plus tard, il était à Blois où il prenait part à la construction de l'aile de Louis XII. En 1507, il était encore en cette ville. Au mois d'octobre 1516, la reine Claude lui fit don d'un terrain sis à Blois dans le bas de la rue actuelle des Trois-Marchands ; il s'y fit construire une maison dont il ne reste malheureusement rien. Il est qualifié dans l'acte de « maistre maçon des ouvraiges et réparacions du chastel de Blois ». La même indication est donnée par un document de 1518 où il est dit : « maistre maçon de l'œuvre du chastel de Blois ». Le 8 août 1519, il succéda à Simonnet Guischart dans l'office de maître des ouvrages du comté de Blois. C'était le temps que François Ier allait commencer la construction du château de Chambord et nous savons qu'il eut mission « comme maistre maçon de conduire la maçonnerie » de cet édifice et que même, jusqu'à la fin de 1521, il fut également contrôleur de l'entreprise. Il paraît avoir terminé ses jours vers 1523 [1].

Les documents que nous venons de citer attestent la participation de Jacques Sourdeau à l'édification de l'aile de François Ier. Il est vraisemblable, toutefois, qu'elle ne s'étendit pas au delà de 1519 et qu'il quitta alors le chantier blésois, vers le milieu de la construction. On peut penser, en effet, que les nouvelles tâches dont il fut chargé à cette date, tant à la maîtrise des œuvres du comté qu'au château de Chambord, absorbèrent toute son activité et ne lui permirent pas de continuer, en outre, de travailler à l'œuvre blésoise ; car nous savons qu'il dut abandonner le contrôle de Chambord, deux ans plus tard, parce qu'il était « continuellement occupé à conduire la maçonnerie » de ce dernier édifice.

1. Grandmaison, dans *Congrès archéol. de France*, 77e session de 1910, p. 312. — Bibl. nat., franç. 26289, n° 386. — Arch. nat. KK 902, fol. 54 r°. — Arch. nat. Q^1 447, acte du 12 mars 1518 (cf. autre acte du 30 avril 1519, et Arch. nat. X^{1a} 1551, fol. 1 r° ; P 2881^2, fol. 77 r° ; P 2881^1, fol. 146 ; X^{1a} 200, fol. 212 v°). — Arch. nat., KK 289, fol. 521 r°. — Arch. nat. KK 902, fol. 74 v°. — Bibl. nat., franç. 5500, fol. 177 v° — Sur la famille et spécialement sur son fils Denis Sourdeau, voir Croÿ, *Nouv. doc.* ; Jarry, dans *Mém. Soc. arch. et hist. Orléanais*, t. XXII, 1889 ; Croÿ, dans le même recueil, t. XXVIII, 1902, p. 584 ; Jarry, *Hist. de Cléry*, 1899, p. 208-216 ; Félibien, *Mémoires*, p. 32 ; Chevalier, *Invent. anal. arch. comm. Amboise*, 1874, p. 214 ; Gauthier, dans *Mém. Soc. arch. Touraine*, t. XVII, 1865, p. 92 et 94 ; Croÿ, dans *Bull. Soc. arch. Touraine*, t. XIX, 1er trim. 1913, p. 47 et p. 48, n. 3.

Pendant le temps qu'il fut attaché à notre entreprise, Jacques Sourdeau y occupa assurément une place importante. Le don que lui fit alors la reine, sa nomination à la maîtrise des œuvres du comté, le rôle dont il fut chargé dès le début de la construction du château de Chambord ne permettent pas de supposer qu'il ait été confondu sur le chantier blésois dans la foule des ouvriers subalternes. Mais, pourtant, nous ne croyons pas qu'on soit autorisé à affirmer qu'il a dirigé les travaux : les qualifications qui lui sont données en 1516 et en 1518 manquent de précision sur ce point, qui n'est pas davantage impliqué par les faits que nous venons de rappeler.

A plus forte raison, n'est-il en rien établi qu'on doive le tenir pour l'auteur des plans réalisés ici, même s'il a dirigé leur exécution. Sans doute, la chose est très possible; et rien de ce que nous connaissons n'y contredit, — pas même le fait qu'il ne savait ni lire ni écrire, car il y a quelque apparence que les maîtres de ce temps n'avaient pas la culture générale, ni la science théorique des architectes de la seconde Renaissance et de l'époque classique. Mais on ne saurait aller au delà de cette simple possibilité. Vainement a-t-on invoqué ici, comme au sujet du Cortonais, l'analogie de notre édifice, du moins pour la façade de la cour, avec le château de Chambord : nous nous sommes déjà expliqué sur cette analogie ; mais, même si l'on croyait qu'elle impliquât un même auteur, il ne s'en suivrait nullement que ce fût celui-ci, car on sait seulement qu'il fut chargé de « conduire la maçonnerie » de Chambord, et l'on peut bien penser qu'il ne fut pas le seul qui prit part à la fois à l'une et l'autre œuvre, commencées pour le même prince, à quatre ans d'intervalle et à quelques lieues de distance. La vérité est que nous ignorons le rôle joué par Jacques Sourdeau à Blois.

En définitive, il faut reconnaître que, dans l'état actuel de nos connaisances, la question de la paternité de notre édifice demeure insoluble.

Les sculpteurs. — Si nous ne connaissons pas les artistes qui ont ordonné cette architecture, notre ignorance est aussi complète concernant ceux qui l'ont parée de cette décoration souple, variée, légère, suprêmement gracieuse, qui lui ajoute un si rare agrément. On a bien dit avoir relevé sur les murs du grand escalier le nom d'un personnage « *di Pisa* », et l'inscription : PACHIAROTTO YERHONIMO, qui ne pourrait se rapporter qu'au célèbre Jérôme Pacherot, l'ornemaniste ramené d'Italie par Charles VIII en 1495 et qui, pendant plus de quarante ans, contribua si puissamment, à Gaillon et en Touraine, à la diffusion du décor italien. Mais nous avons vainement recherché ces graffiti. Au surplus, il resterait à établir qu'il s'agit de signatures, ce qui serait assez difficile à admettre pour Pacherot, lequel était alors fixé à Tours. Il est vrai, d'autre part, que certains bas-reliefs des travaux d'Hercule qui ornent les avant-corps de la façade extérieure sont des copies de plaquettes du médailleur italien Moderno [1] ; mais de telles copies sont aussi fréquentes des deux côtés des Alpes et peuvent être aussi bien le fait d'ornemanistes de l'une ou l'autre nationalité. Ainsi, toute cette œuvre si brillante demeure pour nous aussi anonyme que l'architecture qu'elle anime.

C. — LE MOBILIER

Il est bien vraisemblable que François Ier porta également son attention sur le mobilier du château de Blois. Néanmoins, on ne peut rien dire de précis à cet égard. Nous savons bien

1. De même, dans la salle ronde qui occupe le rez-de-chaussée de l'ancienne tour au milieu du bâtiment, un cul-de-lampe est la copie, transposée en haut relief, d'une pareille plaquette. — Reprod. de ces plaquettes dans : Molinier, *Bronzes de la Renaiss.* : *Plaq.*, 1886, t. Ier, nos 194, 195, 196, 202, 204 ; Müntz, *Hist. de l'art pendant la Renaiss.*, t. III, p. 109 ; revue *Les Arts*, août 1908, p. 19, 20 et 27 ; sept. 1911, p. 11.

Cl. Fred. Lesueur

Sculptures provenant du gable d'une lucarne

que, plusieurs années après qu'il eut délaissé cette demeure, elle renfermait encore de nombreuses richesses de cet ordre, qu'on en tirait fréquemment pour les envoyer au loin garnir des résidences improvisées pour la réception de souverains ou autres événements analogues. Nous possédons même un inventaire de tapisseries dressé en l'une de ces circonstances. Mais il est impossible d'y faire le départ de ce qui provenait des collections du défunt roi et de ce qui était dû aux acquisitions et commandes de François Ier. En tout cas, la meilleure partie de ce mobilier quitta, en 1539, les rives de la Loire pour aller orner le château de Fontainebleau qui avait depuis une dizaine d'années toutes les préférences royales. C'était la consécration de l'abandon de notre édifice [1].

1. Bibl. nat., franç. 10386, fol. 1-28 ; fol. 29-66 ; franç. 10388, fol. 117-140 (cf. franç. 15628, n° 192, fol. 67 v° et n° 247, fol. 86 r° ; Arch. nat., J 960, plaq. 5, n° 29) ; franç. 10390, fol. 1-34 (cf. franç. 15629, n° 33, fol. 13 r° et Arch. nat., J 960, plaq. 6, fol. 64). — Arch. nat., K. 84 n° 28, publ. dans les *Nouv. arch. art franç.*, 2e série, t. Ier, p. 334. — Laborde, *Les comptes des bâtim. du Roi*, 1877, t. Ier, p. 122 (cf. Arch. nat., J 961, plaq. 11, n° 50).

CHAPITRE IV

DE LA MORT DE CLAUDE DE FRANCE A GASTON D'ORLÉANS

(1524-1626)

Louis XII et François Ier avaient en vingt-cinq ans reconstruit presque tout le château de Blois. Il ne restait plus de l'ancien édifice que la Salle des États, qui, par la majesté de ses proportions, s'imposait au respect et d'ailleurs pouvait encore être fort utile comme on le vit pour les États généraux de 1576 et 1588, et l'aile Sud-Ouest au fond de la cour, qui ne datait que du siècle précédent et faisait bonne figure dans l'ensemble. Aussi s'explique-t-on parfaitement que notre monument, bien que résidence royale assidûment fréquentée, soit demeuré sans grands changements pendant plus de cent ans. Pareillement les jardins dont Louis XII avait enrichi ses abords étaient encore dans toute leur nouveauté et n'appelaient point de radicales transformations. Pourtant, quelques travaux secondaires furent exécutés çà et là et nous devons les mentionner au moins rapidement.

Le château de François Ier à Charles IX. — Il est à peine besoin de dire que François Ier, qui n'acheva même pas les constructions qu'il avait élevées, n'entreprit aucun autre ouvrage. Bien au contraire, il dépouilla le château de Blois au profit de celui de Fontainebleau, auquel allait toute sa faveur depuis la mort de Claude de France, et c'est en cette dernière demeure que furent transportées en 1539 une notable partie du mobilier blésois et en 1544 la célèbre bibliothèque formée par les ducs d'Orléans et accrue par Louis XII et par lui-même.

Les quatre derniers Valois manifestèrent, au contraire, une sympathie assez vive pour le séjour de Blois. Dès 1551, Henri II faisait exécuter différents travaux d'aménagement intérieur au « corps de logis neuf », comme on appelait alors le bâtiment de François Ier. Nous savons qu'on abattit plusieurs cloisons et qu'on utilisa pour ces besognes le bois de seize chênes. Il ne s'agissait pas sans doute de menues réparations, mais d'ouvrages plus importants, car le roi envoya pour les exécuter un charpentier de Paris, Guillaume Vaillant. D'ailleurs, plusieurs voyageurs du XVIIIe siècle rapportent que le château avait été « fort embelli par les peintures qu'Henri II y avait fait exécuter » ; et il n'est point téméraire de vouloir établir une corrélation entre ces diverses mentions. C'est sans doute à cette œuvre qu'il faut rapporter la décoration d'une loge de la façade extérieure au second étage, dont les parois sont couvertes de panneaux de menuiserie ornés, ainsi que la voûte, de grisailles dans le style de cette époque [1].

On peut encore signaler sous ce règne quelques réparations mal précisées au sujet desquelles on doit noter la recommandation de ne point « gaster la forme de l'édifice », et également le souci de les exécuter sans retard parce qu'il « advient ordinairement que les fraiz, quant il n'y est pourveu au commancement, redoublent ». On peut aussi mentionner : le dessein non exécuté de faire au bout de l'avant-cour une rampe reliant le château à la ville pour remplacer l'ancienne communication de la poterne Saint-Martin supprimée par Louis XII,

1. Arch. nat., P 2881[1], fol. 57 r°, 57 r° et v°, 62 v°, 68 r°. — *L nouv. voy. de France*, 1720, p. 227. — Lettres de Joseph Jekil 1775, dans le *Loir-et-Cher hist.*, 1895, col. 200.

— dans le Jardin haut, la construction, semble-t-il, de berceaux de charpente et l'accroissement d'un bâtiment, — quelques travaux aux jeux de paume, — enfin la création d'un étang artificiel qu'entreprit l' « hydromantique » du roi et dont les eaux devaient servir à l'alimentation des jardins, mais qui ne répondit pas à ce qu'on en avait espéré [1].

François II, durant son règne éphémère, conçut à son tour un vaste projet, qui ne fut peut-être achevé de réaliser que par son successeur. Il s'agissait de faire de la forêt de Blois, située à 2 kilomètres 1/2 du château, en quelque sorte le parc de cette demeure. Dans ce but, la forêt fut coupée du Nord au Sud et de l'Est à l'Ouest par deux grandes allées se rencontrant à angle droit au centre, avec un pavillon à ce point d'intersection (allées de St-Lubin et de Bury actuelles). Et elle fut reliée aux jardins par une autre allée, large de 18 mètres, plantée à quatre rangs d'arbres et bordée de haies d'épine blanche : c'est la promenade dite des Allées qui existe encore aujourd'hui, mais tronquée, replantée, mutilée, et tout à fait déchue de son ancienne splendeur [2].

La résidence blésoise ne fut pas tenue en moindre estime par Charles IX, ou plutôt peut-être par Catherine de Médicis. Nous croyons que c'est à elle qu'il faut attribuer la construction d'une galerie en forme de portique appuyée contre l'aile de François Ier du côté de la cour, et aujourd'hui détruite. Cet ouvrage portait tous les caractères de cette époque : or, dans une lettre du 10 octobre 1563, la reine mère ordonne la construction d'une « gallerie au long du logis du Roy » et, dans un marché du 16 mars 1570, il est question de « la galerye neufve

1. Arch. nat., K 90, n° 18. — Arch. nat., P 2881², fol. 382 r°. — Pierre Lesueur, *Les jardins du chât. de Blois*, p. 307 et 310. — *Ibid.*, p. 276 et 277. — *Ibid.*, p. 308-310.

2. Pierre Lesueur, *Les jardins du chât. de Blois*, p. 311-319.

dernièrement faicte » ; l'on ne voit pas à quoi se pourraient rapporter ces mentions en dehors de notre hypothèse. Quoi qu'il en soit, cette galerie était adossée au bâtiment de François Ier dans toute la longueur à gauche du grand escalier. Il y a des raisons sérieuses de croire que l'on projeta sa continuation à droite; mais ce ne fut jamais fait, malgré le témoignage contraire des planches de Du Cerceau. Elle se composait d'un ordre dorique à colonnes et entablement encadrant des arcades sur impostes et piédroits ; des disques ornaient les métopes de la frise et des branches de feuillage les écoinçons des arcades ; l'ouvrage se terminait au niveau du premier étage du bâtiment par une terrasse qui établissait une communication extérieure directe entre cet étage et l'aile du fond de la cour. Cette galerie fut démolie pour une part, en 1635, par Gaston d'Orléans avec l'extrémité de la façade qui l'appuyait ; le surplus fut détruit dans la première moitié du XVIIIe siècle. Cette dernière partie avait été restituée, avec certaines inexactitudes d'ailleurs, au milieu du XIXe siècle, lors de la restauration de la façade en question ; mais elle a été supprimée à nouveau environ trente-cinq ans après [1].

Il est très vraisemblable que c'est en même temps que fut construit certain petit passage triangulaire porté par un grand arc et qui, avant sa démolition, faisait communiquer directement au premier étage le petit escalier de l'aile de Louis XII avec la galerie adossée à la chapelle Saint-Calais [2].

Pour terminer la revue des travaux accomplis au temps de Charles IX, nous ajouterons que Catherine de Médicis fit encore édifier une salle sous une arche du pont de la Galerie

1. H. de La Ferrière, *Lettres de Cath. de Médicis*, t. II, p. 103, 10 oct. 1563. — Arch. nat., P 2882[1], fol. 108 r°, 16 mars 1570. — Vues dans Du Cerceau, Félibien, et Bibl. nat., *Topogr. de la France*, Loir-et-Cher, 2e vol.

2. La Ferrière, *eod. loc.* — Vues dans Du Cerceau (dessin original publié par M. Ward), Félibien (pl. 4) et Blondel (pl. 39 et 40).

des Cerfs, avec, sur le devant, un pavillon dont la façade s'ornait d'un ordre classique supportant un fronton triangulaire, et qu'on éleva un nouveau bâtiment dans le Jardin haut, peut-être celui que montre à l'angle Ouest de ce jardin un dessin de Du Cerceau sous le nom de « logis neuf » et dont le style est favorable à cette hypothèse [1].

Le château sous Henri III : le bâtiment de la Voûte. — On sait la détresse financière qui caractérisa le règne d'Henri III ; notre sujet nous en offre divers témoignages. Dès 1575, pour faire face aux dépenses de construction d'un bâtiment dans le Jardin haut, le président de la Chambre des comptes de Blois, Pierre de Sarred, dut emprunter les 1400 écus nécessaires « en son propre et privé nom pour ce que aultrement les particuliers ne l'ont voullu faire ne bailler ». L'année suivante, lorsqu'il fallut faire au château les travaux d'aménagement requis pour la tenue des États généraux et parmi lesquels sont expressément mentionnés ceux relatifs à la grande salle gothique que ses dimensions avaient fait choisir pour les assemblées des trois ordres et qui en a conservé son nom de Salle des États, le même Sarred fut encore forcé d' « empruncter deniers en son propre et privé nom ». Une décision énergique fut prise par Henri III en 1577 pour remédier à cette désastreuse situation : il paraît qu'anciennement le produit des droits seigneuriaux du comté était spécialement affecté à l'entretien des bâtiments ; mais comme « par importunité d'aucuns » diverses pensions avaient été assignées sur ces fonds, il en était résulté qu'on avait négligé l'entretien de ces bâtiments qui demeuraient « en dangier de tomber en décadence et ruyne » ; aussi le roi décida-t-il de suspendre le service de

1. Pierre Lesueur, *Les jardins du chât. de Blois*, p. 320 et 322. Vue de la salle de la Galerie des Cerfs sur une gravure et deux dessins de Du Cerceau. — Vue du bâtiment du Jardin haut sur un dessin de Du Cerceau (reproduit ci-dessus).

ces pensions jusqu'à ce que tous les bâtiments eussent été réparés et mis en parfait état. Mais cette sage résolution ne fut point observée [1].

Nous avons parlé de l'édification d'un nouveau bâtiment dans le Jardin haut. Avant de quitter les jardins, nous pouvons signaler divers travaux, réparations et modifications aux berceaux de charpente qui les ornaient. Mais l'ouvrage le plus considérable du règne, et d'ailleurs le plus important de ceux exécutés au château durant la période qui fait l'objet de ce chapitre, fut la construction d'un grand édifice adossé au pignon Nord-Est de la Salle des États. Toujours demeuré inachevé, on l'appelait, d'une disposition que nous allons voir, le bâtiment de la Voûte ; il a été démoli en 1861. Les anciens historiens sont d'accord pour dire qu'Henri III le fit élever « sur la fin de son règne », unanimité qui ne doit pas cependant impressionner plus que de raison, vu l'habitude des historiens de tous les temps de se copier les uns les autres, mais qui trouve cependant une certaine confirmation dans le fait qu'il n'est pas figuré sur les planches de Du Cerceau.

Quoi qu'il en soit, c'était une construction de plan rectangulaire, élevée exactement dans le prolongement de la Salle des États et de faible profondeur. Elle s'appuyait au Nord-Ouest sur l'ancienne porte du moyen âge située à cet endroit, laquelle avait été conservée ; la façade de ce côté se raccordait biaisement avec la porte et avait été pour cela fort négligée. La façade principale, qui regardait l'avant-cour, était construite entièrement en pierre de taille ; trois colonnes colossales supportées par de hauts piédestaux encadraient les deux travées dont elle se composait et dont les largeurs légèrement inégales correspondaient respectivement à celles des deux nefs de la Salle des États ; la partie inférieure de la travée gauche était percée

1. Bibl. nat., franç. 29120, d[r] 58619, p. 2. — Arch. nat., KK 899, fol. 1 r°, 1 v°, 9 v°. — Arch. nat., KK 899, fol. 16 r°.

d'une grande arcade; au-dessus, dans chaque travée s'ouvrait une immense fenêtre encadrée de pilastres. L'autre façade latérale, en retour vers l'aile de Louis XII, comportait à ses extrémités de semblables colonnes et au milieu une pareille fenêtre. L'ouvrage étant demeuré inachevé au-dessus des fenêtres, on ne saurait imaginer ce qu'eût été la partie supérieure. En tout cas, l'ordre colossal adopté confirme, quant à la date, l'assertion des historiens. L'étage inférieur formait un passage voûté ouvert sur l'extérieur par l'ancienne porte médiévale et vers l'avant-cour par la grande arcade de la façade principale. Il est difficile de dire avec certitude ce qu'on voulait faire au-dessus, les murs même n'ayant point été terminés. Il est bien vraisemblable toutefois qu'il n'y aurait eu qu'une grande pièce unique réunie à la Salle des États et en formant le prolongement : l'inégalité de largeur des travées de la façade correspond précisément à l'inégalité de largeur des nefs de la Salle des États ; les dimensions des fenêtres, hors de proportion avec la largeur et la profondeur de notre construction, sont appropriées à l'éclairage d'un vaste vaisseau ; davantage encore, le pignon de la Salle des États fut démoli lors de la construction de notre bâtiment ; enfin, à la demi-colonne de la Salle des comtes de Blois précédemment engagée dans ce pignon fut adossée une nouvelle demi-colonne regardant le bâtiment de la Voûte, ce qui implique une libre communication de l'un avec l'autre. On ne saurait être surpris de voir agrandir la vieille salle gothique, car ce vénérable vaisseau était encore, à raison justement de ses dimensions, fréquemment utilisé, non seulement pour des circonstances exceptionnelles comme la réunion des États, mais encore pour « les comédies et autres spectacles » ; c'est en ce lieu que fut jouée sous le règne de Henri II la *Sophonisbe* de Mellin de Saint-Gelais et que furent données en 1577 les représentations des *Gelosi* [1].

1. Félibien, *Mémoires*, p. 5 et 14. — Bernier, *Hist. de Blois*, p. 17.

Il faut encore attribuer au dernier des Valois la construction de la terrasse de l'Éperon. En effet, les planches de Du Cerceau, publiées en 1579 et peut-être exécutées quelques années auparavant, montrent à cette place un petit jardinet; et, d'autre part, l'Éperon est mentionné à partir de la fin du XVIe siècle. Cette terrasse quadrangulaire fut élevée au niveau du Jardin haut et complètement isolée de celui-ci aussi bien que du Jardin bas par un passage, un fossé dirions-nous plus exactement ; car il ne s'agissait plus ici de jardin, mais bien d'un ouvrage de défense destiné à la protection du château en commandant le passage de la Galerie des Cerfs à l'extrémité de laquelle il était élevé. L'insécurité de ces temps troublés par les guerres de religion et les luttes de la Ligue autorisait assez une telle précaution : ce ne fut point d'ailleurs la seule prise en cet ordre d'idées par Henri III, que nous voyons encore en février et mars 1589, deux mois après l'assassinat du duc de Guise, prescrire différents travaux de fortification et mesures de défense au château de Blois qui venait de voir s'accomplir ce drame. L'Éperon existe encore aujourd'hui, mais converti en jardin [1].

Le château sous Henri IV : la galerie du Jardin bas. — La mort d'Henri III et l'avènement au trône de la maison de Bourbon furent néfastes à notre monument, qui se vit de plus en plus délaissé par la nouvelle branche royale. Aucun souvenir de famille n'attachait à ces lieux les descendants des rois de Navarre ; l'agrément du site était peu apprécié en ce temps ; enfin et davantage la politique qui achevait de s'ins-

— Blondel, *Recueil*, p. 4 et 9. — Plans : Arch. nat., O[1] 1324, liasse 3. — Vues : par Félibien et Duban. — *Adde*: La Saussaye, *Hist. du chât. de Blois*, 7e édit., p. 59; et photogr. prise lors de la démolition au Musée de Blois.

1. Pierre Lesueur, *Les Jardins du chât. de Blois*, p. 326-331. — Cf. *La Henriade* de Sébastien Garnier, liv. II, p. 26 de l'éd. de 1594.

taurer empêchait le souverain de faire sa résidence aussi loin de la capitale.

Un des effets de cette désaffection dès le temps des deux premiers Bourbons fut l'insuffisance des ressources affectées à l'entretien des bâtiments du comté de Blois, malgré la restauration des finances royales. Henri IV avait bien, en 1597, renouvelé la sage mesure de son prédécesseur et décidé que le service de toutes les pensions assignées sur les revenus du comté serait suspendu jusqu'à la mise en parfait état de réparation de tous les édifices ; mais il fut le premier à enfreindre cette prescription et à accorder de nouvelles pensions malgré les énergiques représentations des Gens des comptes faisant observer « qu'au moyen de la faulte de fonds les bastimens du comté demeurent presque tous ruinez ». Aussi des allocations extraordinaires devaient-elles remplacer les ressources normales ainsi détournées. Encore était-ce à grand' peine que les officiers obtenaient pour de trop courts délais des subsides toujours insuffisants : en 1612, le maître des ouvrages du comté fut député auprès du roi pour lui « représenter l'estat des chasteaux et bastimens dudit comté et la ruyne qu'ilz menassent s'ilz ne sont promptement réparez »; en 1620, ce fut le général des finances qui dut faire quatre voyages en cour pour solliciter, « à cause des grandes réparacions qu'il convenoit faire aux chasteaux et maisons du Roy », de plus importantes allocations, qui lui furent d'ailleurs refusées [1].

Pourtant, alors que le simple entretien était ainsi négligé, on ne laissait pas en même temps d'entreprendre des constructions importantes. Bien qu'Henri IV n'ait jamais fait à Blois que de rares et brefs séjours, il fit néanmoins élever dans les

1. Arch. nat., P 2878², fol. 129 r° et 88 v° ; P 2878⁵, fol. 35 r°. — Arch. nat., E 34ᴬ, fol. 113 r° ; E 44, fol. 270 r° ; P 2888¹, fol. 85 v°. — Arch. nat., E 48ᴮ, fol. 92 r° ; E 54 c, fol. 98 r°. — Arch. nat., P 2883¹, fol. 274 r° et 296 r° ; E 63 ᴮ, fol. 228 r°.

jardins un édifice qui constitue de beaucoup l'ouvrage le plus considérable qui y ait été fait depuis leur établissement.

Le Jardin bas jusqu'à cette époque n'était orné sur sa face Sud-Ouest que d'un berceau de charpente adossé au mur de soutènement du Jardin haut. Henri IV fit élever à la place une grande galerie de pierre. Les travaux furent décidés et entrepris en 1598, et se poursuivirent rapidement ; tout le gros

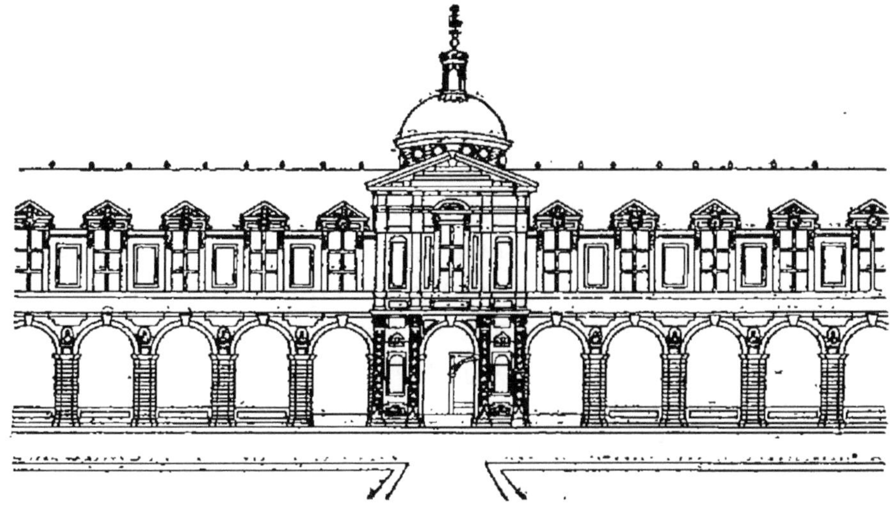

La Galerie Henri IV
(D'après le dessin de Félibien, 1681.)

œuvre au moins était terminé en 1603 ; mais cette construction, comme tant d'autres, ne fut jamais complètement achevée. L'architecte en est inconnu. Il n'en reste depuis longtemps que le souvenir, car elle fut démolie vers le milieu du XVIIIe siècle.

La Galerie Henri IV s'étendait sur toute la longueur du Jardin bas et mesurait ainsi près de deux cents mètres. Elle se composait de deux étages, l'un qui formait un portique adossé au mur de soutènement du Jardin haut et ouvert sur le Jardin bas par des arcades, l'autre, au niveau du Jardin haut, qui formait une galerie percée de part et d'autre de hautes fenêtres allongées coupant la corniche et détachant leur fronton sur l'ardoise du toit. Un pavillon marquait le centre de la construction ; plus élevé que les galeries, il se terminait par un grand dôme d'ardoises ; une partie de la sculpture en était demeurée à l'état d'épannelage ; ce qui en avait été fait était très riche. Les deux bouts de la galerie s'arrêtaient sur des arrachements de pierre et il est probable que les extrémités eussent été marquées par des pavillons plus ou moins analogues à celui du milieu. On remarquera combien toute l'ordonnance du Jardin bas se trouvait heureusement modifiée par l'introduction de ce motif d'architecture qui venait relever le caractère sec et mesquin que n'avait pas su éviter Mercoliano [1].

Le château sous Louis XIII : la terrasse des fossés. — Louis XIII fréquenta peut-être encore moins que son père la résidence de Blois : il n'y vint jamais que de passage en se rendant d'un point à un autre, et ses plus longs séjours ne dépassèrent jamais quelques journées. Aussi, n'est-il point surprenant de voir, dès ce temps, démolir plusieurs ouvrages secondaires, probablement pour éviter d'y faire les réparations nécessaires. Voici une preuve de l'insuffisance de l'entretien : le mariage de Louis XIII et d'Anne d'Autriche fut célébré à Bordeaux le 25 novembre 1615 : les souverains devaient au retour s'arrêter à Blois et la reine-mère devait loger dans le bâtiment élevé au xve siècle au fond de la cour ; or il fallut, pour le mettre en état de recevoir Marie de Médicis, y faire d'importantes réparations durant l'hiver 1615-1616 et on doit noter parmi celles-ci la fourniture de 437 verges de vitres.

Louis XIII séjourna donc à Blois avec la cour du 21 avril au 7 mai 1616. Ce fut l'occasion de constater le délabrement du château et la nécessité « d'y travailler promptement pour

1. Pierre Lesueur, *Les Jardins du chât. de Blois*, p. 331-338. — *Adde* : Blondel, *Recueil*, texte et pl. II.

Cl. Fred. Lesueur

Piliers de la galerie sur la cour

empescher les ruynes évidentes qui paroissoient en plusieurs endroictz d'icelluy ». Il semble que ce fut la raison qui fit décider un important travail qu'on entreprit bientôt. Les bâtiments du château, jusqu'à cette époque, n'avaient d'autre soubassement que les pentes abruptes du plateau sur lequel ils étaient assis. On résolut de modifier cette disposition en établissant au pied de toutes les constructions de la face Sud-Ouest, dont la base avait sans doute besoin d'être soutenue, une grande terrasse s'étendant sur une largeur de douze à quatorze mètres et une longueur d'une centaine de mètres, s'arrêtant au Sud contre la tour du Foix, dont certaines ouvertures de l'étage inférieur se trouvèrent ainsi condamnées, et à l'autre bout se retournant pour se poursuivre sur une longueur de vingt mètres devant les bâtiments de la face Ouest jusqu'à la Galerie des Cerfs qui en marquait le terme. Elle fut élevée à un niveau supérieur à celui de la cour et le mur de soutènement descendit jusqu'au fond de la grande tranchée artificielle qui forme la rue actuelle des Fossés-du-Château, atteignant à certains points une hauteur de près de vingt mètres. Aux angles extérieurs furent construits deux gros bastions carrés dont l'intérieur est occupé par de vastes salles et qu'un texte contemporain appelle « esperons et cazemattes ». L'exécution de cet important travail fut divisée en deux sections : celle du côté de la tour du Foix, adjugée le 25 avril 1617, était, après divers incidents, terminée au mois de mars 1621 ; la seconde portion fut entreprise en 1619 et achevée à une date que nous ne pouvons préciser. Cette terrasse existe encore presque entièrement aujourd'hui, mais séparée en deux parties par un pavillon de l'aile de Gaston d'Orléans qui est venu s'y enfoncer comme un coin : elle forme ainsi les deux terrasses qui s'étendent devant les façades extérieures de cette aile avec laquelle elles se raccordent gauchement [1].

1. Arch. nat., E 54c, fol. 98 r° ; E 63B, fol. 223 r° ; P 2883 1, fol. 183 r° ; — fol. 135 r° ; — E 60 D, fol. 205 r° ; P 2883 1, fol. 463 r°,

Pendant que s'exécutaient les travaux que nous venons de dire, le château de Blois servait de séjour à un personnage illustre. On sait comment, après l'assassinat du maréchal d'Ancre, Marie de Médicis fut exilée au château de Blois au mois de mai 1617, comment cet exil se transforma peu à peu d'une demi-liberté surveillée en une véritable captivité, comment enfin elle s'évada le 22 février 1619. Il est inutile d'insister sur les travaux qui furent faits en toute hâte pour mettre en état de la recevoir les lieux qu'elle avait désignés pour son logement. Disons seulement que, malgré le témoignage contraire de la tradition, il est très certain que son choix s'était porté sur l'aile Sud-Ouest, bien que ce fût la plus ancienne, peut-être parce qu'Italienne elle en prisait l'exposition ensoleillée.

Marie de Médicis voulut à son tour contribuer à l'embellissement de la demeure qui lui servait de prison. Ce fut même un de ses premiers soucis. En effet, dès la fin de juin 1617, les plans et devis de l'édifice qu'elle voulait élever étaient déjà établis. Le 1er août suivant, elle posait la première pierre portant une inscription commémorative. Tout était terminé avant la fin de 1618. Mais ce bâtiment n'eut qu'une durée éphémère et fut démoli quelques années plus tard pour faire place aux constructions de Gaston d'Orléans : il n'en est resté que la pierre de fondation remployée dans un sous-sol du pavillon Ouest de l'édifice de ce prince.

C'est au célèbre architecte Salomon de Brosse, qui élevait alors pour elle le palais du Luxembourg, que la reine-mère avait demandé les plans de son entreprise. Il ne s'agissait pourtant que d'un « petit pavillon dans lequel fut pris un cabinet

463 v°, 464 r°, 302 r°, 432 r° et 464 v° ; — fol. 425 v° ; — fol. 252 v°, 250 v° et 253 r° ; — Arch. de Loir-et-Cher, B, présidial de Blois, 26 janvier 1618. — Cf. Arch. nat., P 2883², fol. 338 r° ; Bibl. nat., ital. 1772, p. 123 ; Battifol, *Le roi Louis XIII à vingt ans*, 1910, p. 321.

et une garde robe » et dont la dépense totale ne s'éleva qu'à 4.000 livres, environ 25.000 francs de notre monnaie[1]. L'emplacement choisi était au bout de l'aile du fond de la cour, très probablement à la place de quelqu'une de ces petites constructions que nous montrent les planches de Du Cerceau entre cette aile et celle de François Ier, à côté de la tour de Châteaurenault, et par conséquent proche de l'endroit où a été remployée la pierre de fondation. C'est d'ailleurs à cela que se bornent nos connaissances sur le pavillon en question et nous ignorons quels étaient sa forme et son aspect, puisqu'il ne nous en est resté ni une représentation, ni une description [2].

Nous croyons encore être fondé à attribuer au règne d'Henri IV ou de Louis XIII, en l'absence de tout document, mais d'après le style, une petite construction adossée au pignon Sud-Est de l'aile de Louis XII. C'était un avant-corps, de petite superficie, dont l'ordonnance comme la décoration de bandeaux et chaînes de pierres appareillées étaient conçues dans le goût des maisons de la place Dauphine ou de la place Royale en si grande faveur durant le premier quart du XVIIe siècle. Ce bâtiment, qui meublait le grand pignon de l'aile de Louis XII, disparut lors de la restauration de ce dernier édifice, sous le second Empire [3].

Enfin, c'est également sous le règne de Louis XIII, ou peut-être au commencement de celui de Louis XIV, que la tour de Châteaurenault, englobée dans l'édifice de François Ier, reçut, à la place de l'élégant couronnement d'architecture que

1. Voir l'observation p. 74, note 2.

2. Bibl. nat., Cinq cents de Colbert 91, fol. 257 v° ; 92, fol. 189 v° et 199 r°. — Arch. nat., E 60 ^{D}, fol. 218 r°. — Gölnitz, *Ulysses Belgico-Gallicus*, 1631, p. 259. — Félibien, *Mémoires*, p. 5 et 16. — Cf. Pannier, *Salomon de Brosse*, 1911, p. 102.

3. Vues par Duban, dans *Arch. de la Comm. des Mon. hist.* (nouvelle série).

montrent les planches de Du Cerceau, le simple comble d'ardoises qui est figuré sur les vues de Silvestre et de Félibien et que nous voyons aujourd'hui, bien que très altéré par la dernière restauration [1].

Nous sommes arrivés ainsi au terme de la période dans laquelle nous avons voulu renfermer ce chapitre, au moment où le comté de Blois va être de nouveau détaché de la couronne pour être constitué en apanage au frère de Louis XIII. C'est une nouvelle phase qui va s'ouvrir dans l'histoire de notre monument, dont on projettera la reconstruction totale et qui sera du moins grandement transformé par l'édification de toute une aile nouvelle dans un style fort différent de celui des autres bâtiments, mais qui ne mérite pas de moindres éloges.

1. Planches de Du Cerceau ; cf. peinture de la galerie des Cerfs à Fontainebleau. — Arch. nat., E 39ᴬ, fol. 134 r° ; P 2882 3, fol. 336 v°, 344 v° ; P 2883 1, fol. 26 r°. — Vues d'Israël Silvestre, Félibien et anonyme de la Bibl. nat., *Topogr. de la France*, Loir-et-Cher, 2e vol.

CHAPITRE V

LES PROJETS ET L'ŒUVRE DE GASTON D'ORLÉANS

(1626-1660)

A. — HISTORIQUE DE L'ENTREPRISE

En 1626, Gaston, frère de Louis XIII, pour prix de son mariage avec Mlle de Montpensier, reçut en apanage, avec les duchés d'Orléans et de Chartres, le comté de Blois. Il prit à partir de ce moment le nom de duc d'Orléans. Mais, peut-être à raison du séjour plus ou moins continu que tous les rois de Louis XII à Henri IV y avaient fait au siècle précédent, l'héritier présomptif fit de Blois la capitale, si l'on peut dire, de son apanage ; il y réunit une manière de cour, et notre ville en reçut pendant un quart de siècle un reflet des splendeurs passées.

Gaston — il faut le dire à sa louange et pour compenser la pénible impression de ses fautes et de ses lâchetés — Gaston sut employer libéralement les loisirs que lui laissait la politique. S'il vaut mieux ne pas insister sur la médiocrité des poètes qu'il avait réunis et dont les productions ne méritaient pas un meilleur sort que le sonnet d'Oronte, par contre il avait rassemblé une belle bibliothèque, formé d'importantes collections botaniques et composé un précieux cabinet de médailles, toutes richesses qui, après sa mort, contribuèrent à l'accroissement des fonds royaux. Toutefois, ces goûts désintéressés trouvèrent surtout leur emploi vers la fin de sa vie, lorsque, bon gré mal gré, il fut enfin désabusé des menées politiques et des intrigues de cour, auxquelles pendant longtemps il avait pris une part trop peu à son honneur. Mais, moins de dix ans après la constitution de son apanage, il voulut édifier dans sa capitale une résidence magnifique qui lui donnât un avant-goût du faste royal dont il avait alors de bonnes raisons d'espérer jouir un jour. Son projet ne tendait rien moins qu'à raser entièrement le château qui avait suffi à la demeure de six rois pour lui substituer un palais dû à l'un des plus grands architectes de ce temps, vaste entreprise dont il ne put réaliser qu'une faible partie.

Dates de la construction. — Nicolas Goulas, gentilhomme ordinaire de Gaston, s'exprime ainsi en ses *Mémoires* à l'année 1635 : « Nous trouvasmes Monseigneur en cette ville de Blois, et on luy avoit déjà mis en teste d'abattre le chasteau et d'en refaire un tout neuf. M. de Puylorens vouloit un prétexte pour le tenir éloigné de la cour, afin d'avoir de quoy négocier et établir commerce, et Monseigneur étoit très aise de demeurer chez luy et d'avoir occasion de revenir promptement, quand il seroit obligé d'aller rendre ses respects au Roy ». Bernier, l'historien blésois né en 1627, parle également du « bâtiment que feu Monsieur le Duc d'Orléans fit faire en la place de celuy qu'il fit démolir du côté d'Occident l'an 1635 ». De même, le comte de Montrésor rapporte, à la date de 1635, que Richelieu « obligeoit le Roi, pour gagner son Altesse, à lui faire des gratifications qui contribuoient à son divertissement et à faire bâtir à Blois et à Chambord ». Et dom Noël Mars, le religieux blésois, qui écrivait en 1646, ne s'écarte pas beaucoup des précédents quand il dit que le duc d'Orléans « fit rebastir à neuf le chasteau de deux costez l'an 1636 » [1].

1. *Mémoires* de Goulas, éd. Constant (Soc. hist. de France), 1879, p. 261. — Bernier, *Hist. de Blois*, p. 17. — *Mémoires* du comte de Montrésor, coll. Petitot, p. 284. — Noël Mars, *Hist. du royal monast.*

En réalité, Gaston se mit à cette grande œuvre à la fin de 1634 et dès son retour de Bruxelles. En effet, de 1631 au mois d'octobre 1634, il se tint constamment réfugié à l'étranger sauf les quelques mois pendant lesquels il fut en rébellion ouverte et armée contre le roi. Et d'autre part, dès le début de 1635, l'entreprise était poursuivie avec activité, comme vont le montrer les documents d'archives.

Le 8 janvier 1635, le duc d'Orléans écrivait aux Gens des comptes de Blois que, « désirant accroistre et faire rebastir son chasteau », il était nécessaire de « faire abattre quantité de maisons et entre autres la Chambre des comptes qui est adhérante à l'un des coings dudict chasteau » ; on a vu qu'elle était installée dans la tour du Foix, laquelle d'ailleurs, malgré cette intention, demeura debout. Le 17 du même mois, le lieutenant au bailliage faisait procéder à l'estimation de l'hôtel de Mayenne, qui se composait de divers logis sis à l'emplacement de la terrasse du Foix, en vue de l'acquisition qu'en voulait faire le prince pour édifier à la place le nouveau palais. Un procédé analogue dut être employé à l'égard de la maison du prieur de Saint-Calais, située au même endroit; car, lorsque Gaston l'acquit le 6 janvier 1637, il est dit qu'elle avait déjà « esté démollie pour la pluspart pour accommoder les bastimens de Son Altessé ». Les démolitions, d'ailleurs, ne portèrent pas seulement sur ces propriétés particulières, mais encore sur tous les bâtiments du château du côté des Fossés, celui élevé par Louis XII à la fin de son règne et l'aile construite par Charles d'Orléans au milieu du xve siècle, et encore sur la partie antérieure de la chapelle Saint-Calais et l'extrémité de la façade de l'aile de François Ier sur la cour. Enfin, le 22 janvier

de Saint-Lomer de Blois, 1646, éd. Dupré, 1869, p. 128. — D'après Blondel (*Recueil*, p. 3 et 6), les démolitions préalables auraient été faites en 1632 et le nouvel édifice commencé en 1635 ; mais l'exactitude historique préoccupait médiocrement cet auteur qui n'écrivait d'ailleurs qu'en 1760.

1635, le duc concédait à un de ses serviteurs le privilège « de faire dresser, bastir et construire touttes les bouticques et logemens qui se pouront establir dans la montée qui se doibt faire pour dessendre du chasteau de Blois dans la ville » ; le futur édifice devait, en effet, comporter une grande rampe au bout de l'avant-cour : par conséquent, dès ce moment, les grandes lignes au moins du projet étaient fixées [1].

Les travaux étaient bientôt en cours. Car Louis XIII, par lettres du 29 décembre 1635, accorda à son frère, « pour la considération des bastimens qu'il a faict commancer en son chasteau de Blois », la permission de faire couper cinq cents chênes dans les forêts voisines. Postérieurement, nous ne connaissons d'autres pièces que divers actes se rapportant à l'acquisition, dans le premier semestre de 1637, de deux maisons sises dans la Grande rue (rue du Commerce actuelle) et dont la démolition était nécessaire pour faire la rampe projetée au bout de l'avant-cour [2].

Au dire de Bernier, les travaux durèrent trois années pendant lesquelles on dépensa 330.000 livres, environ 1.500.000 francs de notre monnaie [3]. Toujours est-il qu'alors qu'on n'avait élevé que le tiers environ du nouveau palais, que l'ornementation sculptée n'en était point même entièrement taillée, qu'on n'avait encore fait aucun aménagement intérieur et que rien n'était commencé des grandes dépendances qui devaient accompagner les bâtiments, toute l'entreprise fut suspendue.

1. Arch. nat., P 2883 ³, fol. 15 r°. Cf. *ibid.*, fol. 15 v° ; Bibl. de Blois, Joursanvault, 1805 et 1815 ; Arch. nat., *ibid.*, fol. 239 v°. — Arch. de Loir-et-Cher, B, bailliage de Blois. — Arch. de Loir-et-Cher, H, Bourgmoyen. — Arch. nat., P 2883³, fol. 74 r°.

2. Arch. nat., KK 900, fol. 20 r°. — Arch. nat., P 2883³, fol. 96; KK 900, fol. 26 r°-32 v°. Cf. Bibl. de Blois, fonds acquis en 1867, 243 ; *ibid.* 247 ; *ibid.* 247 *bis* ; Arch. nat., P 2883³, fol. 134 v° ; P 2878⁸, fol. 174 r° ; KK 901, fol. 414 v°-431 r°.

3. Voir l'observation p. 74, note 2.

AILE DE LOUIS XII

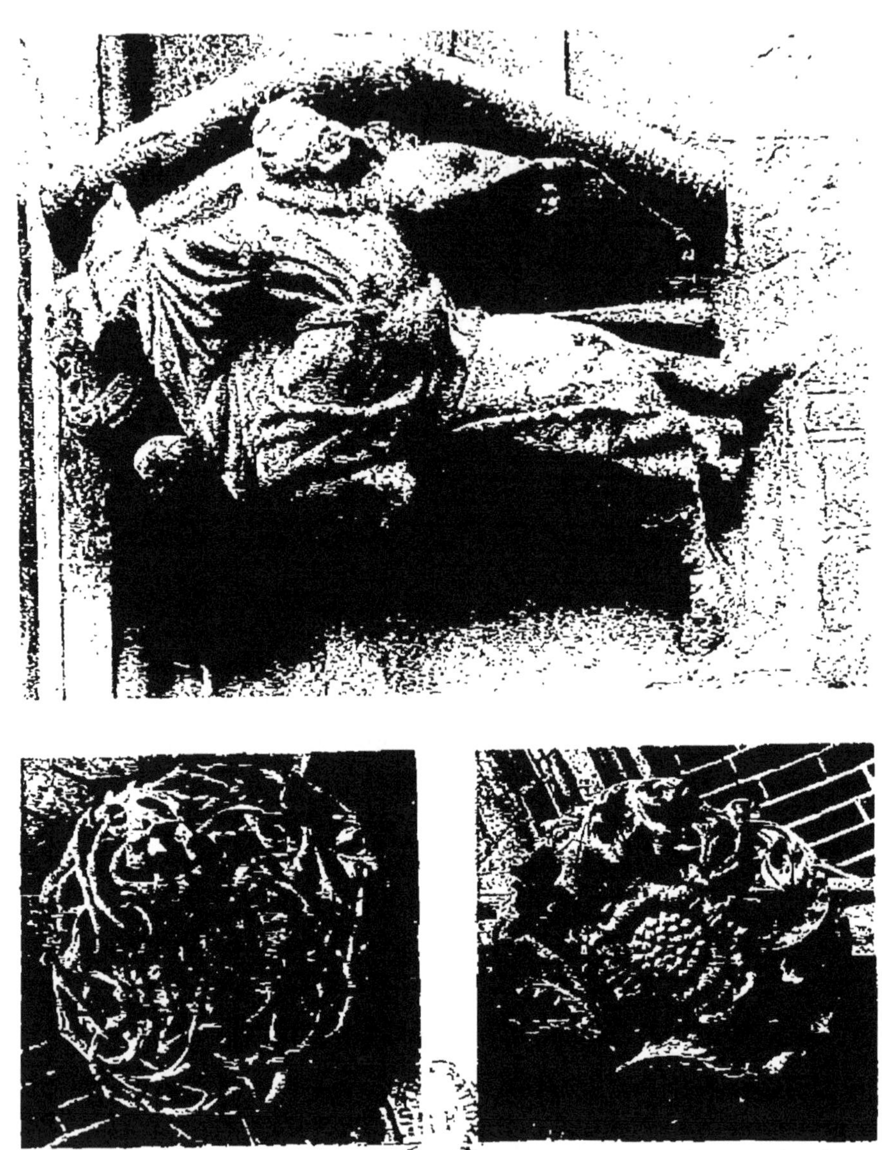

Détails de sculpture

Bernier n'en donne d'autre raison que les « affaires qui survinrent à nostre Prince ». Il est permis de supposer que les considérations financières ne furent pas étrangères à la résolution de celui qui connut bien des embarras d'argent. Ce motif suffit-il à tout expliquer? On comprend difficilement qu'on n'ait point seulement terminé l'aile déjà édifiée ; le même auteur marque à ce sujet, au témoignage de l'architecte, « qu'avec les matériaux qui restoient, il ne faloit plus que cent mille livres pour rendre ce bâtiment logeable », environ 450.000 francs ; et de fait, au milieu du XVIIIe siècle, il y avait encore dans la cour du château des pierres ouvrées et de superbes colonnes monolithes qui étaient toujours demeurées là inutilisées depuis l'époque de Gaston [1]. D'autre part, non seulement en maints endroits la sculpture projetée est demeurée à l'état d'épannelage, mais même la voûte du grand escalier, le seul point où l'on ait travaillé à l'intérieur, montre, à côté de panneaux entièrement sulptés, d'autres dont l'ornement déjà dessiné n'a point été taillé. On peut se demander s'il n'y eut pas, pour faire suspendre ainsi brusquement l'ouvrage, d'autres raisons, auxquelles ferait allusion la phrase énigmatique de l'historien blésois.

En tout cas, l'interruption fut définitive et les travaux ne furent jamais repris. Si le frère de Louis XIII en avait conservé l'intention durant un temps, comme il paraît bien qu'il en fut, ainsi qu'on le verra bientôt, il finit par y renoncer, puisqu'en 1652 il faisait exécuter d'importants ouvrages de décoration à la chapelle Saint-Calais [2]. Et c'est dans le logis de François Ier qu'il acheva ses jours [3], le 2 février 1660, à côté du seul bâtiment qu'il avait élevé d'un si vaste projet et qu'il n'avait pas même achevé. Ce bâtiment

1. Arch. nat., O^1 1326, liasse 6; O^1 1324, liasse 2.

2. Arch. de Loir-et-Cher, H, Bourgmoyen, Saint-Calais ; p. p. Hardel, *La chap. Saint-Calais*, p. 37.

3. Arch. nat., O^1 1329^A, p. 351 ; O^1 1328, liasse 13.

est toujours demeuré avec ses pierres d'attente ; jusqu'au siècle dernier il est resté vide et inhabitable, avec ses parois intérieures nues, et sans planchers ni plafonds ; un pavillon, aujourd'hui démoli, ne reçut jamais de couverture ; et les constructions de l'ancien château, qui devaient disparaître si l'œuvre inachevée eût été poursuivie, sont encore debout joignant celle-ci. Il est de mode, depuis bientôt un siècle, de se féliciter de cet événement. Il est vrai que nous lui devons d'avoir conservé les deux chefs-d'œuvre de Louis XII et de François Ier. Mais, le dessein de Gaston, s'il eût été mené à terme, ne l'eût cédé en rien à celui de ses prédécesseurs. Et il n'y a pas plus à se réjouir qu'à s'affliger de ce qui s'est passé, puisque aussi bien nous ne pouvions posséder en même temps des expressions parfaites d'arts différents.

L'architecte et les sculpteurs. — L'architecte que le duc d'Orléans chargea de cette grande entreprise fut François Mansart. Il semblerait que nous dussions être pleinement renseignés sur un artiste aussi renommé. Au vrai, si sa personnalité nous apparaît avec une autre netteté que celle des hommes de la première Renaissance que nous vîmes aux précédents chapitres, il s'en faut de beaucoup qu'il soit connu comme il mériterait de l'être. Nous sommes réduits aux notices des dictionnaires spéciaux, des encyclopédies et des ouvrages généraux ; l'appel lancé par M. Lemonnier, il y a vingt ans, n'a pas été entendu, et, alors que les moindres églises gothiques sont l'objet d'études minutieuses, nous attendons encore la biographie d'un tel homme ou même seulement les éléments qui en rendraient le défaut moins sensible. Du moins, des œuvres certaines, comme le château de Maisons, l'hôtel de la Vrillière, ou ce qu'il a fait à Blois, suffisent-elles à justifier la gloire de Mansart et expliquer que Colbert se soit d'abord adressé à lui pour l'achèvement du Louvre. Encore, son projet entier pour notre édifice l'emportait-il sur tout le reste et aurait-il constitué, s'il eût pu être entièrement réalisé, son ouvrage capital. Par ailleurs, différents traits font entrevoir l'homme et donnent une haute idée de son caractère en le montrant épris de son art, exigeant pour lui-même et jamais arrêté dans la poursuite d'une perfection toujours plus approchée. Et tout cela, en dépit de ce qu'ont pu dire ses ennemis qui n'étaient bien souvent que des envieux, constitue une belle et noble figure d'artiste [1].

Le rôle que nous prêtons à François Mansart dans l'histoire du château de Blois, et qui est d'ailleurs accepté de tous, est surabondamment établi. Sans même parler du témoignage formel de Charles Perrault, son plus ancien biographe, et pour ne prendre que les autorités les plus dignes de créance, c'est ce qu'attestent, avec les références les plus indiscutables, Félibien, l'historiographe très critique et fort informé des châteaux du Blésois, né en 1619, et son contemporain Bernier, l'historien très averti de notre ville. De même, lorsqu'il s'agit d'acquérir ces maisons qui se trouvaient à l'endroit de la rampe projetée au bout de l'avant-cour, des lettres du 12 décembre 1636 parlent de « la place qui a esté tracée du commandement de Son Altesse par le sr Mansart, son architecte, pour faire une grande entrée en son chasteau de Blois du costé de la ville », et notre homme prend part, le 15 janvier suivant, aux opérations d'estimation de ces maisons. C'est de quoi contenter les plus scrupuleux [2].

1. Lance, *Dict. des archit. franç.*, 1872, t. II, p. 100. — Bauchal, *Nouv. dict. biogr. et crit. des archit. franç.*, 1887, p. 395. — Du Seigneur, dans l'*Encycl. de l'archit. et de la constr.* de Planat, 1892, t. V, p. 591. — Lucas, v° *Mansart* dans la *Grande Encyclop.* — Lemonnier, *L'art franç. au temps de Richelieu et de Mazarin*, 1893, passim et notam. p. 228. — Geymüller, *Die Bauk. der Renais. in Frankr.*, t. Ier, p. 304.

2. Perrault, *Les hommes illustres*, 1696, t. Ier, p. 87. — Bernier, *Hist. de Blois*, p. 17. — Félibien, *Mémoires*, p. 5 et 16. — Arch. nat., KK 900, fol. 26 r°-27 r°.

On sait que l'architecte en ce temps était devenu ce qu'il est de nos jours. Il réalisait l'unité de conception ; de lui seul émanait toute la pensée créatrice aussi bien du thème général que des moindres parties de sa mise en œuvre et il doit être regardé comme le véritable et unique auteur de l'édifice auquel est attaché son nom. Et cela, qui est vrai de tous, doit l'être encore plus de Mansart ; car nous savons, par divers épisodes où d'autres sans doute eussent montré plus de souplesse, que moins que quiconque il était homme à aliéner quoi que ce fût de son indépendance d'artiste et à admettre aucune ingérence ni rien qui pût limiter sa liberté de faire ce qu'il estimait le plus parfait.

Parmi ses collaborateurs, il en est pourtant qui, par la force même des choses, ne furent pas de simples exécutants : ce sont les sculpteurs, auxquels il avait réservé une si belle part et qui jouèrent encore un rôle qui n'est pas négligeable dans ce qui fut exécuté. De même que Gaston s'était adressé à l'un des architectes les plus réputés de son temps, pareillement ce furent les sculpteurs du plus grand renom dont il réclama le concours. Nous connaissons les noms de deux d'entre eux : Jacques Sarrazin tailla le buste qui couronnait le pavillon central du côté de la cour et Simon Guillain fut l'auteur des statues qui surmontaient la colonnade circulaire au devant de cette façade et probablement de celles couchées sur les rampants du fronton du même pavillon aussi bien que de toutes les sculptures d'ornement de ce côté [1]. Malheureusement, la Révolution décapita le buste du duc et brisa les statues de la colonnade, et celles du fronton ne sont plus que des blocs informes. Par contre, si nous pou-

1. Bernier, *Hist. de Blois*, p. 18. — Félibien, *Mémoires*, p. 17 et 18. — Guillet de Saint-Georges, dans *Mém. inéd. sur la vie et les ouvr. des membres de l'Acad. roy. de peint. et de sculpt.*, t. Ier, p. 122 et 198.

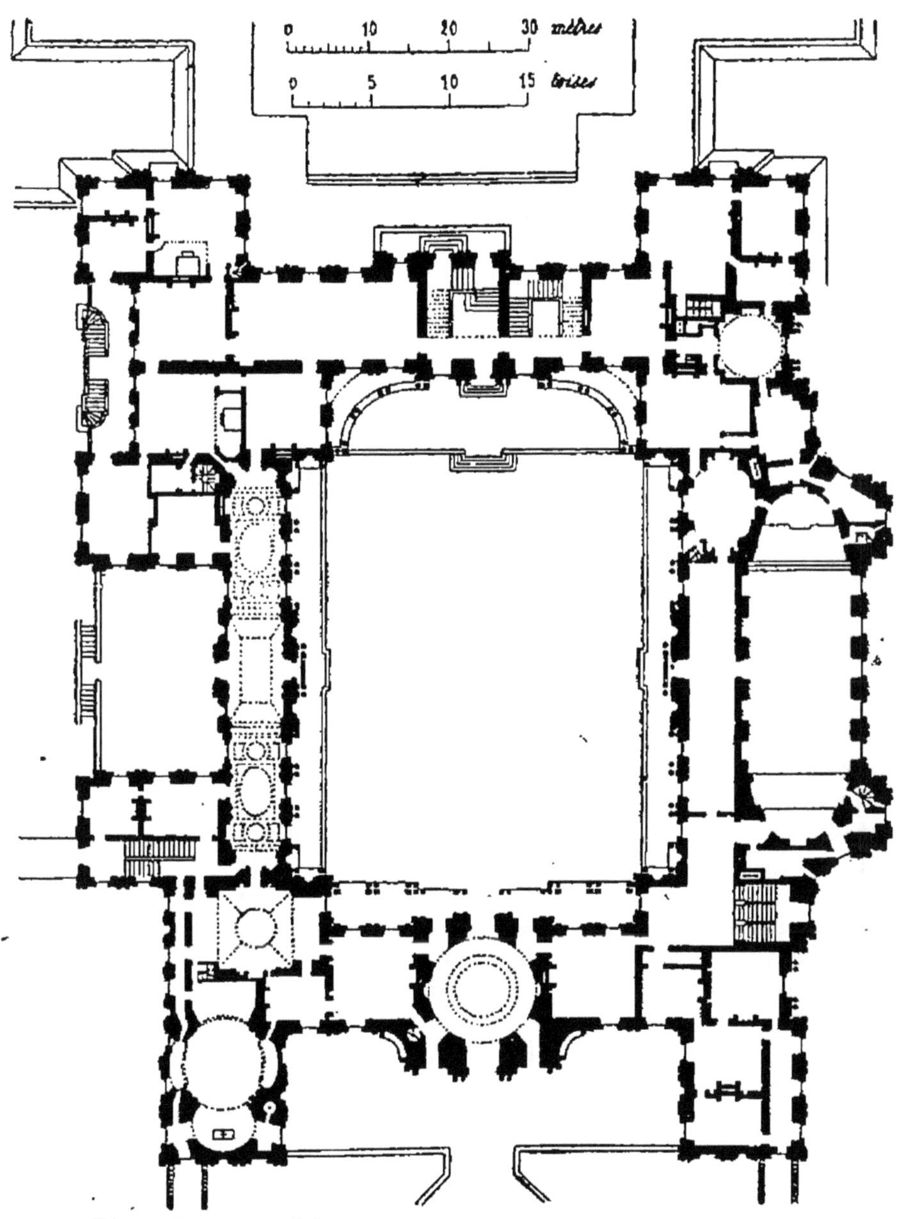

Pierre Lesueur del.

LE PROJET DE MANSART POUR LE PALAIS DE GASTON D'ORLÉANS
(D'après le plan original. Bibl. Nat.)

vons encore admirer les beaux panneaux du grand escalier, nous ignorons la main à laquelle ils sont dus.

B. — LE PROJET DE MANSART

Après en avoir suivi l'histoire, il nous reste à faire connaître le projet de Mansart, dont les bâtiments qui furent élevés et que nous voyons aujourd'hui ne sont que la moindre partie. Ce projet nous est bien connu. Deux auteurs du XVIIe siècle nous en ont laissé la description : d'une part, Bernier, qui déclare se référer aux « mémoires de ce dessein », aux « mémoires de Mansard » qui lui avaient été « communiquez par Monsieur Gabriel, un des héritiers de cet architecte » ; et, d'autre part, Félibien, qui n'eut point d'autre autorité puisqu'il dit exactement, aux mots près, ce que rapporte le précédent [1]. Mieux encore, nous possédons les plans mêmes de

1. Voici le texte de Félibien, *Mémoires*, p. 19. (Il est bon de remarquer qu'il donne au château la même orientation inexacte que lui assignent tous les auteurs) : « Le dessein de l'architecte estoit de continuer deux corps de logis en aisles des deux costez de la cour au Midy et au Septentrion. Du costé du Midy il y eust eu une gallerie ayant veüe sur la cour laquelle auroit pris depuis les pavillons qui sont faits jusques à une sale qui auroit esté sur l'entrée du costé d'Orient. Et derrière cette gallerie on auroit fait deux grands appartements, le tout disposé en sorte que de divers endroits on auroit pu entrer dans la gallerie. — Dans l'autre aisle du costé du Septentrion où est le bastiment de François I, il y eust aussy eu deux appartemens ayant veue sur la cour, et derrière ces appartemens une grande salle dont les fenestres auroient regardé du costé des Jésuistes (*église Saint-Vincent*). Cette sale, qui auroit esté d'une forme agréable et extraordinaire, eust esté pour les grandes assemblées. Un dôme très magnifique devoit embellir le milieu du bastiment de face qui eut séparé l'avant-cour d'avec la cour du chasteau. L'avant-cour auroit esté environnée d'une grande terrasse à la hauteur des premiers estages du chasteau. On eut aussy fait au bout de l'avant-court une avenüe pour

Mansart, qui sont entrés à la Bibliothèque nationale en 1811 avec la collection de Cotte [1]. Nous n'avons point là l'expression première de la pensée de l'artiste. Bernier, en effet, après avoir relaté que le bâtiment du fond de la cour fut élevé en l'état où il est demeuré en trois ans avec une dépense de 330.000 livres, ajoute que les « mémoires » de Mansart « marquent expressément qu'avec les matériaux qui restoient, il ne faloit plus que 100.000 livres pour rendre ce bâtiment logeable » ; d'où il suit que les mémoires en question sont postérieurs à la première phase, demeurée unique, de l'entreprise. De même, les plans portent ces légendes : « la face du bastiment *faicte* sur la court », pour ce qui fut édifié, et « la face du bastiment à *faire* entre la court et avant-

communiquer à la ville vis-à-vis la grande Rüe (*rue du Commerce*). — Au delà du bastiment du costé d'Occident, le dessein estoit de faire des terrasses jusques aux Capucins (*au delà du Jardin haut*), pour aller aux jardins et à la forest. L'on auroit veu au pied de ces terrasses la rivière de Loire qui passe le long du costeau que l'on appelle les Grois, et ensuitte l'on auroit trouvé diverses routes pour aller dans la forest, et des allées pour entrer dans les jardins qui sont séparez du chasteau. »

1. Bibl. nat., Est., Va 182, *Topogr. de la France*, Loir-et-Cher, vol. II. — Ces plans comprennent : 1° un plan général du palais, 2° une vue cavalière de la grande façade du côté des Fossés, 3° une réplique de la précédente, 4° une vue cavalière de la façade opposée sur la cour, 5° enfin, sur la même feuille que la précédente, une élévation géométrale de la façade projetée sur l'avant-cour. — Bien qu'il n'y en ait point de preuve matérielle, il n'est pas douteux que ce ne soient là les plans de Mansart. D'abord, ces plans, qui appartiennent à une même série, se rapportent à un projet, qui ne fut point réalisé, de reprise des travaux. Surtout, la concordance de ces plans avec les indications données par Félibien et Bernier, d'après les mémoires mêmes du grand architecte, ne peut laisser de doute. Enfin, une nouvelle garantie d'authenticité résulte encore de ce que ces dessins étaient conservés dans le cabinet de Cotte (Voir le catal. ms. Bibl. nat. Est. Ye 86, n°s 957 à 960), quand on se rappelle les liens de toute sorte qui unissaient Robert de Cotte à Jules Hardouin-Mansart et ce dernier à François Mansart.

court », pour ce qui n'a jamais été réalisé. Il semble bien que plans et mémoires se rapportent à un projet de reprise des travaux après la suspension que nous avons dite, projet qui n'eut point d'exécution. En tout cas, il est sensible que, si le maître, à ce moment, a remanié sa conception première, ce que nous ne saurions dire, ce n'a pu être que pour l'amender et nous avons là certainement la dernière expression de son idée et celle qu'il devait regarder comme la plus parfaite.

Imaginez une grande cour rectangulaire de dimensions voisines de celles de la cour actuelle. Au fond s'élève le bâtiment que nous pouvons encore admirer aujourd'hui, avec sa façade intérieure accompagnée de deux ailes en retour, et sa grande façade extérieure, vers les Fossés, flanquée de deux pavillons carrés. Cette construction sera décrite dans la seconde partie de ce livre.

La façade intérieure de ce bâtiment et les deux ailes en retour limitaient une terrasse élevée de cinq marches au-dessus de la cour. Celle-ci se serait étendue devant, un peu plus large que la terrasse, les deux grandes façades latérales étant légèrement en retrait. L'ordonnance imaginée pour ces dernières était semblable de part et d'autre et symétrique pour chacune : elle comportait un avant-corps de faible saillie au centre et une décoration de colonnes adossées et de niches semi-circulaires, qui auraient abrité sans doute de grandes statues.

Du côté de la Loire, devait s'étendre derrière cette façade une grande galerie d'apparat. L'intérieur en eût été orné de pilastres ; et il y aurait eu, semble-t-il, diverses voûtes avec de grosses moulures, dans le goût un peu chargé de cette époque. En arrière de la galerie, vers les extrémités, le projet comportait deux pavillons symétriques, dont l'un fut élevé par Gaston, mais, laissé sans couverture, a été démoli au siècle dernier. Ces pavillons étaient destinés à former des appartements privés.

La façade extérieure du côté de la Loire eût été la seule qui ne fût point tout à fait symétrique. Les deux faces du bâtiment du fond de la cour ne se répondant pas, il fallait que cette irrégularité se trouvât rachetée en un point ; l'architecte le voulait faire de ce côté qui s'offre le moins à la vue. Du reste, cette dissymétrie eût été aussi atténuée que possible, n'étant guère sensible que dans la plantation des différentes masses. La partie Sud avec ses deux pavillons, celui qui occupe l'angle de la construction et celui qui fut démoli il y a cent ans, a été édifiée par Gaston. L'autre extrémité eût reproduit celle-là en élévation, mais sur un plan très différent. La partie médiane, profondément en retrait, devait rappeler de près la portion de la façade sur la cour qui lui eût été opposée.

Sur l'autre face, du côté de la place Victor-Hugo, se serait trouvée principalement « une grande salle pour les assemblées d'une figure très particulière et très agréable ». Longue de plus de quarante mètres, large d'une douzaine, elle eût été éclairée par cinq grandes fenêtres ouvertes vers l'extérieur ; en face, autant d'embrasures auraient peut-être encadré de fausses portes ; les deux extrémités se fussent terminées en hémicycle ; enfin ces dimensions comportaient sans doute une grande élévation et la couverture par quelque sorte de voûte. D'un côté de cette salle, diverses pièces de proportions plus modestes et de plans compliqués étaient probablement destinées à faire partie des appartements de réception. De l'autre côté, un large escalier à triple volée aurait été l'égal de celui du grand bâtiment du fond de la cour.

La façade extérieure, de ce côté, eût été d'un dessin très original. La grande salle des assemblées aurait fait au milieu une forte saillie, encadrée de deux petits avant-corps, qui se fussent reliés aux portions latérales par deux parties en quart de cercle. Les extrémités devaient être marquées encore par deux pavillons d'angle de médiocre saillie, dont l'un est tout ce qui a été exécuté.

Sur le devant, le quatrième côté du quadrilatère était formé dans le projet par une aile élevée seulement d'un rez-de-chaussée et d'un premier étage terminé en terrasse et flanquée de deux pavillons d'angle très saillants, plus élevés d'un étage et couverts de grandes toitures. Il y aurait eu un troisième pavillon au milieu de l'aile et de même hauteur que celle-ci ; percé de trois grands guichets, il eût formé l'entrée du palais. Au-dessus se fût élevé un haut tambour supportant un dôme « très magnifique », inévitable à cette époque, et accosté de deux longues souches de cheminée d'un effet singulier. La façade extérieure de ce pavillon central se devait relier aux parties latérales par des travées en quart de cercle. Naturellement, l'ordre dorique était réservé au rez-de-chaussée, l'ionique au premier étage, et le corinthien au dernier étage des pavillons d'angle et au tambour du dôme. Une abondante sculpture était prévue : statues équestres adossées aux travées en quart de cercle, grandes figures posées sur l'entablement du rez-de-chaussée ou couchées sur le fronton du premier étage au pavillon central ou placées dans des niches aux pavillons d'angle, motifs d'ornement aux guichets, panneaux de trophées aux pavillons latéraux. La façade opposée sur la cour devait être flanquée d'un portique à colonnes. L'un des pavillons d'angle aurait été divisé en appartements privés. L'autre était destiné à renfermer la chapelle, que rien ne faisait prévoir à l'extérieur ; elle eût été de plan circulaire avec une sorte d'abside en fer à cheval, deux étroites galeries dans les côtés et une courte travée en avant. A côté, il y aurait eu un salon, couvert, semble-t-il, d'une voûte peinte.

Enfin, cet imposant ensemble de constructions devait s'accompagner d'un cadre majestueux. Sur le devant, l'avant-cour aurait été entourée d'un portique continu supportant une terrasse à hauteur du premier étage; au bout, une avenue inclinée aurait relié la ville au château. A l'opposé, une grande terrasse était projetée qui se fût étendue dans toute la largeur des bâtiments et, franchissant les vieux fossés comblés ou transformés en passage souterrain, se serait développée de l'autre côté du plateau : le centre en devait être occupé par un bassin rond au fond d'un grand emmarchement et elle eût, sans doute, été dessinée en jardins. Du côté de la Loire, il semble qu'il y aurait eu également une terrasse avec de grands escaliers monumentaux.

Tel était le projet enfanté par le puissant génie de François Mansart et dont les qualités ne sauraient être trop louées. Tout ici est conçu uniquement pour une fin esthétique. Les façades sont ordonnées pour la satisfaction des yeux sans souci des distributions intérieures et dans leur cadre sont placées des pièces également dessinées à priori ; on ne trouve rien de cette logique, d'ailleurs un peu factice, des édifices du moyen âge; la préoccupation d'art pur l'emporte sur toute autre et soumet tout à ses exigences. Sans doute, de telles pratiques n'allaient pas sans quelques inconvénients ; les locaux secondaires auraient été souvent sacrifiés, des espaces seraient demeurés inutilisables, d'énormes massifs de maçonnerie ou des murs amincis à l'extrême seraient résultés de ce désaccord des plans intérieur et extérieur. Qu'importaient ces mesquines considérations et fallait-il pour cela troubler l'harmonie qui est la loi suprême de toute œuvre d'art?

Mais on doit surtout admirer avec quelle science de la composition l'architecte avait su éviter la monotonie qui constitue le défaut trop commun des monuments de cette importance. Ce qui fut exécuté du projet de Mansart et que nous voyons aujourd'hui ne donne pas à cet égard une impression tout à fait exacte, un peu parce que l'œuvre est demeurée inachevée et a subi diverses mutilations, un peu parce que cette aile est d'un style plus sévère que ne l'eussent été les autres, surtout parce qu'en ces édifices parfaitement rythmés chaque partie n'a sa véritable signification que dans l'ensemble auquel elle appartient. En réalité, rien n'eût été moins uniforme, plus varié, plus vivant et plus expressif que l'œuvre conçue par Mansart. Les quatre façades extérieures devaient être toutes d'un dessin fort différent, et pour chacune la diversité des plans et la variété d'ordonnance des parties qui les eussent composées auraient présenté un mouvement extrême. A l'intérieur de la cour et malgré ce qu'imposaient les lois impérieuses de la symétrie, la monotonie était également évitée par les colonnades des extrémités et par les ressauts ménagés aux angles, qui rompaient la froideur qu'eût affectée le rectangle parfait. Néanmoins, l'homogénéité de l'ensemble ne laissait pas d'être parfaitement assurée par l'unité du style et la continuité du rythme, par le rappel de part et d'autre de certaines dispositions et par l'emploi en des combinaisons toujours nouvelles des mêmes éléments. Enfin, une statuaire nombreuse distribuée en toutes les parties eût encore animé cette architecture, sans toutefois la charger.

Toutes ces dispositions affirment l'excellence du maître dont tant d'ouvrages ont justement consacré la réputation. Mais, celui-ci, s'il eût été mené à terme, l'eût emporté sur tous les autres tant par son ampleur que par les rares qualités qu'il révèle. La fortune ne l'a pas voulu : les bâtiments qui furent édifiés ne représentent que la moindre partie du palais projeté ; ils sont même demeurés inachevés et l'injure du temps jointe à la barbarie des hommes ont encore mutilé l'incomplète parure qu'ils avaient reçue. Et pourtant cette œuvre en cet état s'impose encore à notre admiration.

AILE DE LOUIS XII

Cl. Fréd. Lesueur

Couronnement du grand escalier

CHAPITRE VI

DE LA MORT DE GASTON D'ORLÉANS A NOS JOURS

(1660-1914)

A. — L'ABANDON

La mort de Gaston d'Orléans, dernier comte de Blois, survenue le 2 février 1660, marqua pour notre monument le commencement d'une ère de décadence et d'abandon qui dura près de deux siècles jusqu'à ce que la restauration de Duban soit enfin venue le sauver de la ruine à laquelle il paraissait voué. Peut-être, pourtant, cet état de choses a-t-il tourné à l'avantage de l'édifice plus qu'on ne croit en le préservant de devenir semblable à un habit d'arlequin sous l'effet des transformations, remaniements et appropriations, comme il en a été par exemple pour le château de Fontainebleau. Le cadre restreint de ce livre nous force à ne parler de cette période que fort succinctement, bien que ce soit un chapitre intéressant de l'évolution du goût et de l'histoire administrative.

L'Administration des Bâtiments du roi. — La royauté, à laquelle le château avait fait retour, s'en désintéressa de plus en plus. Louis XIV y vint une seule fois en 1668 ; Louis XV n'y parut jamais ; Louis XVI en ordonna la démolition. La cause, au moins principale, de cet abandon est assurément que l'extrême centralisation du pouvoir de la monarchie absolue ne permettait plus au souverain de se tenir en une résidence que les moyens de communication encore rudimentaires faisaient trop éloignée de la capitale. Du reste, comment la cour innombrable des Bourbons, à laquelle suffisait à peine cet immense Versailles pourtant bâti pour elle, aurait-elle pu se loger dans la vieille demeure des Valois ?

Et puis, il faut le dire, on ne faisait pas de cas de cet édifice. Les construtions du XVIe siècle, qui en formaient la majeure part et la seule utilisable, étaient d'une architecture qu'on n'estimait plus. Félibien, l'historiographe officiel des bâtiments sous Louis XIV, encore qu'il apprécie la « sculpture très délicate » de l'aile de Louis XII et, à l'intérieur du bâtiment de François Ier, des « lieux assez propres », ne laisse point de faire remarquer qu'il s'y trouve « un peu de la manière gothique », — et l'on sait le sens péjoratif qui s'attachait alors à ce mot, — et il regrette vivement que Mansart n'ait point continué ce qu'il avait imaginé. Jacques-François Blondel, le grand théoricien du XVIIIe siècle, s'il loue cependant « la délicatesse de la plus grande partie de la décoration du bâtiment de François Ier », déclare tout nettement des constructions antérieures à celles de Gaston d'Orléans qu'elles sont « d'un genre à n'avoir de véritablement intéressant que leur antiquité » : et cependant on ne saurait l'accuser de parti pris d'école, car il nous a dit lui-même la grande estime en laquelle il tenait l'architecture religieuse du moyen âge ; mais, par la suite, il insiste encore sur l'ornementation de l'édifice de Louis XII « d'un genre pesant et pauvre », « d'un dessein assez médiocre », « distribuée sans goût et sans simétrie » ; et la façade extérieure élevée par François Ier lui paraît « trop compliquée dans son ordonnance et composée de trop petites parties ». Seul, un original comme La Fontaine pouvait estimer cette façade plus même que l'œuvre de Mansart, et en donner cette raison : « il y a force petites galeries, petites fenêtres, petits balcons, petits ornements sans régularité et sans ordre ; cela fait quelque chose de grand qui plaît assez » ; seul, il pouvait se féliciter, au mépris de l'Académie, que les diverses constructions « ne fissent, Dieu merci, nulle symétrie et n'aient rapport ni convenance l'une avec l'autre ». Le grand escalier de François Ier paraît avoir échappé à ce discrédit ; Claude Perrault en 1669 et Madame Cradock en 1785 rapportent le cas qu'ils en font. Il est bien vrai aussi que l'historien blésois Bernier, suspect, il est vrai, de partialité, et le voyageur La Valette, en 1729, accordent que tout l'édifice de ce prince, « quoique à proprement parler gothique, ne laisse pas d'avoir sa beauté » ; mais ce n'est qu'indulgente condescendance de leur part ; et pour eux, comme pour Perrault ou pour le s[r] de Montigny, voyageur du milieu du XVIIIe siècle, leur sentiment intime se dégage assez de la façon différente dont ils parlent de l'œuvre de Gaston d'Orléans et de celle de ses prédécesseurs. De même, dans le travail encore inédit que J.-F. Blondel exécuta sur notre monument par l'ordre de Marigny, d'innombrables planches sont consacrées à tous les détails des constructions du frère de Louis XIII, et quelques-unes seulement à celles du XVIe siècle. Certes, les éloges, d'ailleurs mérités, n'étaient point mesurés aux bâtiments de Mansart. Félibien les trouvait « d'une beauté et d'une noblesse digne de cet excellent architecte », et Blondel y reconnaissait « la sublimité que Mansard savoit transmettre à toutes ses productions » ; d'Argenville, Montigny, Bernier, et bien d'autres ne sont pas moins enthousiastes. Mais l'édifice, demeuré inachevé, était inutilisable et il eût fallu de grands travaux pour le mettre en état d'habitation [1].

1. Félibien, *Mémoires*. — Blondel, *Recueil*. — La Fontaine, *Voyage en Limousin*, 3e lettre. — Perrault, *Voyage à Bordeaux*, éd. Bonnefon, 1909. — *Journal* de Mme Cradock, éd. Mme Delphin-Balleyguier, 1896. — Bernier, *Hist. de Blois*. — La Valette, dans *Bull. Soc. arch. Vendômois*, t. XXXV, 1896. — Montigny, *Voyage*,

Qu'allait devenir le château ainsi délaissé et dédaigné [1] ? D'abord et pendant un demi-siècle, cette maison royale demeura à la disposition éventuelle du roi : en fait, elle resta vide, habitée seulement par quelques officiers qui y étaient attachés. Puis en 1713, Louis XIV en donna la jouissance à Marie-Casimire de La Grange d'Arquien, veuve du grand Sobieski, qui y mourut le 29 janvier 1716. Peu après, en 1720, l'édifice faillit recevoir une nouvelle animation : car à deux reprises le Régent voulut y exiler le Parlement qui s'élevait contre ses desseins ; les travaux d'aménagement étaient commencés sous la direction de Gabriel, quand un « accommodement » vint empêcher l'exécution de ce projet, dont l'effet d'ailleurs n'eût pu être que de courte durée. Mais déjà la monarchie avait commencé d'y accorder des logements à de vieux serviteurs pauvres, à des parents d'anciens fonctionnaires, à des familles nobles sans fortune ; tel invoquait ses longs services et ceux des siens et tel autre seulement la protection de quelque personnage influent — et souvent celui-ci l'emportait sur celui-là : la faveur était médiocre d'un logement étroit et incommode, pourtant elle était fort recherchée, les demandes affluaient et bientôt il n'y eut plus de place disponible : c'étaient les bureaux de tabac de l'ancien régime. L'aile de Louis XII demeura épargnée, affectée qu'elle était au logement du gouverneur du château et du contrôleur des Bâtiments. Mais l'aile de François Ier, la Salle des États et le grand pavillon adossé à son pignon furent en peu de temps remplis de ces hôtes. La chose n'alla pas sans de graves dommages : car il fallut pour une telle fin élever des cloisons, créer des corridors, établir des entresols : tout l'intérieur de

ms. inéd., Bibl. Mazar. 2840. — Blondel, *Cours d'archit.*, t. III, 91. — D'Argenville, *Vies des fameux archit.*, p. 354.

1. Presque tous les renseignements qui suivent sur la période 1660-1788 sont extraits des archives de l'ancienne Administration des Bâtiments du roi : Arch. nat. O[1] 1324-1329 et 1337-1342.

AILE DE FRANÇOIS Ier

Cl. Fred. Lesueur

Fenêtre de la façade sur la cour

ces bâtiments s'en trouva défiguré, mutilé, méconnaissable. Du reste, l'aile de Louis XII ne fut point non plus indemne de toute altération : les appartements du gouverneur et du contrôleur furent décorés à la mode nouvelle de cheminées de marbre, de glaces et de trumeaux : une pièce dont les parois sont encore revêtues de boiseries de ce goût en demeure le dernier vestige.

On pense bien que le gouvernement n'était pas disposé à de grands sacrifices pour ce qui n'était plus qu'une maison de retraite. Au vrai, l'entretien fut des plus insuffisants et le château allait droit à la ruine. Il ne faut point accuser d'incurie l'Administration des Bâtiments du roi qui en avait la charge. Un crédit de 1.500 livres seulement lui était ouvert chaque année pour tous les édifices royaux de la ville : encore n'était-il payé qu'avec de longs retards et souvent incomplètement. Aussi, aux lettres pressantes des contrôleurs signalant l'urgence de telle réparation, le directeur général était sans cesse obligé de répondre : « Il n'y a pas un sol »; « L'argent n'est pas commun dans les Bâtiments »; « Il n'y a pas un écu »; etc. Les gages des officiers, les salaires des ouvriers, les mémoires des entrepreneurs demeuraient des mois et des années impayés; ils devaient multiplier les démarches et les suppliques pour arracher quelques acomptes ; et il arrivait souvent qu'ouvriers et entrepreneurs refusaient leur concours avant d'être payés. Et cet arriéré alla toujours croissant et s'accumulant.

Dans ces conditions, les réparations les plus urgentes étaient sans cesse ajournées à force d'expédients : un mur menaçait-il ruine, on y mettait quelques tirants ; un plancher fléchissait-il, on l'étayait. Quand on se décidait à entreprendre les travaux, le dommage s'était singulièrement aggravé, et pourtant on ne faisait que la moitié de ce qui eût été strictement indispensable : à une charpente pourrie on ne remplaçait que les parties les plus mauvaises ; on ne remettait de vitres qu'aux pièces habitées. Par économie, on employait de vieux matériaux, et la plupart de ceux provenant des démolitions étaient soigneusement mis en réserve pour être utilisés aux réparations. Les toitures mêmes étaient insuffisamment entretenues, encore que l'Administration des Bâtiments ait parfaitement compris l'importance capitale de ce point.

Il est à peine besoin de dire qu'alors que l'entretien matériel n'était point même assuré, il ne pouvait être question de la conservation artistique. Il est assez douteux d'ailleurs qu'une telle question ait pu préoccuper ceux qui ne comprenaient point la valeur de ces édifices d'un art aboli. Une fois, le marquis de Marigny, alors directeur général des Bâtiments, demanda, au sujet d'une réparation proposée, « si la décoration extérieure du château en souffrira ou non »; mais ce fait paraît isolé et ce que nous avons dit de la transformation en petits logements des appartements des Valois ou de la Salle des États est bien concluant à cet égard. En tout cas, rien n'est plus net que les instructions données par le même Marigny, pour l'entretien de Chambord, il est vrai, mais qui pourraient aussi bien s'appliquer à notre monument placé dans des conditions identiques : « Vous ne devez pas faire entrer le plus ou moins de décoration du bâtiment; il convient de ne l'envisager que comme une masse qu'il faut garantir de l'état de ruine. » Et de fait nous voyons, entre bien d'autres exemples, qu'on trouva expédient de murer toutes les ouvertures de l'aile de Gaston d'Orléans, de celle-là même dont on estimait si haut l'architecture, pour économiser la pose et l'entretien des fenêtres dont elle était demeurée dépourvue.

Le résultat de telles pratiques ne pouvait être douteux. La pluie, pénétrant par les toitures percées et les fenêtres béantes, exerçait ses ravages. Toutes les constructions se désagrégeaient, s'effritaient, se disloquaient. Certaines parties plus délicates n'y résistèrent pas, et notamment la galerie que Catherine de Médicis avait adossée au bâtiment de François Ier du côté de la cour dut être démolie. Le délabrement était partout. C'était l'acheminement lent, mais assuré vers la ruine totale.

On imagine assez que les jardins n'eurent pas un meilleur sort : après les créations de Le Nôtre, on se souciait assez peu de l'œuvre surannée de Mercoliano. L'Administration des Bâtiments, chargée de l'entretien des monuments qu'ils contenaient, était toujours entravée par la détresse financière. Quant aux jardiniers, ils usaient de ces lieux comme de terrains leur appartenant ; ils y cultivaient des légumes et des fruits, y entretenaient des pépinières, y élevaient des étables et des écuries : à la place des parterres élégamment dessinés, il n'y avait plus qu'une exploitation agricole. Les fragiles berceaux de charpente avaient déjà disparu avant la fin du XVIIe siècle. Le pavillon de menuiserie qui abritait la grande fontaine du Jardin bas s'effondra vers le même temps, écrasant celle-ci dans sa chute. La galerie Henri IV, qui menaçait ruine depuis longtemps déjà, eut quinze travées renversées un jour d'orage en 1756 : le reste en fut entièrement démoli dix ans plus tard. Le grand jeu de paume fut vendu en 1688. On peut presque dire que vers la fin du XVIIIe siècle il ne restait plus des jardins, — à la réserve du pavillon d'Anne de Bretagne avec l'orangerie, l'un et l'autre fort altérés, et de quelques bâtiments très dégradés, — que leur emplacement.

Les choses étaient arrivées en cet état d'abandon et de délabrement, quand Louis XVI voulut franchir le dernier pas et consommer la ruine déjà si avancée. Par édit de février 1788, il ordonna l'aliénation des châteaux de la Muette, Madrid, Vincennes et Blois, ou, à défaut d'acquéreurs, la démolition [1].

1. Arch. nat. X^{1b} 9082. Une erreur d'impression du comte de Laborde jointe à une interprétation inexacte de son texte ont conduit divers auteurs à placer cet édit en 1778 ou à imaginer un autre édit de 1774 : il n'en existe aucune trace.

Déjà, en 1777, on avait voulu établir un cimetière dans le Jardin haut et un collège dans le Jardin bas ; et, en 1781, un autre projet d'aliénation de ces jardins avait été formé. Mais cette fois, il s'agissait du château même, et comme la vente était irréalisable, c'est en fait la démolition qui était ordonnée.

L'administration militaire. — Notre édifice fut sauvé par un événement qu'on s'est accordé généralement à regarder comme désastreux : sa transformation en caserne. Dans le même temps, en effet, que le Domaine arrêtait le funeste dessein que nous venons de dire, l'Administration de la Guerre projetait d'établir à Blois le régiment Royal-Comtois : le château lui parut propre à cette fin. Tout fut résolu et préparé au commencement de 1788 et le régiment fit son entrée le 12 avril. Quelles qu'aient pu être les conséquences de cette nouvelle affectation et de celles analogues qu'elle suscita par la suite, c'était du moins la démolition évitée [1].

Nous arrivons à la période révolutionnaire. Les soldats de la liberté succédèrent à ceux du tyran et le château y dut d'être conservé. Pourtant, il ne fut pas complètement à l'abri du vandalisme : le 20 août 1792, en vertu d'un arrêté du département et en présence de deux officiers municipaux « revêtus de leurs écharpes », la statue de Louis XII qui surmontait l'entrée fut renversée et brisée. Vers le même temps le buste de Gaston par Sarrazin fut décapité et l'on abattit les figures de Guillain qui ornaient la colonnade au devant de l'aile de ce prince. Enfin, ce fut la destruction officielle et systématique de tous les chiffres et emblèmes royaux qui composaient une part si importante de la décoration des bâtiments de Louis XII et de François Ier et dont bien peu échappèrent au massacre.

1. F. Lesueur, *L'assemblée de départ^{t} de Blois et Romorantin*, t. 20 des *Mém. de la Soc. des Sc. et Let. de Loir-et-Cher*. — Arch. nat. O^{1} 1328, liasse 14.

Mais, si l'édifice fut ainsi sauvagement mutilé, il subsista cependant, encore que les bons sans-culotte ne l'aient considéré que comme « un amas de pierres sans choix et sans grâce et que les stériles admirateurs des sottises royales trouvent superbe ». L'église Saint-Sauveur eut un sort plus malheureux, et elle fut alors vendue et démolie. Quant aux jardins, après avoir été l'objet des projets les plus divers, ils furent vendus comme biens nationaux, à l'exception du pavillon d'Anne de Bretagne et de l'orangerie transformés en magasins militaires : la chose n'était plus d'aucune conséquence dans l'état où ils se trouvaient [1].

Le rétablissement de l'ordre n'apporta pas d'amélioration au sort du château. Il continua de loger des soldats, et il reçut également parfois des prisonniers de guerre. Mais en 1808, pour comble d'humiliation, on voulut le transformer en dépôt de mendicité. C'était une idée personnelle de l'empereur : aussi s'empressa-t-on de mettre le projet à l'étude. Le préfet Corbigny ne proposait rien moins que la démolition de l'aile de Gaston d'Orléans pour employer le produit de cette opération à réduire d'autant la dépense à faire ; le ministre de l'Intérieur, mieux inspiré, se borna à recommander de « ne point altérer l'ensemble de l'édifice ». Mais on ne tarda pas à se rendre compte, d'une part, qu'il était tout à fait impropre à cet usage et, d'autre part, qu'il était dans « un état de détérioration tel qu'il autorisait à élever la question de le conserver ou de le démolir ». C'est ce dernier parti auquel se rangeait le préfet, qui continuait de se montrer homme de décision. Heureusement le Conseil des Bâtiments civils estima ne pouvoir se décider à la légère sur le sort de ce qu'il jugeait « dans son genre un monument de notre

1. Arch. comm. Blois, D 14, p. 84.— Bergevin père, *Hist. de Blois*, 1821, ms. de la Bibl. de Blois, p. 66 et 99.— La Vallée, *Voyage dans les départ. de la France*, Paris, 1793. — P. Lesueur, *Les jardins du chât. de Blois*.

architecture qui se rattache même à des souvenirs intéressants de notre histoire » et voulut être plus complètement informé [1].

C'est là-dessus qu'intervint un décret du 10 août 1810 qui abandonnait à la ville de Blois la propriété du château avec affectation au casernement de ses garnisons. Un des premiers actes du nouveau propriétaire fut, en 1815, la démolition du pavillon Est de l'aile de Gaston, dont les murs seuls avaient été élevés et qui n'avait même jamais reçu de couverture.

Pourtant on commençait à s'émouvoir des outrages subis par notre édifice. En 1825, comme le rétablissement de l'évêché de Blois nécessitait la translation de la Préfecture jusqu'alors installée dans l'ancien palais épiscopal, l'idée se fit jour de la placer au château, et elle fut accueillie des Blésois avec une grande faveur. Ses partisans faisaient valoir avec chaleur l'avantage de « conserver à la ville, aux arts, à l'histoire un monument superbe, riche en souvenirs, dont la conservation est précieuse ». Sans doute, il ne faut pas se méprendre : on pensait surtout à l'aile de Gaston d'Orléans, qui « offre aux regards le magique effet de l'architecture la plus noble et la plus élégante » ; c'est là qu'on voulait établir l'hôtel de la Préfecture, les autres bâtiments ne devant recevoir que des bureaux et les différents tribunaux ; on dit même qu'il aurait été question de démolir l'aile de Louis XII ; en tout cas l'avant-projet comportait la suppression de la chapelle ; et pourtant, on ne laissait pas d'invoquer les « illustres souvenirs » attachés à ces constructions. Mais la proposition échoua à raison de l'énormité de la dépense qu'il eût fallu faire pour tirer le château de l'état de délabrement, de dégradation dans lequel il se trouvait [2].

1. Arch. de Loir-et-Cher, Y, dépôt de mendicité.

2. Arch. de Loir-et-Cher, N, cons. gén., 1825 ; cons. d'arrond. de Blois, 1825 ; préfect. et Ste-Marie. — Arch. comm. de Blois, reg. des délib. municip., 7 mai 1825.

L'administration militaire, ainsi affermie en sa possession, accentua encore son action néfaste. En 1831 et 1832, elle détruisit toutes les cheminées de l'aile de Louis XII, dont la saillie « contrariait beaucoup le placement des lits », et eut même l'intention de faire subir le même sort à celles de l'aile de François Ier. Puis elle étendit le casernement au bâtiment de Gaston d'Orléans et à la chapelle, jusqu'alors préservés. Celle-ci en fut complètement défigurée. La galerie à arcades, qui s'étendait jusqu'aux constructions de Gaston d'Orléans, fut démolie sur la moitié de sa longueur et le reste surélevé d'un étage. On supprima également la colonnade devant la façade de Mansart. On détruisit les pièces de la Renaissance englobées dans l'édifice de Gaston derrière la tour de Châteaurenault. Et nous omettons bien d'autres mutilations de moindre importance. Néanmoins, et quelque scepticisme que puissent faire naître ces témoignages, le Génie militaire n'était point fermé à toute considération esthétique; lorsqu'en 1822 on projetait déjà l'appropriation au casernement des constructions du XVIIe siècle, on voulait faire sous la magnifique coupole centrale un escalier « en pierre de taille pour le mettre en harmonie avec la richesse de la cage », et l'on dit que celui qui y fut fait par la suite, d'un dessin singulier et d'ailleurs horrible, n'avait été ainsi combiné que pour mettre les sculptures hors de l'atteinte des soldats ; de même, en 1839, on décida la restauration des entablements de cette même partie « que l'intérêt de l'art recommande de ne pas laisser dégrader davantage »[1].

B. — LA RESTAURATION

Mais durant ce temps, le grand mouvement romantique, qui remit en honneur l'art du moyen âge jusques et y compris

1. Arch. de la Chefferie du Génie d'Orléans.— La Saussaye, *Hist. du chât. de Blois.*

celui de la première Renaissance, naissait, se développait et s'étendait d'un progrès toujours plus rapide. Dès 1825, Victor Hugo s'indignait que « le château des États servît de caserne » et que le grand escalier de François Ier « croulât enseveli sous les charpentes d'un quartier de cavalerie ». Trois ans plus tard, c'était Balzac qui s'émerveillait devant « la naïveté du château du bon roi Louis XII », avec « ses sculptures fines et originales, ses figurines d'une délicatesse exquise », et devant « la magnificence du château du roi chevalier », avec son grand escalier à jour, « caprice moresque exécuté par des géants, travaillé par des nains, création étourdissante de détails ingénieux et fins, pleine de merveilles qui donnent la parole à ces pierres ». La cause des vieux monuments gagnait chaque jour de nouveaux partisans et ne tarda pas à retourner le goût général. Bientôt c'était le triomphe avec la création de la Commission des Monuments historiques.

Le château de Blois, qui, malgré son état déplorable, recevait déjà tous les ans de nombreux visiteurs, fut l'un des premiers classés parmi les édifices à restaurer. Dès 1843, la réalisation de ce dessein était à l'étude et l'on avait chargé d'établir les projets l'architecte Félix Duban, alors en pleine célébrité, qui avait élevé à partir de 1833 l'École des Beaux-Arts et restaurait depuis 1840 la Sainte-Chapelle. L'administration militaire, encore qu'elle ne fût pas insensible à « la muette éloquence de ces ruines d'un monument qui résume magnifiquement à lui seul presque toutes les architectures françaises », se montra résolument hostile au projet : il aurait fallu, dit-on, les sollicitations personnelles de Louis-Philippe pour obtenir l'adhésion du ministre de la Guerre. Quoi qu'il en soit, ce dernier finit par céder ; un arrêté du 20 juillet 1844 ordonna la désaffectation du bâtiment de François Ier, par lequel devait commencer la restauration, et la remise en fut faite à la Ville le 6 mai 1845. Restait la question financière, qui fut résolue au moyen du vote par les Chambres de crédits spéciaux.

Ajoutons, pour mieux montrer encore le changement de l'état des esprits, que l'œuvre de Mansart, objet de toutes les admirations au commencement du siècle, était à son tour dédaignée : Flaubert, avec l'enthousiasme de la jeunesse, jetait l'anathème, en 1847, à ce « corps de logis des plus bêtes, avec son classique de collège et son goût sobre qui est le goût pauvre », en face de « la belle architecture du XVIe siècle, celle de la bonne époque avant l'envahissement du pilastre antique, avant que la Renaissance n'allât s'aplatir dans le grec abâtardi de Marie de Médicis » ; et vers le même temps, un modeste officier du génie exprimait l'opinion commune quand il trouvait que « l'ornementation de cette façade, qui était loin d'être irréprochable, paraîtrait toujours lourde et froide, comparée aux formes élégantes, riches et légères du bâtiment voisin dit de François Ier ». On raconte même que Duban aurait proposé la destruction de l'édifice du XVIIe siècle pour reprendre et continuer l'œuvre de François Ier [1].

Le château était alors dans un déplorable état de dégradation et de délabrement, d'ailleurs très inégal pour les divers bâtiments. Celui de Gaston d'Orléans, malgré la suppression de la grande colonnade, ne laissait pas encore trop à désirer : et peut-être n'était-ce pas une des moindres raisons de sa défaveur aux yeux des romantiques. L'aile de Louis XII avait beaucoup plus souffert, surtout dans sa façade extérieure : le toit avait perdu sa balustrade ; les fenêtres étaient privées de leurs meneaux ; les lucarnes n'avaient plus de pinacles ; les chiffres royaux avaient été effacés de leurs gables ; la grande niche

1. Victor Hugo, *Littérature et philosophie mêlées*. — Balzac, *Etudes philos.* : *Sur Cath. de Médicis*. — Flaubert, *Par les champs et par les grèves*. — Lechevallier-Chevignard, dans la *Gaz. des B.-A.*, août 1873. — Arch. de la Chefferie du Génie d'Orléans. — La Saussaye, *Hist. du chât. de Blois*.

au-dessus de la porte était vide de la statue de Louis XII ; les souches de cheminées avaient été diminuées dans leur épaisseur. A l'intérieur, toutes les cheminées du premier et du second étage avaient été détruites. La chapelle était méconnaissable, divisée en trois étages et percée d'ouvertures parasites. Mais le bâtiment de François Ier l'emportait sur tous à ce triste point de vue. Du côté de la cour, nombre de fenêtres étaient privées de leurs meneaux, certaines avaient été abaissées ou transformées en portes, d'autres murées, une nouvelle avait été percée ; tous les ajours de la balustrade supérieure avaient été soigneusement remplis de mortier et le toit prolongé jusqu'à cet aplomb ; les lucarnes étaient émondées de la plupart des saillies de leur couronnement, et pareillement les souches de cheminées ; le grand escalier avait perdu toutes ses balustrades et était coiffé d'une pyramide d'ardoises ; les salamandres, les F et les emblèmes de Claude de France avaient été martelés et grattés. Sur l'autre face, les loges étaient fermées par des fenêtres modernes ; nombre de travées de l'attique avaient subi un sort identique, et l'on avait muré les arcades des galeries de la tour de Châteaurenault ; les quatre avant-corps en encorbellement étaient surélevés de grossiers colombages et sur les panneaux du premier étage on avait effacé avec le plus grand soin les emblèmes royaux ; les souches de cheminées ne présentaient plus que des piliers de briques. Il est impossible de rendre compte de toutes les mutilations qu'avait subies ce délicat édifice, tant d'une part que de l'autre, de toutes les sculptures effritées, de toutes les moulures ébréchées, de toutes les pierres désagrégées. Aussi est-ce avec infiniment de raison que Duban commença son œuvre de ce côté [1].

1. Sur l'état des diverses façades avant la restauration, voir les relevés de Duban dans les *Arch. de la comm. des Monum. histor.* (anciennes publiées sous l'Empire, et nouvelles publiées par de Baudot) et les photographies de la Comm. des Mon. hist.— Cf. Bibl. nat., Est., coll. Armand, vol. 201,

L'œuvre de Duban. — La restauration du bâtiment de François Ier fut commencée le 1er septembre 1845 ; elle était terminée au mois de janvier 1848.

Avant même que ce travail fût achevé, dès 1846, on se préoccupait déjà de la restauration de l'aile de Louis XII et de la Salle des États. Les événements politiques, puis les nécessités financières ne permirent d'entreprendre les travaux de l'édifice de Louis XII qu'en 1855. Ceux de la Salle des États le furent en 1861 ; ils furent précédés de la démolition du grand bâtiment qu'Henri III avait adossé à son pignon et dont la ruine était, paraît-il, si avancée qu'elle n'eût permis qu'une reconstruction totale. La restauration de ces diverses parties fut terminée en 1866, et deux ans plus tard, le Musée municipal, fondé en 1850 et d'abord installé dans l'aile de François Ier, fut transporté dans le bâtiment de Louis XII, où il se trouve encore aujourd'hui et qui est, d'ailleurs, fort impropre à cette affectation.

Les soldats, qui occupaient encore la chapelle et l'aile de Gaston d'Orléans, allaient bientôt quitter ces dernières parties. En 1860, en effet, M. de Soubeyran, alors préfet de Loir-et-Cher, avait suggéré d'offrir le château à titre de dotation pour le Prince impérial, et l'idée avait été favorablement accueillie par les Blésois séduits à la pensée de voir leur ville redevenir un séjour princier. L'offre fut acceptée par l'empereur le 23 février 1861, au moins en principe, car la donation ne fut jamais réalisée effectivement. Ce dessein entraînait nécessairement l'évacuation totale du château par les troupes, afin qu'il pût être mis à la disposition du donataire. La construction d'une nouvelle caserne, aussitôt décidée, était réalisée de 1863 à 1867, et, à cette dernière date, l'autorité militaire abandonnait les derniers locaux qui lui étaient encore affectés. La restauration de la chapelle fut accomplie en 1868 et 1869. Enfin, en 1869 encore, la colonnade qu'avait supprimée le Génie fut rétablie devant la façade de Gaston d'Orléans.

Tous ces travaux furent dirigés de 1845 à 1869 par Duban, très habilement secondé par M. de La Morandière. Lorsque Duban mourut en 1870, il avait donc restauré tout le château à l'exception seulement du bâtiment de Mansart, pour lequel même, revenu de sa première prévention, il avait fait des études préliminaires [1].

Il s'en faut que rien ne soit à reprendre dans son œuvre. Tout le monde est d'accord aujourd'hui pour blâmer ses restaurations intérieures. Les cheminées qu'il a cru devoir restituer dans l'aile de Louis XII sont de pures inventions d'un dessin détestable, et les peintures dont il a tenu à revêtir les murs du bâtiment de François Ier ne sont pas d'un meilleur goût et davantage ne répondent dans leur principe même à aucune réalité, ni à aucune vraisemblance : ces fantaisies prétentieuses, déjà critiquées à l'époque, furent très onéreuses. Il y a moins à dire des restaurations extérieures et Duban nous a rendu à peu près les façades du XVIe siècle, du moins en tant qu'il s'agit de l'architecture proprement dite. C'était, à la vérité, une tâche facile, et presque uniquement matérielle, car les dégradations et mutilations, si elles avaient compromis la physionomie de l'édifice, n'avaient guère altéré sa construction et, même pour les membres détruits, il restait généralement des vestiges ou des indices suffisants pour qu'il n'y eût pas de doute sur leur forme. Cependant, pour les parties que Duban a dû imaginer entièrement, le pignon de la Salle des États et la façade de la chapelle, il n'a fait sans doute que des pastiches banals, mais du moins d'une louable simplicité. L'ornementation sculptée restituée sur les façades

1. La Saussaye, *Hist. du chât. de Blois.* — Riffault, *La Municipalité de Blois*, 1850-1870. — Arch. de l'agence des Mon. hist. au chât. de Blois. — Arch. de Loir-et-Cher, T, monuments historiques ; Z, fonds de La Morandière. — Trouillard, dans *P.-V. séances Soc. des sciences et lettres de Loir-et-Cher*, 8 novembre 1907.

AILE DE FRANÇOIS 1er

Cl. Fred. Leuc[illegible]

Corniche de la façade sur la cour

laisse beaucoup à désirer : elle est toujours froide et sans vie, généralement insignifiante et dépourvue de toute valeur propre, parfois grossièrement anachronique. Il semble bien également qu'on puisse faire grief à l'architecte d'avoir refait de neuf bien des motifs que leur état eût permis de laisser en place, ce qui ne laisse pas pourtant de surprendre alors qu'en d'autres endroits, — et il faut l'en louer, — il a tenu au contraire à conserver les sculptures originales en se contentant de remplacer les parties abîmées. Mais il est juste d'ajouter, après cette critique sévère, que l'on doit tenir compte à Duban de l'époque où il accomplit ces travaux, époque à laquelle la science des ouvrages de cette sorte était encore en pleine élaboration et qui, d'autre part, ne professait point en la matière les idées qui ont cours aujourd'hui.

Les derniers travaux. — Duban avait employé pour cette entreprise une pierre de très mauvaise qualité, tendre, se prêtant facilement, il est vrai, aux délicatesses de sculpture, mais de nulle conservation. Raison d'économie, a-t-on dit : si l'on veut, mais sous cette réserve que ce qu'il gagnait de ce chef était destiné à subvenir aux coûteuses fantaisies de ses prétendues restitutions intérieures. C'était en tout cas une économie mal entendue, car l'ouvrage n'eut, de ce fait, qu'une durée éphémère. On dit aussi que l'emploi du silicate, dans le but de préserver cette pierre gélive en rendant sa surface imperméable, précipita au contraire sa ruine. Toujours est-il que l'œuvre de Duban, déjà très abîmée, souffrit beaucoup, surtout dans les parties hautes, pendant les hivers rigoureux de 1879 et 1880 et dut bientôt être reprise. La restauration du bâtiment de François Ier fut donc restaurée de 1880 à 1887. A la suite de ce travail, on restitua, d'ailleurs avec une certaine fantaisie, la partie supérieure de la tour de Châteaurenault, que Duban avait négligée, nous ne savons pourquoi. La même opération qui avait été faite à l'aile de François Ier le fut en ce siècle aux constructions de Louis XII, à la galerie de Charles d'Orléans et à la chapelle ; on a eu l'heureuse idée d'en profiter pour débarrasser ce dernier édifice des lamentables peintures dont Duban avait affublé ses parois. Tous ces travaux ont été dirigés par M. de Baudot, chargé depuis 1879 de la conservation du château de Blois, avec l'habile collaboration, depuis 1891, de M. Grenouillot[1].

Durant ce temps, l'édifice de Gaston d'Orléans, dont on ne s'était point soucié d'abord, sortait de cet abandon. En vue d'une exposition qui se tint au château en 1875, on fit disparaître le regrettable escalier élevé par le Génie militaire sous la glorieuse coupole de Mansart, dont il cachait la vue ; et on le remplaça par celui qu'on voit aujourd'hui et qui, bien que provisoire, a déjà une longue existence. En même temps et dans le même but, on établit une grande salle des fêtes suivant un projet dont les lignes principales étaient indiquées par les dispositions de la charpente et des murs et que l'insuffisance des crédits ne permit de réaliser qu'en partie. Ce fut l'œuvre de M. de la Morandière, l'ancien collaborateur de Duban, qui lui avait succédé [2]. Un projet de transfert de la mairie en ce bâtiment fut très sérieusement étudié vers la même époque; mais il n'eut pas de suite. Une quinzaine d'années plus tard, on y installa la Bibliothèque municipale. C'est alors qu'on commença de concéder les pièces demeurées vacantes à diverses sociétés locales qui ne tardèrent pas à occuper la majeure partie de ces lieux. Tout cela ne concernait que l'intérieur, où rien n'avait été fait ni du temps de Gaston ni depuis lors, sauf l'aménagement en caserne. A l'extérieur, seules la façade de

1. C'est à M. Grenouillot que nous devons la plupart des renseignements consignés dans ce paragraphe. Nous tenons à dire ici l'excellent accueil que nous avons toujours trouvé auprès de lui et à lui en exprimer notre reconnaissance.

2. Arch. de Loir-et-Cher, Z, fonds de La Morandière.

la terrasse du Foix, quelques parties de la façade des fossés et une grande souche de cheminée ont été restaurées au début de ce siècle. Au moment que nous écrivons ces lignes, on se prépare à commencer la restauration de la façade de la cour sous la direction de M. Goubert qui vient de succéder à M. de Baudot comme architecte en chef de notre édifice.

DEUXIÈME PARTIE

DESCRIPTION

ASPECT GÉNÉRAL

Le pays où s'élève le château de Blois, le calme et riant pays que baigne la Loire entre Orléans et Angers, est la plus douce, la plus gracieuse, la plus accueillante des provinces françaises. Le grand fleuve qui le traverse coule avec indolence au milieu d'une vallée aux larges perspectives, que bordent les molles ondulations de collines plantées de vignes ou couvertes de forêts. Aucun heurt, aucun éclat dans ces tranquilles horizons ; point de richesse exubérante, point de spectacle grandiose qui sollicite vivement l'attention. La fraîcheur de la verte vallée, la grâce discrète de ses paysages, la simple harmonie de leurs lignes élégantes et mesurées font toute la séduction de cette nature aimable, paisible et familière.

Nul cadre ne pouvait mieux convenir aux charmantes demeures royales ou seigneuriales, qui s'élevèrent en si grand nombre dans cette région, lorsque, au cours du XVe siècle et au commencement du XVIe, la royauté fit son séjour favori de ces résidences blésoises et tourangelles. Quand on visite successivement tous ces « châteaux de la Loire », on peut suivre, semble-t-il, pas à pas leur adaptation non seulement aux mœurs nouvelles, mais aussi au caractère aimable et souriant de ce pays. Tandis que les plus anciens, comme Langeais, ont encore l'apparence de redoutables forteresses, ils ne tardent pas, à Amboise, à Chaumont, à Ussé, tout en conservant un certain appareil militaire, à se parer d'une élégance nouvelle, et bientôt, revêtus de leur léger décor italianisant, ne gardant plus de leurs anciens organes de défense que ce qui peut servir à leur ornement, ils prendront définitivement, aussi bien dans de ravissantes maisons de plaisance, comme Chenonceaux et Azay-le-Rideau, que dans l'immense et merveilleux Chambord, ce caractère de grâce délicate et pondérée, qui fait tout le charme de la vallée de la Loire. A Blois même, cette adaptation au milieu paraît avoir été plus précoce que partout ailleurs, et nous retrouverons, dans toutes les parties élevées par les Valois, la même harmonie entre le caractère de l'architecture et le charme naturel de cette province, qu'il était impossible de ne pas évoquer avant de parler d'un des plus importants et des plus significatifs de ses monuments.

C'est sur les coteaux de la rive droite de la Loire que s'élève la ville de Blois. Gaie, pittoresque, accidentée, il semble qu'on ait choisi pour la bâtir le site le plus escarpé de cette plate contrée. Ses rues étroites et tortueuses, ses rampes, ses degrés escaladent la colline, dévalent vers les quartiers bas voisins du fleuve, s'entrecroisent en un réseau compliqué et plein d'imprévu. Une grande percée moderne, pratiquée au siècle dernier en face d'un beau pont à double versant, chef-d'œuvre de Gabriel le père, n'a pas réussi à rendre banale la vieille cité. Ses maisons à pans de bois, ses jolis hôtels de la Renaissance, maints détails charmants, souvenirs du séjour de la royauté, s'y rencontrent encore à chaque pas, depuis la tour élevée de sa cathédrale, qui la domine vers l'orient, jusqu'à la vieille église à demi romane de Saint-Lomer, bâtie au pied même du château, à l'autre extrémité de la ville.

Les pentes sur lesquelles Blois est bâti ne forment d'ailleurs pas une ligne régulière et ininterrompue; elles sont coupées par la vallée de l'Arrou, petit cours d'eau aujourd'hui souterrain, qui traverse toute la ville depuis le quartier des

AILE DE FRANÇOIS Ier

Cl Fred. Lesueur

Soubassement du grand escalier

Granges et la place Victor-Hugo jusqu'à son embouchure dans la Loire, à quelques mètres en amont du pont. Le ruisselet ne fut sans doute jamais bien important, mais sa vallée forme une dépression assez profonde, qui détermine, par sa rencontre avec le val de la Loire, un promontoire étroit et escarpé ; celui-ci est aujourd'hui complètement isolé du reste du plateau par une profonde tranchée artificielle suivie par la pittoresque rue des Fossés du Château.

Nous avons vu que toute cette éminence fut jadis entièrement couverte par le château du moyen âge, à propos duquel nous en avons décrit le plan et donné les dimensions. Elle occupait alors l'extrémité occidentale de la ville et se soudait en deux points à ses remparts ; aujourd'hui elle se trouve englobée dans la cité moderne, dont les constructions empêchent de se rendre bien compte au premier abord de sa configuration. Sa superficie n'est d'ailleurs plus entièrement occupée par le monument ; sur toute la moitié Nord-Est, formant la pointe du promontoire, s'étend, en effet, une vaste place triangulaire, la place du Château, sans grand caractère et bordée de maisons particulières, mais où il faut d'abord pénétrer pour entrer dans l'édifice : c'est l'ancienne « avant-cour ». Quant au château proprement dit, il occupe toute la partie occidentale de notre éminence, celle qui est limitée par les fossés et qui faisait autrefois face à la campagne.

Les différentes constructions qui le composent sont disposées autour d'une grande cour, de forme assez irrégulière, mais à laquelle on peut distinguer cependant quatre côtés principaux. Le côté Nord-Est est occupé par une élégante construction en pierre et briques, encore presque complètement dans la tradition gothique de la fin du XVe siècle et abritant le grand portail qui donne accès dans l'édifice : c'est l'aile de Louis XII. Au Sud-Est s'élève la chapelle Saint-Calais, que longe la petite galerie attribuée à Charles d'Orléans. En face, au Nord-Ouest, un grand corps de logis, entièrement conçu dans le style de la première Renaissance, attire l'attention par son célèbre escalier extérieur, chef-d'œuvre justement renommé de l'architecture du xvie siècle : c'est l'aile de François Ier. A l'angle des constructions de Louis XII et de François Ier, la vaste Salle des États est leplus important vestige du château du xiiie siècle. Enfin, le côté Sud-Ouest, formant le fond de la cour, est occupé par un majestueux édifice, dont l'architecture classique, symétrique et régulière, s'oppose à la libre fantaisie des constructions de la Renaissance : c'est le palais de Gaston d'Orléans. Extérieurement, l'aile de Louis XII s'ouvre sur la place du Château, celle de François Ier domine de toute la hauteur de sa célèbre façade des logés la place Victor-Hugo et le bâtiment de Gaston d'Orléans surplombe les Fossés du Château ; enfin, au Sud-Est du monument, au delà de la chapelle, s'étend une terrasse irrégulière, la terrasse du Foix, contre laquelle s'élève la vieille tour du Foix et d'où le regard s'étend sur toute la vallée de la Loire.

Il serait assez illusoire, avant d'entreprendre l'examen détaillé d'un tel monument, d'essayer de décrire son aspect général, de vouloir en donner une impression d'ensemble. Non seulement, en effet, il n'existe à l'extérieur aucun point d'où l'on puisse embrasser à la fois ses différentes parties, mais la cour elle-même, d'où on les découvre toutes, est formée de constructions si dissemblables, élevées au hasard des circonstances, sans plan d'ensemble préconçu, qu'il ne saurait s'en dégager d'autre impression que le sentiment de cette variété même et l'éblouissement qui résulte de la réunion en un même lieu de tant de chefs-d'œuvre d'âges et d'aspects différents. Certains reprocheront à notre édifice ce manque d'unité qui, il est vrai, déconcerte un peu au premier abord. D'autres estimeront, au contraire, que sa variété, sa complexité même sont un de ses pricipaux attraits et contribuent à lui donner infiniment de séduction et de vie. L'examen successif des différentes constructions qui le composent, la comparaison de leur architecture, la grâce et la richesse de leur ornementation, le rôle qu'elles ont joué dans l'histoire de l'art français, et par dessus tout la beauté de leur style, seront en tout cas pour les uns et pour les autres un suffisant élément d'intérêt.

CHAPITRE PREMIER

LES CONSTRUCTIONS DU MOYEN AGE

La tour du Foix. — De la vaste enceinte fortifiée du moyen âge, il subsiste, nous l'avons vu, deux tours réunies par un fragment de courtine dans les maisons particulières de la place du Château, la partie du rempart flanquée de tours comprise dans l'aile de François Ier, à propos de laquelle nous la décrirons, enfin la tour du Foix. Celle-ci est de beaucoup la mieux conservée, ayant eu l'heureuse fortune de se trouver en dehors des constructions élevées à la Renaissance et dans les temps modernes. Son étude peut donc permettre de se faire une idée suffisante de ce qu'étaient les fortifications du château au moyen âge.

La tour du Foix se dresse actuellement, isolée de toutes parts, sur le bord de la terrasse du Foix, et domine de près de trente mètres les quartiers bas de la ville. Autrefois, elle se rattachait, d'une part, à la courtine du Sud-Ouest, qui se dirigeait parallèlement au bord de la terrasse du côté des fossés, et, d'autre part, à celle du Sud-Est, qui occupait l'emplacement du mur de soutènement faisant face à la Loire : c'était donc une tour d'angle. La construction du bastion du xviie siècle et l'exhaussement du sol de la terrasse d'une hauteur de quatre mètres ont en partie enterré sa base.

De forme circulaire, la tour du Foix renferme trois salles superposées voûtées en coupole. La salle basse est la mieux conservée et la plus intéressante[1]. Elle était autrefois en contrebas de l'ancien sol, et on y accédait de l'intérieur du château par un escalier souterrain qui contourne le parement extérieur de la tour. Par suite de l'exhaussement du sol, on n'y arrive plus que difficilement aujourd'hui en gagnant le haut de cet escalier par une trappe pratiquée sur la terrasse. Elle est percée de cinq archères s'ouvrant au fond d'embrasures cintrées. On y voit aussi une porte, actuellement masquée par le bastion voisin, mais qui devait s'ouvrir autrefois dans le vide, à une grande hauteur au-dessus des fossés, et qu'on ne pouvait sans doute atteindre que par une échelle ou quelque autre ouvrage mobile. Les différents moyens de défense de cette petite poterne sont encore bien visibles : elle était fermée par un vantail, qui pouvait être solidement maintenu à l'aide d'une grosse pièce de bois glissant dans un trou profond creusé latéralement dans la muraille ; elle communique avec l'intérieur de la salle par un passage coudé pratiqué dans l'épaisseur du mur de la tour ; au-dessus de ce passage s'ouvre un mâchicoulis, par où l'on pouvait jeter des projectiles de l'étage supérieur ; enfin, une petite archère permettait de tirer de l'intérieur de la salle dans la direction de l'entrée. La porte qui communiquait avec l'intérieur du château, celle par où l'on pénètre encore aujourd'hui dans cette salle, est munie de moyens de défense analogues, quoique un peu moins compliqués.

La seconde salle de la tour est actuellement un peu en contrebas de la terrasse ; elle se trouvait jadis à un niveau sensiblement inférieur au premier étage des anciennes constructions. Elle était percée de sept archères semblables à celles de la salle basse, mais l'ouverture de fenêtres et la construction d'une cheminée ont fait disparaître plusieurs d'entre elles.

1. On trouvera le plan de cette salle basse et une coupe de la tour du Foix dans notre article sur *Les Fouilles du château de Blois.*

Quant à la salle supérieure, elle a été complètement transformée. On y accédait du chemin de ronde de la courtine voisine par une porte actuellement murée, mais encore bien visible sur le flanc de la tour. Les six archères ne sont plus apparentes qu'à l'extérieur. Notons que, suivant l'usage, les archères des différents étages ne sont pas pratiquées directement les unes au-dessus des autres, mais se chevauchent, de sorte qu'il n'était pas de zone de terrain que l'on ne pût battre de l'une ou de l'autre des salles de la tour.

La tour du Foix a perdu aujourd'hui son couronnement crénelé et sa toiture en poivrière. Sa plate-forme supérieure a été utilisée comme observatoire et surmontée à cet effet d'un petit pavillon rectangulaire en pierre et briques couvert d'ardoises. L'inscription VRANIÆ SACRVM, gravée au-dessus de la porte de ce pavillon, en indique clairement la destination. A côté a été placée une grande table de pierre, sur laquelle est tracée une ligne diagonale indiquant la direction de la lanterne du château de Chambord. Enfin, pour accéder à la plate-forme de la tour et au pavillon, un escalier de bois enfermé dans un petit bâtiment en colombage revêtu d'ardoises fut établi sur le flanc de la tour. Nous avons vu que ces constructions datent probablement du temps de Gaston d'Orléans.

On ne saurait enfin parler de la tour du Foix sans dire un mot du magnifique panorama que l'on découvre de la terrasse qui l'environne ou de la plate-forme de l'observatoire. Au pied de la terrasse se pressent les maisons de la ville basse, au milieu desquelles se dresse, à quelques mètres de distance, l'église Saint-Nicolas, l'ancienne abbatiale des Bénédictins de Saint-Lomer, bel édifice du XIIe siècle dont la robuste architecture contraste avec le charme souriant et paisible de la campagne environnante. Plus loin, en effet, c'est « la Loire bordée de peupliers et la campagne à l'entour remontant au ciel par de lentes perspectives insensibles » (Flaubert). Le fleuve, suivant son cours tranquille, décrit vers l'Ouest une large courbe qu'enserrent les riants coteaux des Grouets. Sur l'autre rive s'étend la vallée fertile, que limitent les vastes forêts de Russy et de Boulogne, au-dessus desquelles, par un temps clair, on peut distinguer du côté du levant les toits de Chambord. Et la vieille tour envahie par le lierre compose avec l'église, le fleuve et l'horizon bordé de forêts un des plus séduisants paysages de la vallée de la Loire.

La Salle des Etats. — L'examen de la tour du Foix nous a montré ce qu'était une tour de l'enceinte médiévale ; celui de la Salle des États va nous faire connaître une des plus importantes constructions enfermées autrefois dans cette enceinte, la grande salle du château des comtes de Blois de la maison de Châtillon. C'était, à l'origine, la grande salle féodale, comme il en existait dans la plupart des châteaux de l'époque gothique, vaste salle d'apparat où le comte donnait ses audiences et ses fêtes, recevait les hommages, rendait la justice. Plus tard, conservée dans le monument de la Renaissance, quelque peu modifiée dans ses détails et entourée par les constructions plus récentes, elle continua à servir aux diverses solennités qui eurent lieu au château de Blois du temps des rois de France, et c'est là, comme on sait, que furent réunis à deux reprises, en 1576 et en 1588, les États généraux du royaume, ce qui lui a valu le nom sous lequel on la désigne encore aujourd'hui.

La grande salle est élevée de deux mètres au-dessus de la cour du château et de sept au-dessus de la rue de la Voûte qui la contourne extérieurement ; elle se trouve donc à un niveau intermédiaire entre celui du rez-de-chaussée et celui du premier étage des ailes voisines. Bien que l'aspect en ait été altéré par d'assez fâcheuses restaurations, ses vastes dimensions et la sobriété de son architecture donnent encore à ce double vaisseau une singulière impression de grandeur.

Longue de trente mètres et large de dix-huit, elle est divisée en deux nefs par une rangée de six arcades en tiers-point supportées par cinq colonnes isolées et deux colonnes engagées aux deux extrémités. Par suite sans doute d'une erreur de mesure, la rangée des colonnes est légèrement oblique par rapport à

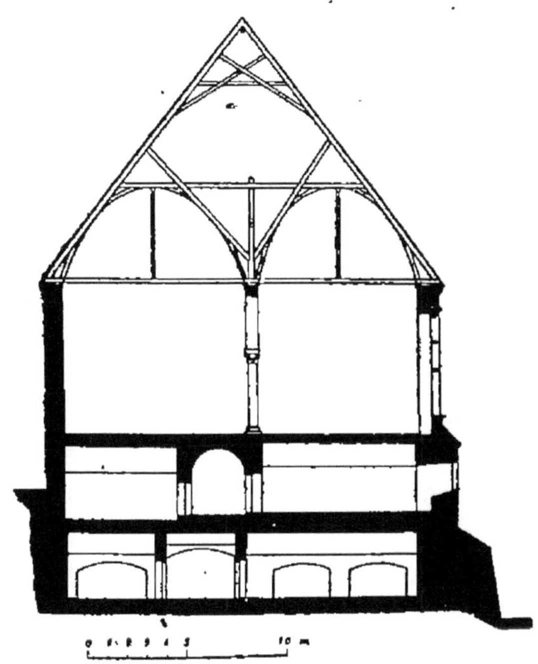

Fred. Lesueur del.

Coupe du bâtiment de la Salle des États.

l'axe de la salle, de sorte qu'une des nefs, un peu plus large que l'autre du côté contigu à l'aile de François Ier, est au contraire sensiblement plus étroite à l'autre extrémité.

Il est à remarquer que les colonnes n'ont pas de base et reposent directement sur un soubassement rectangulaire à arêtes abattues. Les chapiteaux sont tous ornés de ces feuilles épaisses recourbées en crochets à leur extrémité, caractéristiques de la décoration sculptée du XIIIe siècle ; les crochets, au nombre de quatre ou de huit, se courbant sous les angles de l'épais tailloir ou garnissant les faces de la corbeille, sont parfois accompagnés de feuilles plates sommairement exécutées. Au reste, tous ces chapiteaux taillés dans la pierre dure du pays — la seule employée à Blois dans tous les monuments de cette époque — ne présentent aucune finesse de sculpture, mais ont un dessin ferme et robuste qui convient bien à leur rôle de support.

Comme presque toutes les grandes salles de châteaux au moyen âge, celle-ci n'est pas voûtée, et ses deux nefs sont couvertes d'un simple lambris de bois. Ces lambris ont la forme de berceaux cintrés, légèrement aplatis sur les côtés. Ils sont formés de voliges juxtaposées et clouées sur la charpente ; les extrémités de ces planches sont masquées par des couvre-joints, dont les nervures saillantes soulignent la courbe du berceau. La charpente est d'ailleurs renforcée de place en place par des entraits apparents avec poinçons en forme de colonnettes octogones.

La Salle des États reçoit le jour actuellement de plusieurs ouvertures, dont une seule est contemporaine de l'édifice ; c'est une petite fenêtre en tiers-point percée très-haut à l'extrémité d'une des nefs, du côté de la cour. Deux grandes baies à meneau vertical et double traverse horizontale s'ouvrent dans les murs latéraux, l'une sur la cour, l'autre vers l'extérieur ; elles peuvent dater du temps de Louis XII. Jadis, trois autres fenêtres à croisée à peu près semblables à celles-ci et paraissant dater également du XVe ou du XVIe siècle s'ouvraient sur la rue de la Voûte ; on ne sait pourquoi Duban n'en a gardé qu'une seule. Il y suppléa, il est vrai, lorsqu'il fit abattre le bâtiment de la Voûte et éleva le grand pignon qui ferme aujourd'hui la salle du côté de la place du Château, en ouvrant à l'extrémité de chaque nef deux grandes fenêtres en tiers-point surmontées d'un oculus. Ces dispositions modernes sont d'ailleurs de pure imagination et nous ignorons comment la salle était éclairée primitivement ; nous retrouverons toutefois à l'extérieur les vestiges d'une ancienne fenêtre à meneau vertical encore visibles dans la cour près du grand escalier de Louis XII.

Deux portes aujourd'hui donnent accès dans cette salle : l'une s'ouvre sur le grand escalier de l'aile Louis XII et sa décoration est contemporaine de cette partie du château ; elle est flanquée de colonnettes et son cintre surbaissé est surmonté d'un larmier amorti à ses extrémités par deux figurines, d'ailleurs fortement restaurées. L'autre porte, sans caractère, communique de plain-pied avec le premier étage de l'aile de François Ier et s'ouvre dans la salle à deux mètres au-dessus du sol. Pour y accéder, Duban a établi un escalier en bois orné de métal doré, de style gothique ou prétendu tel, du plus fâcheux effet. L'escalier de Duban avait remplacé un grand escalier de bois à rampes parallèles qui pouvait dater du XVIe siècle, celui peut-être par lequel Henri III descendait à ses États ; il occupait toute la hauteur de la salle et desservait les trois étages de l'aile de François Ier [1]. Enfin, au rez-de-chaussée de ce dernier bâtiment, dans le mur qui le sépare de la salle des États, on voit encore deux embrasures de porte, qui s'ouvrent aujourd'hui à 1 m 50 au-dessus du sol et qui sont peut-être d'anciennes entrées antérieures aux travaux de François Ier.

La cheminée, « dans le style du XIIIe siècle », est aussi l'œuvre de Duban, qui, paraît-il, avait retrouvé quelques vestiges lui indiquant sa forme et ses dimensions primitives ; c'est une grande cheminée à hotte ornée de larmiers, de colonnettes d'angle avec chapiteaux à crochets et d'un écu de France au mil[ieu] du manteau. Il y avait antérieurement une cheminée du XVIe siècle, qui fut sans doute détruite à la fin du XVIIIe ou au début du XIXe [2].

1. V. la lithographie de Pensée, publiée par La Saussaye, *op. cit.*
2. Elle est représentée dans un des relevés de J.-F. Blondel, *Recueil*, planche 40.

Malheureusement Duban n'a pas borné là sa restauration. Il n'a pas tenté, il est vrai, de rebâtir la chapelle Notre-Dame, sur laquelle nous manquons absolument d'indications, mais il a cherché à restituer la décoration peinte de la salle. Une fausse draperie, à la base des murs, est surmontée d'un grand appareil figuré, interrompu par des bandes ornées de rinceaux ; un faux appareil, des rinceaux et des quatre-feuilles décorent les arcades ; les colonnes alternativement rouges et bleues sont ornées de chevrons, les chapiteaux revêtus d'or et de couleurs vives, le lambris peint en bleu et semé de fleurs de lis d'or. La décoration primitive comportait-elle un dessin aussi pauvre et un coloris aussi vif ? Il est permis d'en douter. Un texte du XIVe siècle parle bien d'une certaine décoration « quarellée », qui n'était probablement pas sans analogie avec le faux appareil actuel, et on aurait retrouvé sur les chapiteaux des traces de peinture ancienne recouverte de plusieurs couches de badigeon. Mais tout cela était bien insuffisant pour justifier une restauration aussi complète. D'ailleurs, les larges surfaces murales, quoique peintes à l'origine, étaient sans doute destinées à recevoir des tapisseries. La relation de la réception de l'archiduc Philippe d'Autriche par Louis XII en 1501 nous apprend, en effet, que la salle était « tendue d'une tapisserie de la destruction de Troye, et pareillement une chapelle qui estoit au bout de ladite salle ».

Le comble de la Salle des États a conservé sa charpente primitive, bel ouvrage du XIIIe siècle à chevrons portant ferme. Les fermettes, au nombre de trente-six, ont des faux entraits passant au-dessus des lambris des nefs et n'ont pas de poinçons, de sorte qu'un vaste espace où l'on peut circuler librement se trouve ménagé au milieu du comble. Malgré des remaniements probables du XVe siècle et d'importantes réfections modernes, l'ensemble est en assez bon état de conservation et les spécialistes apprécieront encore l'habile disposition de chaque pièce et la perfection de leurs assemblages.

AILE DE FRANÇOIS Ier

Cl. Fred. Lesueur

Détail du grand escalier

Sous la grande salle règnent deux étages de sous-sols, qui rachètent la différence entre son niveau et celui du sol extérieur. L'étage supérieur est divisé en caveaux voûtés s'ouvrant de chaque côté d'un corridor central. L'étage inférieur, dont les dispositions sont en partie masquées par des cloisons plus récentes, est couvert d'une série de berceaux de briques transversaux, reposant sur d'épaisses arcades surbaissées de hauteur inégale supportées par de gros piliers carrés; cet étage, complètement obscur, ne présente d'autre ouverture que la porte percée au pied du grand pignon moderne. Le sous-sol à deux étages ne s'étend pas d'ailleurs sous toute la surface de la Salle des États. Sous l'extrémité voisine de l'aile de François Ier se trouve, en effet, une seule salle de plan irrégulier, entièrement voûtée en briques; elle possède une grande cheminée en pierre et briques, ornée de moulures dans le style de la fin du xve siècle et pouvant dater de l'époque de Louis XII. Enfin, du sous-sol inférieur on peut descendre dans un souterrain plus profond, sorte de galerie rectiligne creusée dans le rocher et sans issue, qui s'étend sur une longueur de vingt-cinq mètres au-dessous de l'aile de Louis XII. Plus profondément encore, une galerie semblable, longue de quarante mètres et dont nous ignorons pareillement la destination primitive, s'ouvre dans le jardin d'une maison voisine, près du lit aujourd'hui voûté de l'Arrou, passe obliquement sous la Salle des États et se termine sous la cour du château, avec lequel elle n'a d'ailleurs aucune communication.

A l'extérieur, le bâtiment de la Salle des États se présente sous la forme d'une construction rectangulaire, sans grand caractère, couverte d'une haute toiture d'ardoise à double rampant. L'angle qui fait saillie dans la cour du château entre les ailes de Louis XII et de François Ier est dépourvu de toute ornementation, et cette nudité contraste étrangement, et assez fâcheusement du reste, avec la richesse de la décoration des deux ailes voisines. Seules, la petite fenêtre en tiers-point du XIIIe siècle et une des grandes croisées de l'époque de Louis XII, ornée extérieurement de moulures prismatiques et surmontée d'un larmier, viennent rompre l'uniformité de ces murs nus. C'est à droite de cette dernière que se voient les restes d'une fenêtre primitive, que nous avons déjà signalés.

L'extrémité qui regarde la place du château était masquée depuis le règne d'Henri III par le « bâtiment de la Voûte ». Lorsque Duban eut fait démolir cette intéressante construction en 1860, il la remplaça par un grand pignon d'aspect assez froid, élevé sur le modèle de celui du réfectoire de Saint-Martin-des-Champs à Paris. Ce pignon est flanqué de trois contreforts et comprend trois étages; à l'étage supérieur, correspondant à la grande salle, s'ouvrent les deux groupes de fenêtres percées à l'extrémité des deux nefs et un oculus qui éclaire le comble.

La face Nord-Ouest du bâtiment a mieux conservé son caractère primitif. Elle se compose de trois étages fortement en retrait les uns sur les autres, correspondant à la grande salle et à ses deux étages de sous-sols. Elle est en outre flanquée de trois contreforts, assez peu logiques d'ailleurs, puisqu'ils paraissent impliquer l'existence de voûtes et que la salle en est dépourvue ; l'un d'eux, très large, renferme le corps de cheminée de la grande salle. Celle-ci s'éclaire de ce côté par une des grandes croisées du temps de Louis XII ; plusieurs petites fenêtres éclairent l'étage supérieur des sous-sols. Ce côté de la construction a conservé dans sa simplicité quelque chose de robuste et de sévère ; malheureusement il a subi une restauration complète inspirée de données toutes théoriques et il en résulte quelque froideur. Plusieurs fenêtres, nous l'avons vu, furent murées, des contreforts en partie démolis furent restitués, la vieille muraille fut débarassée des végétations et des constructions parasites qui l'envahissaient de toutes parts. Et pourtant, combien plus pittoresque elle nous apparaît dans la jolie gravure d'Israël Silvestre ou dans le relevé qu'en avait fait Duban lui-même avant d'en entreprendre la restauration !

A l'angle de la Salle des États et du bâtiment de François Ier on voit la base d'une ancienne tour d'enceinte rasée au niveau du premier étage. On sait qu'elle défendait jadis la porte des champs. L'intérieur, auquel on n'accède que difficilement et en partie seulement de la Salle des États, présente des restes d'embrasures, dans lesquelles s'ouvraient sans doute les anciennes archères.

La galerie de Charles d'Orléans. — Avec la galerie qui s'élève le long de la chapelle Saint-Calais et que nous avons attribuée à Charles d'Orléans, nous franchissons un espace de deux cents ans et nous arrivons au milieu du xve siècle, à la veille de la Renaissance. Nous avons décrit l'ensemble des constructions disparues aujourd'hui, dont ce prince eut tout le loisir de parer sa résidence favorite au retour de sa longue captivité en Angleterre. Le seul vestige qui en subsiste aujourd'hui, le court fragment de galerie adossé à la chapelle Saint-Calais, ne saurait nous en donner une idée suffisante. Cette galerie occupait autrefois tout le côté Sud-Est de la cour ; elle se rattachait aux constructions de même style qui occupaient l'emplacement actuel de l'aile de Gaston d'Orléans et les reliait, en longeant la chapelle, à l'aile de Louis XII. Elle fut épargnée par les démolitions du xviie siècle, mais la partie la plus voisine du palais de Gaston fut détruite en 1834 pour faire place à des cuisines militaires.

Le fragment qui nous a été conservé est une construction en appentis de pierre et de briques. Le rez-de-chaussée s'ouvre sur la cour par six arcades surbaissées — primitivement il y en avait treize — reposant sur des piliers octogones. Deux corps de moulures profilés en larmier séparent ces arcades du premier étage. Celui-ci est percé de trois croisées dont les linteaux, les jambages et les meneaux sont ornés de moulures prismatiques dans le goût du XVe siècle. Au-dessus de la corniche, des gables « en marches d'escalier » surmontent les fenêtres du premier étage et sont percés eux-mêmes d'étroites ouvertures pour éclairer le comble ; ce profil en marches d'escalier — qu'on retrouve d'ailleurs dans d'autres édifices contemporains et notamment dans les parties aujourd'hui disparues du Plessis-lès-Tours[1] — paraît avoir été particulièrement affectionné de l'architecte de Charles d'Orléans, qui en avait fait également usage, nous l'avons vu, pour les lucarnes et les pignons des constructions du fond de la cour détruites au XVIIe siècle.

Comme on voit, ce bâtiment est fort simple. Il ne comporte aucun ornement sculpté, et les moulures traitées dans le style gothique du XVe siècle, qui encadrent les fenêtres et les gables, qui se profilent sous les arcades, les larmiers et la corniche, taillées dans la pierre blanche qui se détache sur le fond plus coloré de la brique, en forment la seule décoration. Les chapiteaux eux-mêmes se réduisent à une double bague de moulures. Cette sobriété n'est pas d'ailleurs sans agrément, et il est intéressant de la signaler à ceux qui reprochent au style gothique de cette période l'exubérance excessive de son ornementation.

Cependant, si cette courte galerie mérite quelqu'intérêt, c'est surtout, il faut le reconnaître, comme spécimen de ce qui est disparu, de ces bâtiments détruits par Gaston d'Orléans, qui avaient marqué une date importante dans la construction du château de Blois et qui, par le caractère plus pratique de leurs dispositions intérieures, par l'heureux emploi de la brique, par la fantaisie sans excès de leur architecture, par leur libre et familière élégance, annonçaient déjà, à un demi-siècle de distance, les travaux de Louis XII.

1. Voir le croquis de Gaignières publié par Guerlin, *La Touraine*, Paris, Laurens, p. 157.

AILE DE FRANÇOIS Ier

Cl. Fred. Lesueur

Intérieur du grand escalier

CHAPITRE II

L'AILE DE LOUIS XII ET LA CHAPELLE SAINT-CALAIS

L'aile de Louis XII. Généralités, plan et mode de construction. — A l'avènement de Louis XII, l'architecture civile du moyen âge a atteint son apogée ; elle est arrivée au terme de cette longue évolution, dont le donjon roman de Thibaut-le-Tricheur, la puissante et spacieuse forteresse des Châtillon et les élégantes constructions de Charles d'Orléans avaient marqué, à Blois, les principales étapes, et, aux partisans d'une prétendue décadence du style gothique finissant, on ne saurait opposer d'argument plus probant que cette féconde expansion architecturale de la fin du xve siècle, qui se manifestait avec un éclat tout particulier dans la région de la Loire.

La période de calme et de prospérité qui avait succédé, dans la seconde moitié du siècle, aux désastres de l'invasion anglaise, les habitudes de luxe et de bien-être qui en avaient été la conséquence, enfin le séjour de la royauté sur les bords de la Loire, où elle avait décidément fixé sa résidence habituelle, avaient amené dans cette province un développement et un renouvellement de l'art de bâtir, qui avait pris, à la fin du siècle, le plus magnifique essor. On abandonnait progressivement le type des anciennes forteresses hermétiquement closes ; les dispositions intérieures, moins grandioses peut-être qu'aux époques précédentes, étaient devenues par contre plus pratiques et mieux appropriées aux commodités de la vie ; au dehors, on ne recherchait encore dans les façades aucune symétrie artificielle, mais le parti architectural toujours très logique et très clair et une ornementation pleine de verve et de fantaisie donnaient aux monuments un mouvement, un pittoresque, une intensité de vie et d'expression inconnus jusqu'alors.

Au reste cette liberté n'était pas désordonnée, ni cette richesse trop exubérante, et, si l'on a reproché, non sans raison, à la dernière période de l'art gothique la complication et la surcharge de son ornementation, cette critique ne saurait s'appliquer aux édifices des bords de la Loire. Les architectes et les ornemanistes qui les avaient créés ne s'étaient jamais départis de ces qualités de sobriété et de pondération qui sont celles de ce pays et qui ne se sont jamais manifestées avec autant de bonheur que dans cet art, aussi éloigné de l'exubérance un peu lourde de la Bourgogne et des Flandres que de l'élégance un peu froide de l'Italie, à la fois riche et mesuré, libre, clair et harmonieux.

Et pourtant cet art si vigoureux et si prospère touchait à son terme. Trois ans auparavant avait eu lieu la première expédition d'Italie, et l'on connaît l'enthousiasme des Français en présence non seulement du climat, de la nature, des jardins, de la civilisation de la péninsule, mais aussi de ses monuments et de ses œuvres d'art. Quelques artistes et un butin considérable avaient été ramenés en France ; des relations nouvelles s'étaient créées entre les deux nations ; les importations d'outremonts allaient devenir de plus en plus fréquentes, les rapports entre les deux civilisations de plus en plus intimes, la pénétration artistique de plus en plus considérable. La mode était aux choses d'Italie, et on sait quelle influence cette tendance nouvelle devait avoir sur l'avenir de l'art français.

C'est dans ces circonstances que fut entreprise la construction de l'aile de Louis XII. Quel allait être, dans ce corps de logis élevé par le roi dans sa résidence favorite, avec toutes les ressources financières et artistiques dont pouvait disposer la royauté, l'aboutissement de cette brillante évolution architecturale? Quelle part notre art national traditionnel allait-il conserver dans cette construction nouvelle ? L'italianisme naissant allait-il déjà s'y faire sentir? Quels allaient être enfin l'originalité, le caractère propre de l'édifice? C'est ce que va nous montrer l'examen que nous allons entreprendre.

Notons tout d'abord que l'architecte de Louis XII ne fut entravé dans l'élaboration de ses plans ni par l'existence de constructions antérieures, ni par des préoccupations militaires. En effet, on ne se contenta pas ici, comme on devait le faire plus tard pour l'aile de François Ier, de remanier une construction plus ancienne; tout ce qui existait antérieurement sur l'emplacement du nouvel édifice dut être rasé, et l'artiste — cela résulte de l'examen même du monument — put construire entièrement à neuf, en toute liberté. D'autre part, cette aile du château s'élevant entre la cour centrale et l'avant-cour, était entièrement située à l'intérieur de l'enceinte; on pouvait donc l'ouvrir largement de toute part, et il eût été superflu de lui donner une défense propre, de fortifier son portail ou de munir sa façade extérieure de tours, de créneaux et de mâchicoulis, comme on n'eût sans doute pas manqué de le faire à cette date, malgré les tendances pacifiques grandissantes, si le bâtiment avait fait face à la campagne.

L'aile de Louis XII présente, en plan, la forme d'un L renversé, c'est-à-dire qu'elle se compose de deux corps de logis perpendiculaires de longueur inégale; le plus important s'élève entre la cour et la place du château; l'autre, d'égale hauteur, mais beaucoup plus court, est situé entre la cour et la terrasse du Foix. Le bâtiment comporte en outre, du côté de la cour, deux grands pavillons d'escalier hors œuvre, l'un à l'angle des deux corps de logis dont nous venons de parler, l'autre à l'angle de l'aile de Louis XII et de la Salle des États.

Le seul examen du plan des différents étages de l'édifice nous révèle déjà ce souci du bien-être, cette recherche des dispositions pratiques, que nous avons signalés et qui sont si caractéristiques de l'évolution des mœurs à cette époque. Chaque étage ne se compose pas uniquement, en effet, comme dans beaucoup de demeures du moyen âge, d'une suite de grandes salles se commandant les unes les autres. Les pièces sont ici de dimensions modérées, mais on n'a pas omis de pourvoir convenablement aux dégagements. Non seulement trois escaliers desservent cette seule aile du château, mais on a ménagé à chaque étage, du côté de la cour, une galerie s'étendant, dans toute la longueur du corps de logis principal, de l'un à l'autre des deux grands escaliers hors œuvre et desservant tous les appartements; au rez-de-chaussée cette galerie s'ouvre directement sur la cour par une série d'arcades, tandis qu'au premier et au second étage, réservés sans doute aux appartements privés, elle est comprise à l'intérieur du bâtiment; celle du second étage est d'ailleurs réduite, par suite de l'inclinaison du comble, aux dimensions d'un simple couloir.

Ces galeries ne sont pas seulement intéressantes pour l'étude de la distribution intérieure de l'édifice, mais encore pour celle de sa structure elle-même, l'architecte ayant été amené, pour les établir, à adopter un mode de construction assez particulier. Si, en effet, on regarde non plus un plan, mais une coupe transversale de l'aile de Louis XII, on constate que la partie du bâtiment qui renferme la suite des appartements forme une construction en quelque sorte complète, séparée des galeries non par un léger mur de refend, mais par une épaisse muraille de maçonnerie, et couverte d'un comble de charpente s'appuyant d'une part sur ce mur intermédiaire et de l'autre sur le mur de la façade extérieure. Quant à la par tie qui contient les galeries, elle est établie hors œuvre et forme un véritable appentis adossé au bâtiment principal et dont la charpente plus légère s'appuie sur celle du grand comble. Il ne faut d'ailleurs voir dans cette curieuse disposition, à peine visible du dehors, aucun signe d'hésitation ou de

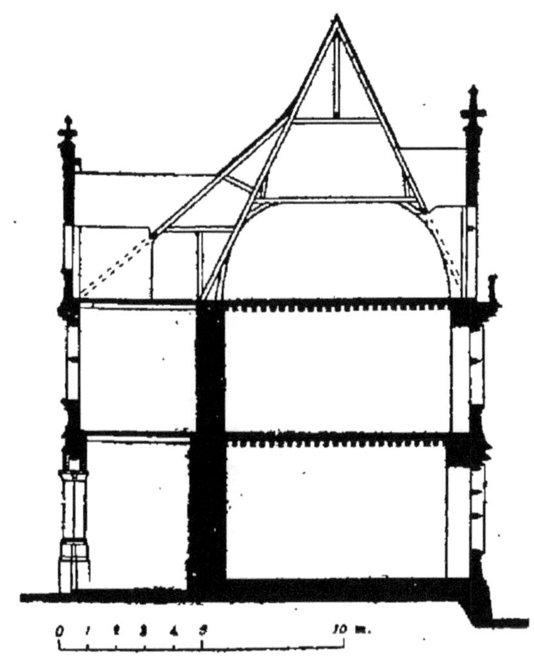

Fréd. Lesueur del.
Coupe de l'aile de Louis XII.

reprise ; c'est au contraire un procédé de construction prémédité, ayant pour but de faire porter la charpente principale sur le mur de refend, auquel on pouvait donner toute l'épaisseur voulue, et de soulager d'autant la légère façade de la cour, qui repose toute entière sur les frêles piliers de sa galerie inférieure.

L'aile de Louis XII présente trois façades, celle de la place, celle de la cour et celle de la terrasse du Foix. Toutes les trois sont construites en pierre et en briques. La brique a été presque partout employée pour le nu des murs ; la pierre a été réservée pour les parties vives, soubassement, piliers, pilastres, corniches, encadrements des portes et des fenêtres, balustrades, lucarnes, en un mot pour toutes les parties susceptibles d'être revêtues d'une ornementation moulurée ou sculptée. Autour des fenêtres et des pilastres, comme aux angles de la construction, les parties de pierre sont liaisonnées aux parements de briques par un appareil en harpe très irrégulier. Sauf pour le soubassement construit en pierre dure des environs de Blois, on a partout employé la pierre des bords du Cher, provenant sans doute, comme celle de la plupart des châteaux élevés dans cette région à l'époque de la Renaissance, des carrières de Bourré et de Lie, belle pierre assez fine pour recevoir des sculptures aussi refouillées et des arabesques aussi délicates que les marbres italiens, assez résistante cependant pour que ces sculptures nous soient parvenues à peu près intactes, là où elles n'étaient pas particulièrement exposées à la destruction des hommes ou aux intempéries.

La façade de la place du Château. — La façade de la place, la première qui, en arrivant au château, se présente aux yeux du visiteur, nous montre, dès l'abord, un exemple typique de cette harmonie de l'ensemble réalisée malgré une extrême liberté du détail, qui est un des traits caractéristiques de l'art de cette époque. Si, en effet, on en sépare l'extrémité la plus voisine de la Salle des États, dont l'ordonnance est toute différente, elle présente une unité parfaite, et pourtant nulle part on n'a plus délibérément écarté toute recherche de régularité et de symétrie.

Elle comprend en élévation, au-dessus d'un soubassement peu élevé en pierre dure, un rez-de-chaussée et un premier étage en pierre et briques, surmontés d'un haut toit d'ardoise qui est bordé à sa base d'une balustrade ajourée et sur lequel se détachent les lucarnes et les grands corps de cheminée. Six pilastres la divisent verticalement en cinq travées; ces travées, purement décoratives et sans lien avec l'emplacement et la dimension des appartements, sont de largeur à peu près égale, mais toutes sont différentes entre elles et aucune ne présente d'ailleurs par elle-même une ordonnance régulière. Chacune renferme bien, il est vrai, une fenêtre à chaque étage, que surmonte une des grandes lucarnes du comble, mais ces fenêtres, placées tantôt un peu à droite, tantôt un peu plus à gauche, comme au hasard, ou plutôt suivant les besoins de la distribution intérieure, n'occupent jamais le milieu de la travée. Au reste, toutes ces fenêtres n'ont pas le même dessin, et ces trois ouvertures superposées ne forment pas toujours le seul élément décoratif de chaque travée; dans l'avant-dernière à gauche, la grande croisée du rez-de-chaussée est accompagnée, en effet, d'une autre baie plus étroite. Enfin, dans la première à droite, s'ouvre le grand portail.

Le grand portail du château de Blois se compose d'une porte charretière accostée, suivant l'usage, d'une petite poterne pour les piétons et surmontée d'une grande niche abritant la statue équestre du roi. Cette disposition n'était pas originale; longtemps auparavant Jacques Cœur avait fait dresser la statue équestre de Charles VII au-dessus de la porte de son hôtel de Bourges, et un arrangement analogue fut adopté au Verger, à Veretz, à La Roche-du-Maine, au palais ducal de Nancy, etc.; mais le portail de Blois n'en reste pas moins une des œuvres les plus accomplies de ce genre.

La porte charretière, en plein-cintre, est ornée de moulures et flanquée de deux colonnes engagées revêtues d'un réseau de petits losanges ornés de fleurons, avec de hautes bases gothiques et des chapiteaux décorés d'une couronne de feuillage.

La grande niche est un chef-d'œuvre de décoration de style flamboyant. De hauts pinacles aux multiples clochetons ornés de crochets en forment les côtés et reposent sur les colonnes engagées de la grande porte. Au milieu, un pinacle semblable, mais plus court et s'amortissant assez bizarrement à sa partie inférieure par un fleuron de ferronnerie, sépare deux petites arcades en tiers-point qui dessinent l'ouverture de la niche. Ces arcades découpées de fins redents sont couronnées d'un gable élancé orné de grosses touffes de feuillage refouillé, d'un très beau style. Gables et pinacles se détachent sur un fond bleu semé de fleurs de lys d'or. Le même semis de fleurs de lys décore le fond de la niche, qui est couverte d'une toute petite voûte d'ogives de deux travées avec de belles clefs délicatement ajourées et un gracieux angelot supportant la retombée médiane.

Parmi ce décor du plus pur style gothique, l'artiste a ménagé, à la base des pinacles qui forment les côtés de la niche, quatre petits panneaux d'arabesques. Le motif, une sorte de candélabre d'où sortent des flammes, qui est le même pour les quatre panneaux, est évidemment inspiré de quelque modèle italien, mais l'interprétation, par sa gaucherie et sa lourdeur, contraste étrangement avec la brillante exécution de la décoration gothique avoisinante.

La statue de Louis XII est supportée par un soubassement sur lequel étaient gravés autrefois ces quatre vers latins de Fausto Andrelini :

Hic ubi natus erat dextro Lodoicus Olympo
Sumpsit honorata Regia sceptra manu
Felix quæ tanti fulsit lux nuncia Regis
Gallia non alio principe digna fuit.

FAUSTUS. 1498.

A la place de ce pompeux quatrain, auquel avait succédé au début du XIXe siècle la prosaïque inscription : CASERNE D'INFAN-

TERIE, on a sculpté de nos jours un porc-épic accompagné des initiales de Louis XII et d'Anne de Bretagne.

Quant à la statue de pierre rehaussée d'ornements dorés qui remplace actuellement celle qui fut détruite en 1792, elle a été sculptée en 1857 par Seurre. Le roi est représenté, comme dans la statue ancienne, en armure, un fouet à la main, sur un cheval richement caparaçonné qui marche l'amble. Ajoutons que la statue primitive était bien, comme celle-ci, en pierre, ou peut-être en marbre, « *albo lapide* », « *candido lapide* », et non en bronze comme le disent à l'envi les auteurs modernes. Sauf quelques erreurs de détail, comme l'adjonction d'une couronne à la coiffure royale, la statue de Seurre paraît donc une restitution consciencieuse, mais bien fade et qui ne saurait nous rendre en rien le caractère et la saveur de l'original.

La petite porte des piétons, cintrée en anse de panier, accolée et comme blottie à gauche contre la grande porte, est flanquée à droite d'un léger pinacle et surmontée d'un panneau rectangulaire renfermant le porc-épic des d'Orléans, qui resta, comme on sait, l'emblème de Louis XII. Cette sculpture a d'ailleurs été refaite lors de la restauration; mais elle est entourée d'une petite bordure ancienne de dauphins enlacés, de coquilles, de tridents et de cornes d'abondance, d'inspiration toute italienne, mais d'une exécution infiniment plus adroite que celle des arabesques du grand portail. Ce panneau est surmonté d'un petit gable orné de feuilles recourbées en crochets, et le tout est protégé par un court larmier s'amortissant par une amusante figurine d'animal.

C'est ce somptueux portail qui, en rompant la régularité de la façade, lui donne tout son mouvement et fixe immédiatement les regards. Et pourtant avec quelle charmante fantaisie l'architecte a-t-il cherché à l'incorporer à son monument sans trop en déranger l'ordonnance générale. Il n'a pas hésité à le rejeter à l'extrême gauche de la travée qu'il occupe, et, à droite, il a fait franchement chevaucher la grande fenêtre du premier étage sur la porte des piétons et sur la petite fenêtre qui, au rez-de-chaussée, éclaire le logis du portier. Et tout cela d'ailleurs s'équilibre parfaitement et forme une composition animée et pittoresque au possible.

La plupart des fenêtres de cette façade présentent le même dessin et les mêmes profils, entièrement conformes à la tradition gothique du xve siècle. Encadrées d'un double rang de moulures prismatiques, elles sont divisées par une croisée double au rez-de-chaussée, simple au premier étage. Les plus étroites cependant n'ont pas de meneau vertical, mais seulement une ou deux traverses horizontales. Toutes sont surmontées d'un larmier reposant sur deux culs-de-lampe sculptés.

Ces culs-de-lampe, pour la plupart anciens et assez bien conservés, sont de petits chefs-d'œuvre de verve, d'imagination et de fantaisie. L'artiste y a traité, au hasard de son inspiration et avec la plus franche liberté, les sujets les plus variés. A l'angle d'une fenêtre du premier étage, le fou du roi se tient accroupi et grimaçant, avec son bonnet à oreilles et sa marotte ; plus loin un moine porte un livre sur sa poitrine ; et ailleurs le bourreau serrant son glaive d'une main brandit de l'autre une tête tranchée qu'il saisit par les cheveux. Puis ce sont des monstres empruntés aux plus fantaisistes bestiaires : ici un animal à croupe de chien, à pattes de taureau et à tête humaine, le corps passé au travers d'une couronne ; là un personnage à torse humain et à queue de poisson, avec une belle tête barbue au regard sévère, à chevelure épaisse, le front ceint d'une sorte d'écharpe dont les bords flottent librement derrière lui.

Aux fenêtres du rez-de-chaussée, plus accessibles au regard, sont figurés toute une curieuse série de cavaliers. L'un d'eux, le bouclier au poing, la lance en arrêt, s'élance au galop de son cheval ; un autre, vêtu d'un ample manteau aux plis larges et réguliers, chevauche avec une aisance de grand seigneur une plus paisible monture ; un vieillard tout courbé flatte de la main l'échine de son animal. Aux deux côtés d'une même fenêtre, un chevalier en armure et un guerrier sarrazin s'élancent furieusement l'un contre l'autre ; le premier est complètement mutilé, mais le maure, couché sur son cheval, son bouclier en avant, son large vêtement enlevé par le vent, est d'un mouvement superbe.

Enfin l'élément drôlatique et grivois n'a pas été omis dans cette décoration : une femme soulève sa jupe et un homme, en face, se bouche le nez avec la main ; ailleurs, une mégère, d'un geste encore plus dénué de pudeur, dévoile à son voisin un spectacle qu'il n'a sans doute aucun plaisir à contempler, car le compère furieux lui montre le poing. La plaisanterie est sans doute un peu lourde et l'on ne peut se défendre de quelque surprise de voir choisir pareil sujet pour décorer la façade d'une demeure royale. Mais n'est-ce pas un trait des mœurs de l'époque, et peut-on s'en étonner quand on sait quel esprit cyniquement licencieux et quelle crudité de langage avaient cours dans la littérature contemporaine? Et puis cette sculpture a tant d'entrain et tant de bonhomie, et montre dans certains détails, comme la tête édentée de ce vieillard qui tend le poing, un réalisme si précis et si savoureux qu'on ne saurait lui tenir rigueur.

Deux des fenêtres du premier étage sont d'un type absolument différent. Elles sont percées à l'aplomb du parement intérieur, au fond d'une sorte de *loggia* prise dans l'épaisseur du mur et précédée d'un balcon. L'ouverture extérieure de la loggia, en arc surbaissé découpé de redents, est encadrée de moulures prismatiques et flanquée, de chaque côté, d'une colonne engagée à chapiteau orné de feuillages. Le balcon présente, au-dessus d'un encorbellement richement mouluré, une balustrade décorée d'un réseau de nervures et de fleurons, avec, à ses angles, une gargouille à figure de monstre. Le dessin de ces fenêtres est fort original et ne se rencontre à notre connaissance dans aucun édifice contemporain, mais l'idée devait être reprise plus tard, et c'est là, croyons-nous, qu'il faudra chercher le prototype des célèbres loges de l'aile de François Ier.

Le rez-de-chaussée est séparé du premier étage par un larmier gothique, qui n'offre d'autre ornement qu'un petit bouquet de feuillage à sa rencontre avec les pilastres. La corniche est bien plus richement décorée ; elle comporte, en effet, outre sa large et vigoureuse mouluration, une série de petites arcatures redentées, appliquées sur les parties pleines du mur et se détachant en relief sur l'encadrement mouluré des fenêtres du premier étage. Elle est surmontée d'une balustrade ajourée, bordant un étroit passage établi à la base du toit, sur le haut du mur ; cette balustrade, détruite depuis fort longtemps, a dû être entièrement refaite lors de la restauration, mais le dessin de style gothique, sans grande originalité d'ailleurs, était indiqué par quelques amorces et paraît avoir été fidèlement restitué. Enfin, au droit des pilastres, se détachent des gargouilles, plus ou moins restaurées, figurant des personnages à figures grotesques et des animaux chimériques.

Les lucarnes sont flanquées d'élégants pinacles et surmontées de frontons aigus ornés de crochets de feuillage sur leurs rampants et d'un grand fleuron à leur sommet. Trois de ces frontons ont leur tympan décoré de l'L couronné de Louis XII, avec un fond de fleurs de lys, ou de l'A d'Anne de Bretagne, accompagné ou non de la cordelière de la reine, se détachant sur un semis de mouchetures d'hermine. Les frontons des lucarnes qui surmontent les fenêtres à loggia ont un profil et une décoration différents ; on y voit, sous un dais en forme de tente à larges draperies, deux anges agenouillés por-

AILE DE FRANÇOIS Ier

Cl. Fred. Lesueur

Dessus de portes du grand escalier

tant l'écu de France, au-dessus duquel un troisième angelot soutient la couronne royale.

Ces lucarnes ont été presque entièrement refaites de nos jours, mais les sculptures anciennes sont conservées dans une des salles du château : elles sont charmantes. Les anges agenouillés, adolescents vêtus de longues tuniques à plis souples serrées à la taille, à la figure avenante encadrée de cheveux tombant en boucles abondantes, aux ailes effilées, ont une grâce naturelle, souriante et familière. Ceux qui tiennent la couronne, le corps disparaissant en partie derrière l'écusson, les bras et le cou nus, la tête inclinée sur l'épaule, les traits adoucis par le temps qui a effacé à demi tous les angles de la pierre, sont d'un sentiment doux et délicat avec une nuance de mélancolie qui ajoute encore à leur charme. De tradition bien française, de même lignée, toute proportion gardée, que les angelots de Solesmes ou ceux du tombeau de François II, ces belles figures sont des exemples caractéristiques de ce retour à l'idéalisation, de cet « adoucissement » de l'art français, si bien mis en évidence par M. Paul Vitry et qui est un des traits essentiels de l'école de la Loire à la veille de la Renaissance.

Entre ces grandes lucarnes de pierre, Duban en a, plus ou moins exactement, restitué de petites en charpente garnies de plomb et de ferronnerie, destinées à éclairer la partie supérieure du comble. Au-dessus de la toiture s'élèvent en outre les grandes souches de cheminée de briques avec larmiers et couronnement de pierre ; dans leurs parties hautes les briques dessinent un fin réseau décoratif de pilastres et de losanges se détachant sur un fond d'ardoises. Diminuées de moitié dans leur épaisseur à l'époque où le château servait de caserne, ces élégantes cheminées ont été restaurées dans leurs dimensions primitives. Enfin, le toit se termine par un beau faîte de plomb décoré d'ornements dorés figurant les initiales et les emblèmes du roi et de la reine, l'L et l'A couronnés, le porc-épic et la cordelière, les fleurs de lys et les mouchetures d'hermine.

Toute cette façade avait d'ailleurs été assez maltraitée et Duban dut lui faire subir d'importantes restaurations dont nous avons eu déjà à signaler quelques-unes. Il lui fallut ainsi, pour restituer l'ordonnance primitive, supprimer deux fenêtres établies après coup et en rétrécir une troisième. Il fut moins bien inspiré en ajoutant aux gargouilles de pierre des gouttières métalliques pseudo-gothiques, et surtout en refaisant complètement le parement de briques. Il plaça, en effet, parmi les briques rouges des lignes diagonales de briques noires dessinant des losanges réguliers d'un bout à l'autre de l'édifice; cette disposition était sans doute indiquée par ce qui existait auparavant, mais nous doutons qu'elle ait eu anciennement cette froideur, cette précision géométrique, qui choquent un peu dans cette architecture si pleine par ailleurs de liberté et de vie.

De la façade que nous venons de décrire nous avons séparé l'extrémité voisine de la Salle des États, dont l'ordonnance, avons-nous dit, est très différente et d'ailleurs beaucoup plus simple. Cette différence surprend un peu aujourd'hui. Elle s'explique cependant par la distribution intérieure, cette partie de la façade correspondant à la grande salle voûtée qui occupe au rez-de-chaussée l'extrémité du bâtiment, et surtout par l'état ancien de l'avant-cour aux abords de l'édifice. Si, en effet, on se rapporte aux vues anciennes du château, au dessin de Félibien par exemple, on voit que le niveau du sol, au lieu d'être partout égal comme aujourd'hui, s'abaissait en pente rapide devant la partie droite du monument, et sur cette pente s'élevaient de petites constructions qui abritaient le puits du château. Peut-être en était-il ainsi au temps de Louis XII ; on comprendrait donc que l'architecte ait nettement différencié et quelque peu sacrifié cette extrémité du bâtiment, en partie masquée par ces constructions, et qu'il ait arrêté en ce point la riche ordonnance de sa grande façade.

Contrairement au reste de l'édifice, cette partie du monument n'a pas de parement de briques, mais un simple mur de moellons. Au rez-de-chaussée, outre une petite porte sans caractère, s'ouvre une baie en tiers-point divisée par une croisée et ornée d'un simple chanfrein, sans moulures. Les deux fenêtres du premier étage, qui n'étaient pas masquées par les petits bâtiments de l'avant-cour, sont au contraire décorées de moulures prismatiques, avec des culots sculptés à leurs angles. Ceux de la fenêtre de gauche — les autres sont modernes — nous montrent un guerrier tirant de son fourreau un grand sabre recourbé, en face d'un maure au nez épaté et aux lèvres épaisses, portant sur son épaule un immense cep de vigne chargé de grappes et tenant de l'autre main un panier de raisins; et cette petite scène, dont l'exacte signification nous échappe, ne le cède en rien par la verve et l'amusante fantaisie aux sujets sculptés des fenêtres voisines.

La corniche est, dans cette partie, dépourvue d'arcatures décoratives et il n'existe pas à la base de la toiture de passage bordé d'une balustrade ajourée. Les lucarnes ont leur fronton sculpté d'une rosace en forme de fleur naturelle que nous retrouverons dans les lucarnes de la cour. L'une d'elles est ornée, suivant l'usage, de pinacles et de crochets, mais l'autre est dépourvue de ces éléments décoratifs, que l'architecte a eu l'idée originale de remplacer par deux grands dauphins couchés de chaque côté du fronton et dont les nageoires recourbées jouent le rôle des habituels crochets de feuillage. La grosse souche de cheminée de briques qui occupe l'extrémité du bâtiment n'a reçu aucune ornementation. Notons, enfin, que la toiture, qui se termine aujourd'hui à cette cheminée, se prolongeait au delà et devait autrefois s'appuyer sur le comble de la Salle des États; c'est Duban qui crut utile de supprimer cette partie de la charpente pour soulager celle de la grande salle.

La façade de la cour. — Avec autant de couleur et de

pittoresque que la façade de la place, celle qui regarde la cour a plus de légèreté et de grâce. La galerie ouverte qui ajoure le rez-de-chaussée, les lucarnes d'un dessin plus élancé, le corps de logis en retour et les deux grands escaliers extérieurs, dont les toitures aiguës dominent tout le reste de l'édifice, donnent en effet à cette face de la construction une animation et une élégance peu communes.

La galerie du rez-de-chaussée s'ouvre par une série de neuf arcades surbaissées et ornées de moulures. Celle qui fait face au porche d'entrée, la troisième à gauche, est plus large que les autres et s'appuie sur des piliers plus épais par l'intermédiaire de culs-de-lampe à personnages. Les autres arcades reposent alternativement sur des colonnes rondes et des piliers quadrangulaires à hauts soubassements de pierre dure. Les colonnes sont revêtues d'un réseau de losanges enfermant des fleurs de lys et des mouchetures d'hermine; ces emblèmes royaux ayant été mutilés pendant la Révolution, les fûts durent être entièrement refaits lors de la restauration du monument. Les piliers intermédiaires sont au contraire anciens et très intéressants. Ils sont placés de biais, un de leurs angles tourné vers la cour, et leurs quatre faces présentent, au milieu d'une mouluration et d'un arrangement architectural encore entièrement gothique, de grands panneaux d'arabesques d'un dessin tout italien. Ces arabesques, sculptées certainement par une main française et peu familiarisée à ce genre d'ouvrage, sont, comme celles que nous avons signalées sur l'autre façade, d'une imagination assez pauvre et d'une exécution encore bien maladroite. Pour les seize panneaux qu'il avait à décorer l'artiste n'a utilisé que deux dessins différents répétés chacun huit fois avec à peine quelques menues variantes ; les figures d'aigles que comporte un de ces dessins ont seules quelque caractère, mais les éléments purement ornementaux, coupes, trépieds, rinceaux, fleurettes, sont bien loin d'être traités avec cette aisance et cette légèreté qui font tout le charme de ce genre de décoration.

Infiniment plus habile et non moins curieuse est la composition des beaux chapiteaux qui surmontent ces piliers et ces colonnes. Les éléments, auxquels se mêlent cependant quelques feuillages gothiques, en sont presque tous empruntés à la décoration italienne : ce sont des enfants nus, des

Aile de Louis XII.
Chapiteau d'une colonne du portique de la cour.

dauphins, des aigles, des masques, des cornes d'abondance, des palmettes, des rinceaux ; mais tous ces sujets sont traités en très haut relief, suivant une technique plus familière alors aux artistes français, et sont disposés circulairement autour de chapiteaux très bas à tailloirs gothiques, absolument dans la tradition du xve siècle. Il en résulte des œuvres d'art extrêmement originales et dont quelques-unes ont une entente décorative et une largeur de style tout à fait remarquables. Signalons en particulier les beaux aigles aux ailes à demiéployées ou les curieux masques ornés de feuillages, qui, sur deux d'entre eux, supportent les angles du tailloir. Sur un autre, des oiseaux dont la queue se termine par une branche de fleurs, boivent deux à deux dans une coupe ou mangent des fruits dans une corne d'abondance ; de petits personnages tiennent dans leurs bras les queues de ces animaux fabuleux ou soufflent comme dans une trompe dans l'extrémité de la corne d'abondance ; on ne saurait marier plus ingénieusement l'imagination pittoresque, la spirituelle fantaisie de nos artistes gothiques aux motifs de la décoration italienne. Nous préférons cependant le chapiteau du pilier voisin orné simplement de huit dauphins, du plus bel effet décoratif, affrontés deux à deux et enlacés par le réseau d'une fine cordelière.

Au-dessus de la rangée des arcades règne un larmier et, un peu plus haut, un bandeau mouluré qui prolonge les appuis des fenêtres du premier étage d'un bout à l'autre de la construction et présente une gracieuse décoration de fleurs, de feuillages et de fines arcatures gothiques s'amortissant par des fleurons variés. Aux neuf arcades du rez-de-chaussée correspondent, à cet étage, neuf travées séparées par des nervures saillantes s'appuyant sur les piliers et les colonnes de la galerie ; quatre travées aveugles à parement de briques alternent avec les cinq autres percées de fenêtres. Ces fenêtres à croisée sont ornées de moulures prismatiques et, à leurs angles, de culs-de-lampe sculptés dans le même esprit que ceux de l'autre façade, mais ayant eu beaucoup plus à souffrir des mutilations et des restaurations ; quelques sujets, comme un acrobate, la tête entre ses jambes, ou un singe jouant de la cornemuse, sont cependant dignes d'attention.

La corniche, ornée de simples moulures, est surmontée aujourd'hui d'une balustrade ajourée, qui borde le toit et réunit entre elles les bases des lucarnes. Cette balustrade, d'un dessin assez pauvre, est de l'invention de Duban et n'existait pas autrefois. Elle ne figure, en effet, sur aucune vue ancienne du château et on n'en voit aucune trace sur les photographies antérieures à la restauration ; elle surcharge, d'ailleurs, inutilement la décoration de cette élégante façade, elle fausse les proportions des lucarnes, et elle est, au demeurant, parfaitement illogique, aucun passage n'existant ici, comme de l'autre côté du bâtiment, à la base de la toiture.

Les lucarnes aux lignes souples et élancées ont leur baie divisée par un seul meneau vertical ; leurs appuis, comme ceux des fenêtres du premier étage, sont ornés de fleurettes et de petites arcatures ; leurs pinacles latéraux à clochetons, amortis au niveau de la corniche par de minuscules figures grimaçantes, sont, à leur sommet, réunis aux gables par de petits arcs-boutants décoratifs. Les gables, très aigus, très effilés, garnis de crochets et terminés par de riches fleurons, sont ornés sur leur face d'une grande rosace entre trois petits triangles, et dans ces rosaces s'épanouissent de grandes fleurs à peine stylisées, de dessins très variés et d'une rare fraîcheur d'exécution.

La toiture sur laquelle se détachent ces lucarnes est toute unie, les cheminées étant placées sur l'autre versant, mais elle présente une incurvation marquée tenant à la disposition de la charpente que nous avons signalée plus haut. Les plombs du faîte sont décorés, comme sur l'autre face, des initiales et des emblèmes dorés du roi et de la reine.

Les deux tours d'escalier qui flanquent cette façade sont de dimensions inégales. La plus importante et la plus richement ornée est celle qui est contiguë à la Salle des États ; elle renferme le grand escalier d'honneur. De plan carré, en partie engagée dans la construction, elle la domine de deux étages. Trois larmiers la divisent, en effet, en quatre étages, les trois premiers correspondant au grand escalier et le dernier à une salle établie au-dessus. Les angles de la construction sont ornés chacun d'une colonne engagée flanquée de deux pilastres ; la colonne de l'angle principal part de pied et est garnie de curieuses cannelures en zig-zag.

Au rez-de-chaussée, l'escalier s'ouvre directement sur la cour par une porte en cintre surbaissé, que surmonte un grand gable orné de beaux feuillages de choux frisés et renfermant un porc-épic moderne ; les pinacles qui accompagnent ce gable s'amortissent par des culots représentant un homme qui porte un sac sur son épaule et une femme à queue de paon — sans doute l'avarice et l'orgueil. Près de cette porte est percée une petite fenêtre ornée de moulures prismatiques. Une seconde porte plus simple s'ouvre sur l'autre face, contre la Salle des États.

Aux autres étages, l'escalier s'éclaire, sur chaque face, par une fenêtre cintrée surmontée d'un larmier de même forme reposant sur des culs-de-lampe sculptés très mutilés ; ces fenêtres suivent le mouvement de l'escalier et, par suite, viennent, sur une des faces, couper les larmiers qui séparent les étages. Quant à la salle de l'étage supérieur, elle reçoit le jour de deux fenêtres qui coupent assez bizarrement la corniche, dans laquelle s'encastre toute leur partie supérieure. Outre ces ouvertures, deux panneaux rectangulaires, encadrant un porc-épic et placés sans symétrie complètent la décoration des derniers étages ; naturellement ces emblèmes, mutilés en 1793, ont dû être, comme tant d'autres, refaits au siècle dernier.

La grande corniche, qui forme à cette construction un riche couronnement, présente encore un curieux mélange de décoration gothique et d'innovations italiennes. La suite d'arcatures qui en forme l'élément principal n'est pas sans une certaine analogie avec les corniches à coquilles qui allaient être si fréquemment employées par les décorateurs de la Renaissance, et les caissons qu'elles abritent ne sont pas non plus une conception purement française ; mais ce sont

AILE DE FRANÇOIS Ier

Cl. Fred. Lesueur

Attique de la façade extérieure

des touffes de feuillages gothiques qui ornent les consoles sur lesquelles reposent ces arcatures. Ce sont encore des feuillages gothiques et des moulures de même style qui couronnent le tout, tandis qu'un rang d'oves du plus pur goût classique décore la bordure inférieure.

Une balustrade ajourée, de style flamboyant et de même dessin que celle de la façade de la place, surmonte la corniche et borde un passage ménagé tout autour du pavillon, à la base de la toiture. Deux gargouilles à figure humaine, surmontées des initiales royales, ont été refaites récemment d'après des originaux d'un beau style. Deux élégantes lucarnes semblables à celles du corps de logis principal et une cheminée de briques garnissent le comble très élevé, que couronne une crête de ferronnerie terminée par deux girouettes.

Le grand escalier ne s'élevant pas au-dessus du second étage, les parties hautes sont desservies par un petit escalier à vis, qu'enferme une tourelle ronde établie en encorbellement sur le flanc de la tour, à l'angle du bâtiment principal. L'encorbellement mouluré sur lequel repose cette tourelle est orné de plusieurs rangs de feuillages gothiques et s'amortit par un petit personnage. Quatre fenêtres à appui sculpté éclairent le petit escalier, et la tourelle se termine par un dôme à écailles surmonté d'un fleuron.

Plus simple et de moindres dimensions, la tour du petit escalier, qui occupe l'angle de la galerie et de l'aile en retour, a, comme sa voisine, quatre étages séparés par des larmiers. Les trois étages inférieurs, qui forment la cage de l'escalier, présentent un pan coupé à l'angle des deux faces extérieures ; le dernier étage, occupé par une salle établie sur la voûte de l'escalier, est, au contraire, de plan carré. Cette différence est rachetée par un élégant encorbellement orné de moulures, de petites arcatures, de caissons, de frises de feuillage découpé sur lequel rampent des limaçons et d'une amusante figure de bonhomme grimaçant, un doigt dans la bouche, qui paraît supporter le tout.

Sur chaque face sont placées à des niveaux différents, suivant le mouvement de l'escalier, quatre petites fenêtres ornées de moulures et de culs-de-lampe sculptés ; malheureusement la plupart de ces culs-de-lampe ont été refaits au siècle dernier ou lors de la récente restauration. Une seule fenêtre éclaire la salle de l'étage supérieur. La corniche est formée d'arcatures reposant sur des consoles à feuillages variés. Sur la toiture pyramidale, que termine un épi de ferronnerie, s'élèvent une cheminée et une lucarne. La souche de la cheminée est décorée d'un gable orné de feuilles de choux frisés et flanqué de pinacles. La lucarne, avec son couronnement garni de choux frisés, de pinacles à crochets multiples, de petits arcs-boutants, présente une décoration plus touffue qu'on n'a coutume de la rencontrer ici ; le pignon est orné d'un masque de feuillage d'une facture très large et d'un beau caractère.

Le corps de bâtiment en retour ne présente de ce côté qu'une porte, une fenêtre et une lucarne superposées et exactement contiguës à la tour de l'escalier. Les unes et les autres sont très étroites, très élancées, divisées seulement par des traverses horizontales, ornées de moulures et de culs-de- lampe sculptés. Si peu d'espace a été ménagé entre ces ouvertures et la tour d'escalier que pour placer convenablement un des culs-de-lampe du premier étage — une femme ailée qui devait soutenir l'écusson royal — on a dû entamer sur ce point la paroi de la tour. Les curieux culots sculptés de la lucarne — une belle tête barbue et un diable grimaçant, camard et cornu, sortant d'une coquille d'escargot — ont malheureusement été refaits récemment, ainsi que le fronton décoré d'un L couronné et de fleurs de lys. Près du pignon, une grande cheminée présente la même décoration que celles de la façade extérieure.

La façade de la terrasse du Foix. — La façade de la terrasse du Foix est bien loin d'avoir l'importance des deux autres. Elle était à peine destinée à être vue, l'emplacement actuel de la terrasse étant alors couvert de maisons, que seul un étroit passage séparait du château. Mais elle doit à ce fait même un attrait particulier; c'est un lieu plus intime, plus recueilli, et qui a conservé une belle patine, que va lui faire perdre, hélas! une nouvelle restauration déjà commencée.

Cette façade comprend deux parties : le pignon du corps de logis principal et une des faces de l'aile en retour. Nous avons vu que la première fut masquée jusqu'au siècle dernier par une construction en appentis datant du début du xviie siècle. Duban aurait sans doute beaucoup mieux fait de conserver ce pittoresque petit bâtiment que de le remplacer par le fade briquetage losangé, dont la nudité nous choque aujourd'hui. La présence de cette construction eut toutefois pour effet de préserver des mutilations révolutionnaires un panneau rectangulaire enfermant un porc-épic, un des rares emblèmes de Louis XII, parmi tous ceux qui décoraient le château, qui soient parvenus relativement intacts jusqu'à nous. Ce panneau occupe le centre du grand pignon, qui a également conservé une élégante bordure de fines arcatures gothiques.

A gauche de ce pignon, deux grandes fenêtres à double croisée surmontées d'une lucarne, puis un escalier intérieur qui se dégage au-dessus du toit et sur lequel s'ouvrent une porte et six petites fenêtres, deux autres étroites ouvertures pour les privés et une grande cheminée sur la toiture composent, avec la chapelle voisine, dans ce coin reculé du château, le plus pittoresque décor. L'escalier se termine par une corniche à arcatures cintrées et un petit toit pyramidal. La cheminée, les grandes fenêtres, la lucarne, dont le fronton est orné du chiffre royal au-dessus duquel le sculpteur a niché une petite chouette, rappellent celles de la grande façade de la place. Aux angles des fenêtres, les culs-de-lampe sculptés viennent encore animer le monument de leur entrain et de leur fantaisie : c'est une sirène et un dragon ; c'est un guerrier aux prises avec un monstre, et un autre vêtu d'une armure, brandissant une épée et un bouclier, prêt à pourfendre son adversaire et levant la tête dans une amusante attitude de défi ; ce sont enfin de belles figures d'animaux, un cerf ailé d'un grand caractère, un taureau, et surtout un combat de lions d'une vie et d'une vérité surprenantes.

Dispositions intérieures. — Nous avons fait le tour du bâtiment ; il nous faut maintenant en franchir le seuil pour en étudier les dispositions intérieures. Revenons donc à notre point de départ et entrons par le grand portail. Nous sommes sous le porche qui traverse la construction et conduit du portail à la galerie ouverte de la cour. Il est couvert de deux travées de voûtes d'ogives avec de belles clefs finement ajourées ; et là encore, pour orner les consoles qui supportent les retombées, les ornemanistes ont donné libre cours à leur imagination : une dame s'avance entre deux acrobates, un homme est aux prises avec deux sauvages velus, un ange prend son vol, un fou tient sa marotte, un bonhomme joue de la cornemuse, un autre personnage renversé paraît recevoir sur sa poitrine tout le poids de la voûte. A gauche du porche et au même niveau est le logis du portier, qui a conservé sa cheminée ancienne et le guichet, qui s'ouvre près d'une petite niche destinée à recevoir une lampe. Du porche on passe dans la grande galerie, qui est couverte d'un plafond à solives apparentes finement moulurées et aux deux extrémités de laquelle s'ouvrent les escaliers.

Le grand escalier de Louis XII, dont plus d'une disposition devait être imitée par l'architecte du célèbre escalier de François Ier, est construit sur le plan traditionnel au moyen âge de la vis de Saint-Gilles, mais déjà considérablement amplifié et quelque peu modifié. Le noyau central, autour duquel rayonnent les marches, est orné de fines colonnettes gothiques qui séparent d'étroits panneaux se terminant par une petite arcature tréflée ; au haut de l'escalier ces arcatures font place à des coquilles. Au-dessous des colonnettes une main courante en pierre décrit une belle spirale, à laquelle répond à la partie supérieure une spirale plus petite ornée d'un motif italianisant. Des colonnes engagées, dont quelques-unes à fût brisé, décorent les parois ; plusieurs reposent sur d'amusants culs-de-lampe — un masque de feuillage, un béquillard, un personnage barbu ; quelques-uns des chapiteaux, d'une valeur assez inégale d'ailleurs, ont une jolie ornementation de feuillage.

Toute cette décoration reste cependant très simple jusqu'à l'étage supérieur, où elle se développe et s'épanouit magnifiquement. La substitution de branchages entrelacés aux nervures de la balustrade du dernier palier est sans doute une recherche plus bizarre qu'harmonieuse ; et le petit groupe, très restauré d'ailleurs, d'une femme infligeant une correction à son enfant, qu'un ornemaniste s'est amusé à sculpter près de cette balustrade, en un des endroits les plus apparents de ce grand escalier royal, peut déconcerter l'esprit le moins prévenu ; mais la grande voûte terminale est sans conteste du plus brillant effet décoratif. Ses huit nervures rayonnantes en arc brisé s'élancent du centre d'une grande couronne en pierre qui termine le noyau central et vont retomber sur les colonnes engagées des murs. Une nervure circulaire réunit les clefs des arcs et sépare des compartiments alternativement de pierre et de briques. La mouluration est élégante et vigoureuse et l'intersection des nervures est ornée de belles clefs sculptées. L'une d'elle figure deux guerriers naïvement embusqués derrière les minuscules créneaux d'une forteresse de poupées ; les autres sont des chefs-d'œuvre d'ornementation végétale, où le chêne, la vigne, le chardon, le chou frisé sont modelés et refouillés avec un art du réalisme le plus précis.

Ce large et somptueux escalier n'est d'ailleurs pas clos et est, actuellement du moins, exposé aux intempéries par toutes ses ouvertures. Mais cet état de choses n'est peut-être pas ancien ; les portes qui s'ouvrent au rez-de-chaussée sur la galerie et sur la cour n'ont sans doute jamais eu de fermeture, mais la présence de feuillures aux fenêtres et les traces de scellement qu'on y constate montrent bien qu'elles devaient être autrefois pourvues de châssis. On ne saurait donc voir là une nouvelle analogie avec l'escalier de François Ier, qui surprendrait d'ailleurs dans un monument où les préoccupations esthétiques n'ont jamais exclu les considérations pratiques et un souci relatif du bien-être.

L'autre escalier est de construction à peu près semblable, mais plus petit, plus simple, n'ayant d'autre ornementation sur sa paroi de briques que quelques animaux de nuit, qu'un sculpteur a eu la fantaisie de nicher dans les angles. La balustrade du dernier palier a ses nervures moulurées sur une face et sculptées sur l'autre en forme de branches naturelles. Quant à la voûte terminale, elle présente le même dessin que celle du grand escalier et ses clefs de feuillage ne sont pas moins habilement exécutées ; mais, ses dimensions sont plus petites, ses nervures plus fines, son pilier central beaucoup plus grêle et elle séduit surtout par la grâce et la légèreté de ses proportions.

Parmi les appartements de l'aile de Louis XII, il faut mettre à part la pièce du rez-de-chaussée contiguë à la Salle des États, qui sert aujourd'hui de salle d'attente des visiteurs. Cette salle est en effet remarquable par sa belle voûte à huit nervures reposant sur un pilier central, assez semblable à celle des escaliers, mais beaucoup plus vaste et d'ornementation plus simple. Elle avait autrefois une grande cheminée qui a disparu. Elle s'éclaire par la grande baie en tiers-point, que nous avons signalée sur la façade de la place, et par une autre fenêtre s'ouvrant sous la galerie et décorée extérieurement à ses angles d'un fou et d'une sirène.

Les autres salles du rez-de-chaussée et du premier étage de l'aile de Louis XII, où est installé actuellement le musée municipal, n'offrent guère à notre attention que leur beau solivage mouluré, bien conservé mais repeint, et leurs grandes cheminées. Celles-ci, chargées d'ornements empruntés avec plus ou moins d'à propos aux autres parties du château et revêtues pour la plupart de couleurs voyantes, sont entièrement l'œuvre de Duban. Quelques-unes des cheminées anciennes avaient été supprimées lors des aménagements faits dans cette partie du château au XVIIIe siècle, et une salle du rez-de-chaussée servant de logement à un gardien conserve encore le revêtement de boiseries, sans grand caractère d'ailleurs, dont ces appartements furent alors revêtus. Les autres furent détruites pour les besoins du casernement en 1831 et 1832. La Saussaye, il est vrai, prétend que Duban avait retrouvé de nombreux fragments de sculptures ayant appartenu aux manteaux disparus, les avait classés d'après les nuances diverses des badigeons et serait arrivé ainsi à « reproduire fidèlement les moulurations et sculptures primitives ». Il y eut là beaucoup de présomption de la part de l'architecte ou d'imagination de la part de l'historien. La vérité est que les relevés exécutés par Blondel en 1760 nous montrent des cheminées moulurées, sans aucune trace de sculptures, et ne ressemblant en rien à celles qui existent aujourd'hui. Les cheminées du second étage, bien que dépourvues de sculptures, nous paraissent aussi très remaniées. Si l'on veut se faire une idée des anciennes cheminées de l'aile de Louis XII et de leur sobre et élégante décoration moulurée, il faut plutôt voir celles du pavillon d'Anne de Bretagne ou celles qui ont été conservées dans les salles hautes qui surmontent la voûte des deux escaliers.

Les seuls détails de sculpture authentiques, et bien significatifs, qui subsistent dans ces appartements, se voient dans la galerie du premier étage. Sous l'encorbellement d'une tourelle d'escalier, un ornemaniste gothique a traité un sujet libertin à deux personnages, dont la hardiesse dépasse tout ce que nous avons vu en ce genre sur la façade extérieure. A l'autre extrémité de la galerie, un artiste, imprégné déjà des idées de la Renaissance, a placé un porc-épic dans un encadrement à perspective simulée composé d'un plafond à caissons et de deux pilastres, dont les arabesques rappellent de très près ceux des piliers de la galerie du rez-de-chaussée ; ce médiocre fragment décoratif est peut-être, dans toute cette partie du château, celui où se fait le plus nettement sentir l'influence de l'ornementation italienne.

Conclusion. — En somme, l'aile que Louis XII fit élever au château de Blois au lendemain de la première expédition d'Italie est encore, dans son ensemble, entièrement gothique, entièrement dans la tradition française du XVe siècle. L'architecture proprement dite, avec ses combles élevés garnis de lucarnes et de hautes cheminées, ses escaliers à vis dans des tours hors œuvre, ses fenêtres à croisée et ses galeries à arcades surbaissées, ses plafonds à solives apparentes et ses voûtes d'ogives, son plan irrégulier et ses façades sans symétrie, ne diffère par aucun trait caractéristique de celle des monuments français antérieurs et ne présente pas trace d'influence étrangère. L'emploi de la brique, en particulier, qui donne tant d'éclat à cette partie de l'édifice et qui fut si souvent imité depuis, était loin d'être une innovation, et l'architecte en avait pu trouver maint exemple sans quitter la région, au Plessis-les-Tours, au château du Moulin, à Montreuil-Bellay ou ailleurs, et au château de Blois même, dans les constructions de Charles d'Orléans, dont il ne fit en quelque sorte que reprendre le thème général, en l'amplifiant, en le parant d'une grâce nouvelle, mais avec le souci évident de laisser les bâtiments neufs en parfaite harmonie avec leurs aînés.

La décoration elle-même, qui pourtant devait recevoir, bien avant les parties essentielles de la construction, l'empreinte de l'art italien, est encore ici presque toute gothique, et, si l'on excepte quelques détails de sculpture, que nous avons soigneusement signalés, mais qui n'altèrent pas la physionomie générale du monument, tous ses éléments sont empruntés à la grammaire ornementale du xve siècle : c'est toujours le même répertoire de moulures prismatiques, d'arcatures à redents, de nervures à contre-courbes, de pinacles, de crochets, de fleurons, de choux frisés, de feuillages refouillés, de culs-de-lampe à personnages, qui avait déjà paré de ses mille fantaisies tant d'édifices français élevés sous les règnes précédents.

Quelle qu'ait été la vogue, bien récente alors, des choses d'Italie, on ne songeait donc nullement encore à abandonner un mode d'architecture en pleine floraison pour imiter les palais entrevus au delà des Alpes, ni même seulement à modifier le type des anciennes demeures françaises en les revêtant complètement de ce décor de légères arabesques et d'ornements « à l'antique », qui était sans doute, dans tout l'art italien, ce qui avait surtout séduit nos compatriotes. Tout cela ne devait arriver que plus tard. Mais, à l'époque qui nous occupe, le roi ou son entourage eussent-ils désiré voir s'accomplir une révolution aussi soudaine dans l'art de bâtir — ce qui est assez douteux, — un des architectes amenés d'Italie eût-il même été consulté — ce qu'on ne saurait admettre, — qu'ils n'auraient certes pas trouvé dans les ateliers royaux, si parfaitement rompus à la pratique de l'art gothique, mais fort ignorants encore de la technique italienne, les collaborateurs indispensables pour mener à bien une œuvre aussi importante.

Ce n'est pas toutefois que ces ateliers aient montré aucune hostilité systématique envers le style nouveau. Nous avons vu, au contraire, que les ornemanistes n'ont pas hésité à faire une place dans leur décoration à quelques-uns des motifs italiens dont ils pouvaient avoir connaissance, soit que le des-

Aile de Louis XII.
Chapiteau d'un pilier du portique de la cour.

sin leur en ait été fourni par l'un des sculpteurs amenés en France par Charles VIII, un Jérôme Pacherot, un Paganino, ou tout autre, soit plutôt qu'ils aient pris pour modèle quelqu'un de ces marbres génois ou de ces objets mobiliers importés d'Italie, déjà assez nombreux en France à cette époque. Mais ces essais sont encore bien timides. L'exécution d'ailleurs, qui est certainement française, dénote de la part de nos décorateurs une ignorance complète de la technique italienne, et ils se montrent, semble-t-il, d'autant plus maladroits qu'ils cherchent à imiter plus fidèlement les délicates arabesques qui leur servent de modèle ; c'est seulement, comme dans les chapiteaux de la galerie, lorsqu'ils prennent des libertés avec les œuvres dont ils s'inspirent, lorsqu'ils transposent les motifs étrangers selon une technique qui leur est plus familière, qu'ils ont des trouvailles heureuses et qu'ils arrivent à créer des œuvres personnelles et charmantes.

A peine influencée par ces premiers essais d'un art nouveau, qui devait quelques années plus tard transformer si complètement l'aspect des monuments français, libérée d'autre part de toute trace d'archaïsme et en particulier de tout caractère militaire, l'aile de Louis XII nous apparaît, à l'extrême fin du xve siècle, comme l'aboutissement et la synthèse du fécond effort architectural de l'âge précédent. Elle ne présente pas un caractère d'originalité bien marqué ; tout ou presque tout ce qu'on y trouve peut se voir ailleurs ; on n'y rencontre pas, comme dans l'aile de François Ier, de ces trouvailles célèbres, de ces traits de génie, qui mettent un édifice en dehors de la production courante de son époque. Mais elle est un des monuments les plus accomplis, le plus accompli peut-être et le plus représentatif, de l'art de son temps.

Nous retrouvons là tout ce qui fait le charme de tant d'édifices de cette époque : c'est une parfaite logique dans le plan et la distribution des bâtiments ; c'est un sens pratique qui dispose toutes les parties de la construction selon les besoins, sans jamais en subordonner aucune à l'effet d'une ordonnance extérieure préconçue et en laissant, au contraire, sentir au dehors les dispositions intérieures ; c'est une extrême liberté dans la composition des façades, qui répugne à toute symétrie et même à toute recherche de régularité, mais qui séduit par tout ce qu'elle a de varié, d'imprévu, de pittoresque ; c'est la charmante fantaisie de la décoration que les ornemanistes ont répandue, comme en se jouant et au gré de leur imagination alerte et joyeuse, sur toutes les parties de l'édifice ; c'est la brillante harmonie de couleurs qui résulte de l'emploi simultané de la pierre, de la brique et de l'ardoise; et à ce mouvement, à cette gaieté, à cette vie se joignent ici un juste sentiment de la mesure, une sobriété de forme, une pondération dans le décor où se reconnaît l'esprit des ateliers régionaux. Rien dans ce monument ne rappelle la confusion et l'excès décoratif que l'on a reprochés à tant d'œuvres contemporaines et qui étaient évidemment l'écueil de cet art si plein de mouvement et de fantaisie. Mais ici la fantaisie s'ordonne, les masses s'équilibrent, la décoration reste à sa place sans surcharger et envahir toute la construction et en laissant en valeur les lignes de l'architecture. On est moins ébloui par la richesse du détail que séduit par l'heureux équilibre des proportions, par le fini de l'exécution, par une élégance simple et mesurée, par une grâce sans emphase, libre et familière.

Tout cela constitue sans doute une habitation séduisante et pittoresque. Mais est-ce là, dira-t-on, le palais d'un roi de France, et ne serait-on pas tenté de reprocher à cette aimable demeure de manquer totalement de cette majesté, de cet air de grandeur, qui conviennent à une maison royale? Habitués à nous représenter la royauté avec toute l'ampleur et la solennité de la cour de Versailles, nous sommes un peu surpris de tant de simplicité et de bonhommie. Mais cette liberté et cette simplicité d'allure ne sont-ils pas caractéristiques des mœurs de l'époque, et où pourrait-on mieux évoquer l'image du prince affable et modéré qu'était Louis XII, de ses familiers, grands seigneurs ou parvenus, amis des arts et habiles en affaires, aussi éloignés de la rudesse des barons féodaux que de la froide étiquette des courtisans du grand roi, de toute cette époque de prospérité, de bien-être, de vie facile, de libre et joyeuse expansion, qu'en ce logis clair, gai et accueillant, assez peu différent par son style et par ses dimensions des résidences des grands bourgeois et des riches financiers d'alors, où l'éclat et le luxe n'excluent pas le sens pratique des réalités, et qui venait, à l'aurore des temps

AILE DE FRANÇOIS Ier

Cl. Fred. Lesueur

Avant-corps de la façade extérieure

nouveaux, éclairer de son sourire la puissante et sévère forteresse du moyen âge ?

La chapelle Saint-Calais. — Contemporaine de l'aile de Louis XII, la chapelle Saint-Calais ne présente pas le même intérêt au point de vue de l'histoire de l'art; elle n'est pas

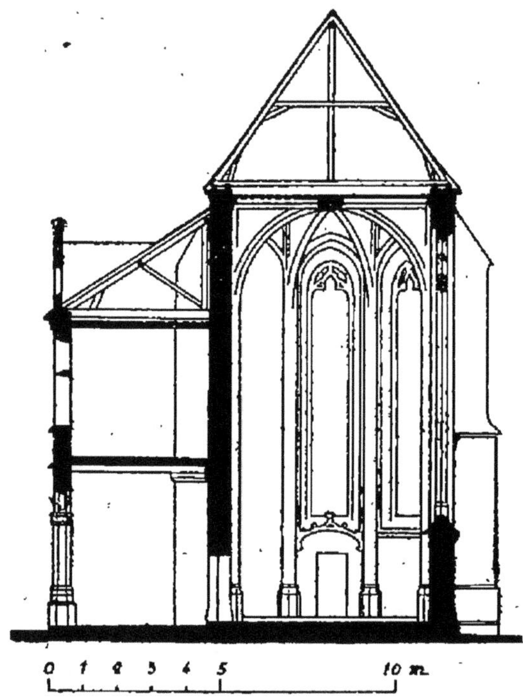

Fred. Lesueur del.

Coupe de la chapelle et de la galerie de Charles d'Orléans.

cependant dépourvue d'élégance, et, du côté de la terrasse du Foix, elle forme avec le bâtiment voisin un ensemble agréable et pittoresque.

Au XVIe siècle, elle était environ deux fois plus longue qu'aujourd'hui, et la partie qui subsiste actuellement formait seulement le chœur de l'ancien édifice. La nef, qui comprenait trois travées un peu plus larges que celles du chœur, fut détruite lors des travaux de Gaston d'Orléans. Le mur contigu à la galerie de Charles d'Orléans ne fut toutefois abattu qu'en 1834 avec la partie correspondante de la galerie; dans ce mur étaient enclavées, au dire de La Saussaye, des portions d'une chapelle antérieure, « dont le style annonçait le XIIe siècle ».

Actuellement la chapelle comporte trois travées et un chevet à trois pans; de larges fenêtres en tiers-point, à remplage flamboyant, s'ouvrent entre les contreforts au sud de chaque travée et sur deux des pans de l'abside. La façade, qui comprend une porte surmontée d'une grande fenêtre et d'un oculus, est l'œuvre de Duban. C'est également à Duban que l'on doit la crête de ferronnerie de la toiture et la flèche aiguë qui surmonte l'édifice. Celle-ci a remplacé un clocheton plus simple et moins élevé, qui pouvait dater du XVIIe siècle; mais c'est bien une flèche qui existait à l'origine, ainsi qu'en témoignent les dessins de Du Cerceau.

L'intérieur de la chapelle est assez simple, mais ses lignes légères et élancées sont de proportions harmonieuses. Les deux premières travées sont couvertes de voûtes d'ogives à liernes. La voûte de la travée absidale avec ses six nervures principales, ses liernes et ses tiercerons, est d'un dessin plus compliqué et plus élégant. Les clefs sculptées sont ornées des écus royaux et de motifs de feuillage. Les nervures finement moulurées retombent sur des colonnes engagées demi-cylindriques dépourvues de chapiteau, mais ornées à mi-hauteur d'une bague à profil de larmier. L'architecture de ce petit édifice est, on le voit, entièrement gothique et aucun détail d'ornementation n'y laisse pressentir l'approche de la Renaissance.

Plusieurs dispositions anciennes ont d'ailleurs disparu[1].

1. V. Blondel, *Recueil*, planches 3, 4, 5 et 40. — Plans de l'Adm. des Bât. de la fin du XVIIe s. — Arch. de la chefferie du génie d'Orléans, plans de la chapelle du 24 déc. 1835. — Arch. de Loir-et-Cher, Z, fonds de la Morandière, études pour la restauration de la chapelle.

C'est ainsi que, à gauche de la deuxième travée, s'ouvrait une tribune, à laquelle on accédait par un petit escalier à vis et qui communiquait directement avec le premier étage de la galerie de Charles d'Orléans. Le chœur était séparé de la nef actuellement détruite par une clôture à claire-voie, dont les restes, englobés dans la construction du mur destiné à clore la chapelle après les démolitions de Gaston d'Orléans, ont été retrouvés au siècle dernier et sont conservés aujourd'hui dans une salle du château ; c'est peut-être pour l'établissement de cette clôture que fut entaillée une colonne s'amortissant par un cul-de-lampe à figure de lion, près de la façade actuelle.

Mais la chapelle Saint-Calais était surtout célèbre, au dire de Bernier, par les ornements « très riches et très précieux, que les comtes de Blois et la reine Anne y avoient donnés, avec quelques ouvrages des plus habiles peintres de ce temps-là ». On y voyait encore une Vierge du Pérugin à la fin du XVIIe siècle ; mais plusieurs autres tableaux en avaient alors été enlevés. Gaston d'Orléans avait d'ailleurs fait remanier la décoration intérieure de la chapelle ; en 1652, il avait fait faire à un sculpteur blésois nommé Bonnet un lambris orné de pilastres, d'écussons, de G entrelacés, de palmes, de pentes de fruits et de feuillage, un confessionnal et une grande châsse en bois sculpté et doré pour les reliques de Saint-Calais.

Désaffectée à la Révolution, divisée en étages par le Génie militaire en 1835, la chapelle fut restaurée en 1868 par Duban, qui la fit entièrement revêtir de très médiocres peintures décoratives et fit orner les fenêtres de vitraux d'un goût déplorable. En 1912, on a fait disparaître les peintures des piliers et des murs ; il est probable qu'on ne tardera pas à supprimer ce qui subsiste de ce fâcheux décor, par lequel Duban avait cherché à masquer l'irrémédiable nudité de ce monument si célèbre autrefois par la richesse de ses œuvres d'art et de ses ornements.

CHAPITRE III

L'AILE DE FRANÇOIS Ier

Considérations générales. — Ce qui frappe immédiatement le visiteur qui, après avoir examiné l'aile de Louis XII, reporte ses regards sur celle de François Ier, c'est la profonde différence de style des deux édifices, et l'on pourrait s'étonner qu'une quinzaine d'années seulement aient séparé la construction de ces deux parties du château, si l'on ne savait que durant cette période, celle du règne de Louis XII, celle des débuts de la Renaissance française, notre architecture, sous l'influence toujours croissante de l'art italo-antique, avait subi la transformation la plus complète, la plus rapide et, d'ailleurs, la plus grosse de conséquences qu'ait jamais eu à enregistrer l'histoire de l'art français.

A vrai dire, le mode de construction, l'ordonnance générale de l'architecture avaient été assez peu modifiés encore par les apports étrangers. Les architectes amenés d'Italie n'avaient acclimaté chez nous aucune des dispositions essentielles des palais florentins et romains, qui ne s'adaptaient en rien aux usages et aux habitudes de nos compatriotes et dont les Français d'alors ne pouvaient encore comprendre la régulière et sévère beauté. A ne considérer que la construction proprement dite, que les dispositions d'ensemble des bâtiments, notre architecture civile continuait seulement l'évolution commencée au siècle précédent, en renonçant définitivement aux moyens de

AILE DE FRANÇOIS Ier

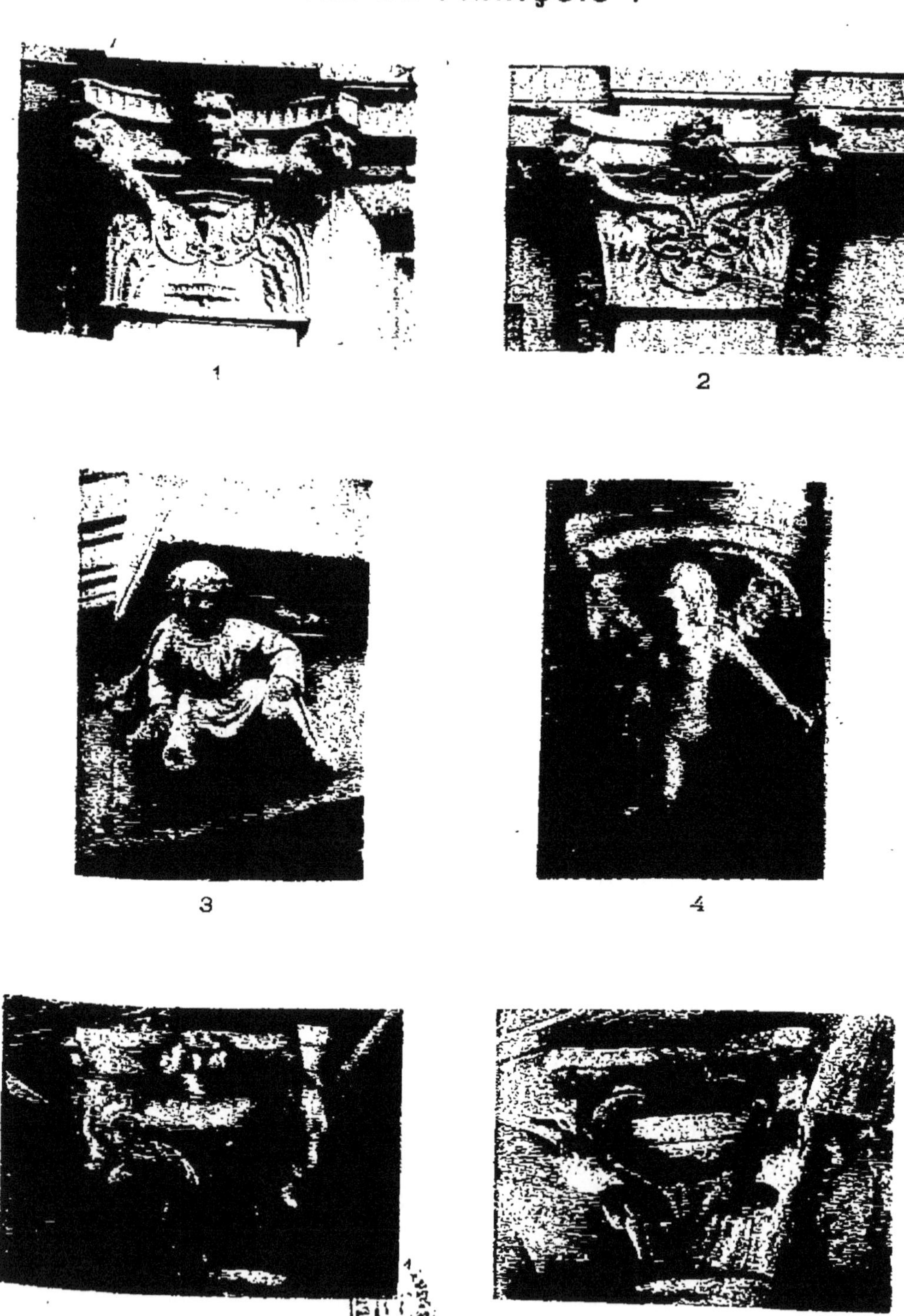

1 2 3 4 5 6

Cl. Fred. Lesueur

Détails de sculpture

défense extérieurs, lorsqu'on ne les conservait pas pour l'ornement des façades, en s'ouvrant de plus en plus largement sur la campagne ou sur les jardins ménagés aux abords des édifices, en un mot en abandonnant le type de la forteresse du moyen âge pour celui du château de plaisance des temps modernes.

Mais ce qui avait entièrement modifié l'aspect extérieur des monuments, c'est la transformation complète, radicale, du décor ornemental. Initiés par les ornemanistes italiens plus ou moins acclimatés en France, les Pacherot, les Juste, etc., instruits par les nombreux morceaux tout travaillés qu'on ne cessa d'importer du Milanais ou de la rivière de Gênes durant tout le règne de Louis XII, encouragés par leurs clients princiers désireux de voir décorer au goût du jour les demeures qu'ils faisaient construire, nos artistes n'avaient pas tardé à s'approprier complètement le style nouveau et à y acquérir une remarquable virtuosité. Progressivement, mais très rapidement, ces éléments décoratifs pseudo-antiques, que nous avons vus prendre place si timidement dans l'ensemble encore presque entièrement gothique de l'aile de Louis XII, avaient supplanté l'ornementation traditionnelle du xve siècle et avaient fini, dans les constructions élevées vers la fin de règne, par envahir toute l'étendue des façades. Toutefois l'aile de François Ier est peut-être le premier grand monument subsistant aujourd'hui où le style de la Renaissance française ait vraiment trouvé sa complète expression, et ce n'est pas le moindre intérêt du château de Blois de nous montrer face à face l'édifice où le style franco-italien du xvie siècle a fait pour la première fois son apparition dans le décor d'une grande façade et celui où il s'est, pour ainsi dire, fixé avec tous ses caractères.

Nous avons déjà, en en faisant l'historique, décrit le gros œuvre et le mode de construction de l'aile de François Ier ;

nous n'avons donc pas à y revenir[1]. Il nous suffira de rappeler: que l'aile de François Ier n'est pas, comme celle de Louis XII, une construction élevée entièrement à neuf, mais un simple remaniement de bâtiments existant antérieurement; que, d'ailleurs, les travaux du XVIe siècle, qui mirent l'édifice dans son état actuel, ne furent pas eux-mêmes exécutés d'un seul jet, suivant un plan d'ensemble préconçu, mais avec plusieurs reprises et par étapes successives; que ces travaux furent interrompus avant leur complet achèvement; enfin, qu'une partie de ce bâtiment — l'extrémité gauche de la façade de la cour — fut détruite par Gaston d'Orléans. Ces constatations sont indispensables non seulement pour se rendre compte des dispositions intérieures, mais encore pour comprendre l'ordonnance des deux grandes façades.

La façade de la cour. — La façade de la cour est divisée par le grand escalier en deux parties inégales; mais nous savons que cette inégalité est toute fortuite et provient des démolitions de Gaston d'Orléans, avant lesquelles l'escalier occupait à peu près le milieu du bâtiment. Elle comprend un rez-de-chaussée et deux étages, que surmonte une grande corniche à balustrade, au-dessus de laquelle s'élève la haute toiture garnie, suivant l'ancien usage, de lucarnes et de hautes cheminées.

Les étages sont nettement séparés par deux corps de moulures, l'un immédiatement au-dessus des ouvertures de l'étage inférieur et l'autre prolongeant l'appui des fenêtres de l'étage supérieur. Bien entendu, ici comme presque partout dans cette partie de l'édifice, la mouluration a complètement abandonné le souple et nerveux tracé gothique pour les profils géométriques empruntés à l'antiquité et à l'Italie. Verticale-

1. C'est également dans la première partie de cet ouvrage qu'on trouvera la coupe de l'aile de François Ier.

ment, chaque étage est divisé par des pilastres qui flanquent les fenêtres ou se détachent isolément sur le nu du mur, là où l'espace entre deux ouvertures a paru trop considérable. Partout, sauf au rez-de-chaussée du côté droit de la façade, fenêtres et pilastres se superposent exactement d'étage en étage de la base jusqu'au sommet, et ce motif de fenêtres superposées se terminant au niveau du toit par une lucarne crée une série de lignes ascendantes continues, qui contre-balancent fort heureusement les lignes horizontales des bandeaux moulurés et de la corniche.

Cette ordonnance à pilastres est évidemment d'origine italienne et on peut voir là une première ébauche de l'emploi des ordres antiques à la décoration des façades, en usage depuis près d'un siècle dans la péninsule. Cependant nos artistes en usaient encore avec une singulière indépendance ; sans parler de l'espacement irrégulier de ces pilastres, qui est l'antithèse de l'esprit classique, le double corps de moulures qui sépare les étages ne rappelle que de fort loin les stylobates et les entablements de l'architecture gréco-romaine ; il faut plutôt y voir un souvenir de ces larmiers et de ces cordons de moulures gothiques que nous avons vus se profiler à la même place sur la façade intérieure de l'aile de Louis XII ou sur la galerie de Charles d'Orléans. En tout cas, ce décor de pilastres, qui n'était d'ailleurs pas tout à fait une innovation, puisqu'on en avait déjà fait usage dans plusieurs parties de Gaillon terminées en 1509 et au château du Bury commencé en 1511, devait avoir une rare fortune et, avant même l'apparition du style classique, fut d'un emploi presque constant dans les édifices du temps de François Ier.

Cette ordonnance sans grand relief serait au reste assez monotone si l'architecte, se conformant absolument en cela à l'usage gothique, n'avait disposé ses fenêtres, et par suite ses pilastres, avec la plus grande fantaisie, sans symétrie, ni régularité aucune, en tenant compte uniquement des dispositions intérieures. Ainsi, dans la partie droite du monument, on voit au rez-de-chaussée une porte flanquée de chaque côté de trois fenêtres, correspondant à la grande salle qui occupait à l'origine toute cette partie de la construction ; au premier et au second étage on trouve au contraire deux fenêtres assez rapprochées à droite et une autre isolée à gauche : c'est qu'autrefois il y avait là, à chaque étage, deux pièces de dimensions inégales, la plus grande éclairée par les deux premières fenêtres et la plus petite par la troisième ; et il en est de même pour le reste de la construction. Mais, comme l'architecte n'était pas ici absolument libre de répartir à son gré les divisions intérieures, comme il était en partie lié par les bâtiments préexistants, la distribution des ouvertures présente encore plus d'imprévu que dans certains édifices antérieurs et déconcerte d'autant plus que le style plus moderne semblerait appeler une ordonnance plus régulière.

Si nous voulions continuer à rechercher dans tous les détails où s'arrête la part d'italianisme qui entre dans cette architecture, il faudrait encore noter que les fenêtres ne forment pas, comme c'était la règle en Italie, un motif isolé sur le nu du mur, mais que leur chambranle est directement encadré par les pilastres et les bandes de moulures de la façade. Enfin, toutes les fenêtres sont pourvues de meneaux. Celles du rez-de-chaussée n'ont qu'un meneau vertical mouluré, et, si l'on fait abstraction des pilastres qui les encadrent, leur aspect, malgré la différence des profils, est encore tout gothique. Les grandes croisées simples ou doubles qui divisent les fenêtres du premier et du second étage sont bien aussi dans la tradition du moyen âge; cependant le profil carré de leurs meneaux et leur décoration de panneaux et de ronds leur donnent une allure déjà plus moderne.

Toutefois, ici comme dans tous les monuments contemporains, c'est surtout dans le décor sculpté que se manifestent les tendances italianisantes de l'époque. Les chambranles des fenêtres du second étage sont ornés, dans la partie de la façade la plus proche de la Salle des États, de légères arabesques figurant des rinceaux ou des pentes d'armes et de fruits supportées par des masques de lion et des bucranes. Les pilastres voisins sont décorés également de panneaux d'arabesques, et toute cette délicate ornementation est d'une grâce et d'une légèreté charmantes, un peu menue toutefois pour la hauteur à laquelle elle est placée. Les fenêtres du premier étage étaient certainement destinées à recevoir le même décor, qui a été à peine ébauché sur un des pilastres. La partie gauche de la façade, de chaque côté du grand escalier, devait au contraire, comme nous l'avons déjà indiqué, rester beaucoup plus simple.

Mais ce que l'on trouve partout, ce qui vient animer toutes les parties de la construction, ce sont les nombreux chapiteaux de dessin varié, qui couronnent tous les pilastres. Nos ornemanistes ont mis dans ces modèles d'importation italienne, dérivés du chapiteau corinthien et depuis plus de dix ans déjà acclimatés chez nous, toute la verve et la libre fantaisie propre à leur tempérament. Ici les volutes qui s'enroulent sous les angles du tailloir sont renversées ou bien remplacées par des coquilles d'escargot, des cornes d'abondance ou d'amusantes têtes de monstres se terminant en rinceaux au centre de la corbeille ; là, c'est la corbeille qui est ornée d'un vase, d'un trophée d'armes, d'une figure d'enfant nu ou d'une fantaisiste petite tête ailée ; ailleurs une tête d'enfant ou un masque de lion remplacent le fleuron qui orne habituellement la concavité du tailloir. Quelquefois même les feuillages sans grand caractère qui garnissent le plus souvent les angles du chapiteau disparaissent et toute la face antérieure est occupée par de petits panneaux ornés de trophées d'armes, arcs, flèches, carquois, lances, casques, écus, traités en très bas relief et qu'on serait presque tenté, s'ils étaient isolés, d'attribuer à un décorateur du XVIIIe siècle.

Enfin, contrastant avec tout ce léger décor à l'italienne, l'emblème et le chiffre du roi, la salamandre et l'F couronné, se détachent sur le nu du mur au centre des grands panneaux ménagés entre les pilastres, dans l'intervalle des fenêtres. Malheureusement ces derniers motifs ont dû être entièrement refaits après les mutilations révolutionnaires.

Le faible relief de cette façade laisse en pleine valeur la magnifique corniche de forte saillie et très richement ornée qui la couronne. Ce célèbre morceau de décoration a également été refait à peu près complètement lors des restaurations de 1845 et de 1880 ; mais le dessin en est ancien et a été très fidèlement reproduit. Il comprend, de bas en haut, un rang de petites rosaces, une frise unie du côté gauche de la façade et sculptée de rinceaux dans la partie droite, une ligne d'entrelacs, une rangée de denticules, des modillons séparés par de petits caissons, une bande cannelée, un rang d'oves, une série d'arcatures abritant des coquilles, enfin une ligne de moulures portant les gargouilles à figures d'animaux chimériques; le tout est surmonté d'une riche balustrade ajourée formée des initiales couronnées du roi et de la reine, l'F de François Ier semé de fleurs de lys et le C de Claude enlacé dans une fine cordelière.

Comme on voit, cette somptueuse et brillante décoration est entièrement traitée dans le goût nouveau et tous ses éléments, sauf les chiffres royaux et les gargouilles, sont empruntés à la Renaissance italienne. C'est là, d'ailleurs, un morceau d'une belle tenue régulière, ne laissant aucune place aux fantaisies d'imagination chères aux artistes gothiques, et là aussi se révèle l'esprit de la Renaissance. Il n'y a pas lieu toutefois d'aller plus loin et d'évoquer ici, comme on l'a fait, le souvenir des corniches des grands palais florentins. Non seulement cette décoration très riche, très fouillée, très chargée de détails, est aussi éloignée que possible de la pureté de ligne et de la sobriété ornementale des corniches toscanes, mais par la présence, à sa partie supérieure, d'un passage découvert, d'une sorte de chemin de ronde ménagé à la base de la toiture, bordé extérieurement par une balustrade et muni de gargouilles très saillantes pour l'écoulement des eaux, cette corniche se rattache directement à l'architecture française du xve siècle. Le maître d'œuvre de François Ier n'a fait en somme que reprendre là un thème bien des fois employé dans les monuments gothiques, et à Blois même dans la façade extérieure de l'aile de Louis XII ; mais, en y introduisant l'ornementation nouvelle, en le traitant avec une richesse, une ampleur inconnues jusqu'alors, il en a tiré une œuvre bien personnelle et d'un effet décoratif tout à fait remarquable.

Ici comme à la façade extérieure de Louis XII, c'est sur l'étroit chemin de ronde ménagé au-dessus de la corniche que viennent s'ouvrir la série des lucarnes qui décorent la base de la toiture. Comme toutes les parties hautes de l'édifice, elles avaient été très mutilées et durent être entièrement refaites au siècle dernier. La sculpture en a souffert; les statuettes qui garnissent les niches, en particulier, sont de bien médiocres productions, mièvres et maniérées, du style troubadour. Mais quel charme, quelle légèreté, quelle grâce dans la composition, dans le dessin de ces lucarnes. La baie elle-même, avec ses larges meneaux, son encadrement d'arabesques, ses pilastres latéraux, rappelle les fenêtres des autres étages. Puis, au-dessus de cette base rectangulaire, occupant la place du grand gable des lucarnes gothiques, se dresse une gracieuse petite niche à coquille flanquée de colonnettes cannelées qui portent un fronton triangulaire; de légères volutes jouant le rôle d'arcs-boutants réunissent ce petit édicule à des pinacles en forme de candélabres, et, sur les angles du fronton, de petits enfants nus portent des guirlandes. On ne pouvait adapter avec plus d'aisance à un membre d'architecture inconnu au delà des Alpes les formules de l'art de la péninsule.

Il en était de même des grandes souches de cheminées en pierre et briques, dont les pilastres et les candélabres encadrent les initiales royales et les salamandres ; mais, en partie détruites par les intempéries, on manquait de documents pour les restaurer fidèlement, et leur couronnement en particulier est d'invention toute moderne.

Le grand escalier. — Nous avons décrit toute cette façade sans parler encore du grand escalier, qui en forme le motif principal et qui jadis en occupait le centre. C'est que ce célèbre ouvrage — et c'est là sans doute le plus grave reproche qu'on puisse lui adresser, — n'est uni par aucun lien intime aux autres parties de la construction. Certes, le faible relief du reste de la façade fait bien valoir les vigoureuses saillies de son architecture, et la grande corniche forme un lien commun entre les deux parties de l'édifice. Il n'en est pas moins vrai que l'escalier, qui, nous l'avons vu, fut ajouté après coup, est un morceau architectural bien indépendant, se suffisant à lui-même et qu'on imaginerait aussi bien décorant un monument d'une toute autre ordonnance. Mais, ces réserves faites, il nous faut reconnaître que ce grand motif d'architecture mérite sa réputation universelle et que nous sommes en présence d'une des œuvres les plus séduisantes, par la clarté du parti général comme par l'étincelante richesse du détail, de l'art de la première Renaissance.

Bien que les escaliers à rampes droites et parallèles aient fait leur première apparition en France vers la même époque, on a encore adopté ici le thème traditionnel de la vis de Saint-Gilles. La tour d'escalier, suivant la règle le plus souvent suivie en pareil cas, est de plan octogone, trois côtés étant compris à l'intérieur de la construction et les cinq autres en saillie sur la façade. Mais, tandis qu'il conservait aux côtés intérieurs la forme de parois pleines, l'architecte adopta pour les faces extérieures le parti le plus original. Il ajoura, en effet, presque complètement ces faces, faisant porter tout le poids de son escalier sur les piles d'angles, qu'il renforça dans ce but de contreforts rectangulaires très saillants. Ces contreforts sont réunis entre eux par trois étages de balcons à balustrade, qui montent en hélice autour de la construction en suivant le mouvement de l'escalier, et ils supportent une grande corniche, qui continue celle du bâtiment principal. Au-dessus de cette corniche, au niveau du toit, s'élève un dernier étage couvert en terrasse, également ajouré sur toutes ses faces extérieures, orné de triples pilastres à ses angles et couronné lui-même d'une haute corniche à balustrade.

La franchise de la conception architecturale est encore accusée par la juste répartition de la décoration, très riche de détails, très légère, très superficielle dans les parties basses, plus nette et plus saillante quand on atteint le haut de l'édifice. Le soubassement, les ouvertures du rez-de-chaussée, les parties inférieures des contreforts disparaissent sous un délicat réseau d'arabesques, qui les recouvrent entièrement, sans toutefois masquer les lignes de l'architecture. Quelques-uns de ces bas-reliefs, comme les têtes de femmes et les trophées qui ornent le soubassement des contreforts, ont été refaits sur des documents insuffisants et sont d'une exécution assez pauvre. Mais la plupart sont presque intacts et ont conservé toute leur saveur originelle. L'F fleurdelysé se terminant en de charmants rinceaux, le C engaîné de légers feuillages, la salamandre, les couronnes alternent avec les arabesques à l'italienne. Au-dessus des portes, des écussons sont supportés par des enfants nus, dont le corps se termine en larges rinceaux d'une rare élégance. Ailleurs, ce sont des candélabres, des oiseaux, des fruits, des armes, des ailes et des cartouches sur lesquels ont lit, en deux endroits différents, les initiales encore inexpliquées A, P. Les petites voûtes qui supportent les balcons sont ornées de caissons, et les moulures elles-mêmes sont presque partout revêtues de dessins courants dans le style nouveau.

Mais les plus beaux motifs de cette ornementation sont sans conteste les grands panneaux d'arabesques qui décorent la partie inférieure des contreforts : autour d'irréels candélabres finement ciselés et se terminant en torchères, les rinceaux d'une délicate végétation ornementale se déploient en courbes harmonieuses, se contournent en volutes, se parent de feuillages légers, s'épanouissent en fleurons, en cornes d'abondance et en figures d'enfants ; de grands oiseaux debout sur une patte picorent des grappes de fruits, des dauphins se mêlent au feuillage, des trophées d'armes sont suspendus aux fleurs, des *putti* soutiennent un cartouche ou portent des torches. Et tout cela est traité dans la pierre tendre, en très fin relief, avec une délicatesse de ciseau exquise ; et partout à l'inspiration générale empruntée aux marbriers italiens se mêlent une grâce plus libre, une fantaisie plus légère, qui sont bien françaises.

Au-dessus des panneaux d'arabesques, trois des contreforts — le quatrième est, on ne sait pourquoi, dépourvu d'ornementation — sont décorés de grandes niches abritant des statues. Le socle de deux de ces niches est orné d'un écusson porté par des *putti* ; le troisième est plus simple. Quant aux dais qui les surmontent, ce sont de véritables petits monuments avec deux étages de niches à coquilles, frises, pilastres, frontons, pinacles, arcs-boutants et, surmontant le tout, un petit édicule à colonnes. Ces belles niches ont pu être restaurées assez exactement, mais les statues de femmes qu'elles abritent, exécutées en 1847 par Seurre, sont d'invention toute moderne et assez malheureuse. L'artiste s'est inspiré d'œuvres bien postérieures à notre monument, et au maniérisme de la fin du XVIe siècle a joint celui de son temps ; d'une grâce mièvre et apprêtée, d'un sentimentalisme convenu, ces fades allégories peuvent être de curieux documents sur la façon dont on comprenait la Renaissance à la fin du règne de Louis-Philippe, elles n'ont rien de l'art des environs de l'année 1520. Il est d'ailleurs bien probable que les statues qui devaient à l'origine décorer ces niches n'avaient jamais été exécutées ; elles ne figurent pas, en tout cas, sur les représentations les plus anciennes du monument. Coupés au-dessus des niches par une double saillie moulurée, les contreforts se terminent, comme des pilastres, par des chapitaux à figures de chimères, de lions et de dauphins.

Les balustrades des balcons sont de dessin différent suivant les étages : celle du rez-de-chaussée est formée de pilastres et de fuseaux de feuillage ; aux autres étages les F fleurdelysés et couronnés alternent avec les salamandres. Une gargouille à forme d'animal chimérique occupe l'angle inférieur de chaque balcon. Nous ne pourrions garantir que ce soit là une restitution fidèle des balustrades primitives détruites à la fin du XVIIIe siècle ou au début du XIXe ; il est plus vraisemblable que chacune d'elles comportait seulement trois salamandres, comme le montrent les dessins de Du Cerceau et de Blondel ; mais quels qu'aient été les motifs employés jadis, l'effet d'ensemble de ces appuis sculptés et ajourés, qui donnent à la construction tant de richesse et de légèreté, devait être celui-là. Notons que les balcons n'existent que sur les trois côtés antérieurs de l'escalier ; ils avaient pourtant été prévus sur les faces latérales, où leurs amorces sont encore visibles, mais la difficulté du raccord avec la façade du bâtiment principal dut faire abandonner ce premier projet, et des F et des salamandres vinrent décorer les espaces qu'ils devaient primitivement occuper.

La première corniche, qui continue celle de la façade, a le même dessin, un peu diminué toutefois et réduit à ses éléments principaux : les modillons, les oves, les coquilles, les gargouilles et la balustrade. La corniche supérieure n'est pas moins riche : à sa base règne une frise composée d'une suite de panneaux rectangulaires ornés de l'F et de la salamandre de François Ier, du C enlacé d'une cordelière et de l'hermine de Claude de France et de motifs ornementaux ; puis, entre deux rangées de moulures ornées de dessins courants variés, de hauts denticules sont séparés par de petites coquilles ; les angles en ressaut sont munis de gargouilles ; le tout est surmonté d'une balustrade à pilastres fuselés avec une salamandre à chaque angle. On accède à la terrasse qui couvre l'édifice par une lucarne ornée de l'initiale du roi et surmontée d'un fronton circulaire. Tout cet étage supérieur, du plus bel effet décoratif, a été entièrement restauré ; toutefois cette restitution, sauf peut-être en ce qui concerne la balustrade, nous paraît absolument fidèle.

Mais, plus encore que toute cette riante décoration, qui enrichit et égaye l'architecture et lui donne un air de fête et de splendeur vraiment royale, c'est l'ampleur de la conception, le parfait équilibre de la composition, la solidité du parti constructif, l'heureux agencement des contreforts et des balcons accusant si clairement au dehors le mouvement ascendant de l'escalier, la magnificence du couronnement avec ses deux terrasses superposées, la juste répartition des masses d'ombres et des surfaces éclairées, les jeux de la lumière sur les multiples ressauts des faces diversement orientées, qui donnent tant de séduction et tant d'éclat à ce brillant morceau d'architecture. Trop brillant peut-être, car on serait tenté de lui reprocher son exclusive recherche de l'effet, l'abandon de cette simplicité, de ce sens pratique qui faisaient le charme des constructions de Louis XII. Mais pouvait-on imaginer un cadre plus magnifique au luxe grandissant de la cour et au déploiement de plus en plus fastueux des pompes royales ?

AILE DE FRANÇOIS Ier

Cl. Fréd. Lesueur

Cheminée au premier étage

C'est dans le même esprit qu'a été conçu l'arrangement intérieur, plus directement inspiré toutefois des traditions gothiques. Dans le grand escalier de l'aile de Louis XII, notamment, nous avons déjà signalé la plupart des dispositions que nous retrouvons ici : c'est d'abord l'idée générale de la vis de Saint-Gilles agrandie dans les plus magnifiques proportions; c'est l'agencement du large noyau central, avec sa main courante et sa moulure supérieure, qui s'enroulent en suivant le mouvement de l'escalier, et, entre les deux, la série d'étroits panneaux séparés par de fines colonnettes ; c'est la présence dans chaque angle d'une colonne engagée supportant la corniche extérieure ; c'est le tracé de la voûte terminale avec ses huits nervures rayonnantes partant du noyau central et retombant sur les colonnes d'angle.

Mais quelle différence, non seulement dans le luxe de la décoration rajeunie selon le goût nouveau, mais aussi dans l'harmonie des lignes, dans l'allure générale de la composition! Au lieu de laisser apparente la face inférieure des marches, l'architecte a imaginé une voûte rampante à nervures rayonnantes coupées par deux nervures longitudinales qui suivent le mouvement circulaire de l'escalier. Ces nervures ascendantes sont accompagnées dans leur évolution par les deux corniches qui bordent le berceau, ainsi que par la belle main-courante largement dessinée et doublée elle-même d'un autre rang de moulures formant soubassement, et toutes ces courbes parallèles décrivent autour du noyau central un large mouvement de torsion, d'une magnifique ampleur, que l'on a comparé, non sans justesse, aux enroulements si décoratifs de quelque gigantesque coquillage. Les marches elles-mêmes n'ont pas un tracé rectiligne, mais décrivent une courbe sinueuse, souple et harmonieuse. Les balcons forment des dégagements latéraux et leurs larges ouvertures ménagent sur la cour de charmantes échappées. Seule la voûte terminale, quoique très fine et très élégante avec ses nervures rayonnantes en plein cintre et sa double nervure circulaire, n'atteint peut-être pas la puissance et l'ampleur de celle de l'escalier de Louis XII.

Enfin, là encore, une ornementation délicate et variée vient ajouter son charme léger à la grâce de l'ordonnance architecturale. Les panneaux du noyau central, nus dans l'escalier de Louis XII, sont ici sculptés d'arabesques, comme dans le grand escalier de Châteaudun, et ornés d'une coquille à leur partie supérieure. Ces arabesques, à vrai dire, n'ont été exécutées qu'au XIXe siècle — assez habilement d'ailleurs — par l'atelier de Duban, mais un panneau anciennement ébauché montre qu'elles faisaient partie du projet primitif. Les chapiteaux des colonnes d'angle sont de valeur inégale : quelques-uns sont assez pauvres d'imagination ; d'autres, ornés de rinceaux, de chimères, de masques de lions, d'oiseaux portant une guirlande, d'un faune tenant un violon et son archet, sont de petits chefs-d'œuvre d'esprit et de grâce. Aux intersections des nervures, des clefs rondes, en forme de médaillons, sont ornées des initiales du roi et de la reine, de la salamandre de François Ier, de l'hermine et du cygne percé d'une flèche, emblèmes de Claude de France, de l'écu de France et d'un bouquet de trois fleurs de lys naturelles noué d'une cordelière, flanqué de deux ailes et entouré d'une couronne. Tous ces motifs sculptés en très faible relief avaient été systématiquement grattés pendant la Révolution, mais assez légèrement pour qu'on en ait pu retrouver le dessin ; quant aux encadrements circulaires d'une si charmante variété d'imagination qui, sur ces soixante-quatre petites clefs de voûtes, accompagnaient les emblèmes royaux, ils avaient été épargnés et ont pu être fidèlement reproduits. Il ne faut pas omettre de signaler la délicate petite frise qui occupe la base de la balustrade terminale et où, autour d'une fleur de lys centrale, se groupent des *putti* portant des écussons aux armes royales et se terminant en de gracieux rinceaux de feuillage.

Enfin les beaux motifs qui forment le couronnement des portes simples ou doubles qui, à chaque étage, donnent accès dans les appartements, méritent de retenir plus particulièrement l'attention. Le dessus-de-porte du rez-de-chaussée, avec ses légers enroulements de feuillage dans lesquels jouent des oiseaux, est charmant dans sa simplicité. Celui de la double porte du premier étage est toutefois plus complet : un double fronton cintré aux moulures richement ornées encadre des salamandres malheureusement restaurées ; au-dessus, le nu du mur est orné de superbes rinceaux, d'un dessin souple et délicat, se terminant à gauche par une figure d'enfant nu et à droite par un curieux corps de femme longue et musclée, portant sur sa tête une sorte de torchère, s'appuyant d'une main sur un écu orné d'un masque et tenant de l'autre un cartouche au bout d'une longue hampe. Nulle part n'apparaît mieux cette verve, ce sens du pittoresque, avec lesquels nos ornemanistes interprétaient dans un sentiment si personnel ces motifs italianisants, qui leur fournissaient la grâce de leurs légères arabesques.

D'ailleurs, la part du génie national est grande dans l'ensemble de cette création. Sans remonter jusqu'au grand escalier du Louvre de Charles V et aux innombrables escaliers hors œuvre du moyen âge, c'est, nous l'avons vu, de l'escalier de l'aile de Louis XII, de celui de Châteaudun, de celui du cloître de la cathédrale de Tours, et de bien d'autres modèles français, que procède plus ou moins directement le grand escalier de Blois. Point n'est besoin de faire intervenir ici les très rares escaliers à vis élevés en Italie, comme celui que vers la même époque Bramante construisait au Belvédère et qui n'a vraiment aucun rapport avec le nôtre. Si l'influence étrangère se fait sentir ici, — l'ornementation mise à part, bien entendu, — c'est dans la suppression de la toiture et la terminaison en terrasse. Mais quel est donc l'architecte italien qui aurait fait saillir une telle masse au milieu de sa façade ?

L'escalier de François Ier, malgré sa décoration nouvelle et malgré tel ou tel caractère accessoire, est un des derniers représentants de la grande lignée des escaliers gothiques, mais c'est surtout une œuvre puissamment originale. Quelles que soient les dispositions de détail empruntées à tel ou tel monument secondaire, jamais elles n'avaient été ordonnées avec tant d'art et avec une pareille ampleur. Cet air de fête, ce caractère de magnificence, que nous vantions tout à l'heure, ne sont pas plus italiens que gothiques ; ils sont le résultat de l'évolution des mœurs, du goût croissant du luxe, des habitudes plus fastueuses de la cour nouvelle. Quant à l'élégance de la composition, à la parfaite harmonie des lignes, à l'heureux accord de la décoration et de l'architecture, le maître inconnu à qui l'on doit ce chef-d'œuvre ne les a empruntés ni aux palais italiens, ni aux monuments français du moyen âge, ils sont bien le fruit de son propre génie.

La façade des loges. — Ce caractère d'originalité se retrouve plus accentué encore dans la face extérieure de l'édifice. Lorsqu'on éleva celle-ci en dehors des murs de ville, au sommet des pentes escarpées qui dévalaient vers le ravin de l'Arrou, il ne s'agissait plus de doter cette partie du château d'une nouvelle enceinte fortifiée dans le goût du siècle précédent, mais au contraire de masquer l'ancien rempart, que l'on conservait, nous l'avons vu, à quelques mètres en arrière, par une brillante façade largement ajourée, permettant au regard de s'étendre sur la campagne environnante et sur les jardins qui étageaient leurs terrasses vers l'Ouest, à peu de distance. Toutefois, malgré l'absence de tout appareil militaire même simulé, il importait que les larges ouvertures de la nouvelle façade, qui s'ouvraient directement sur la campagne, fussent suffisamment inaccessibles pour être à l'abri du coup de main d'une bande de partisans ou de simples malfaiteurs.

L'architecte réalisa à merveille ce double programme. Sur les talus, aujourd'hui régularisés et très adoucis par les remblais de la place et la création des rampes d'accès modernes, un puissant soubassement de pierre dure incliné en glacis s'élève, du côté gauche de la façade, jusqu'aux fenêtres des appartements de l'étage inférieur, et, dans la partie droite où le sol est plus élevé, jusqu'au niveau du premier étage. Au-dessus s'alignent, d'un bout à l'autre de la construction, deux étages de grandes loges, au fond desquelles s'ouvrent les fenêtres des appartements et d'où l'on pouvait jouir à loisir de la vue sur les jardins et la campagne. Enfin, l'édifice se termine par un long promenoir ouvert, l'attique, dont les colonnes supportent directement le bord de la toiture et d'où l'on découvre un panorama encore plus étendu. La façade, qui à gauche est visiblement inachevée, se termine à droite par la vieille tour de Châteaurenault rajeunie au goût de l'époque et enveloppée de deux étages de galeries.

Quelles que soient la clarté et l'ampleur de l'ensemble, quel qu'ait été l'effort accompli pour donner à cette ordonnance un caractère vraiment monumental, on ne s'est pas départi, dans le détail, de cette irrégularité, de cette asymétrie, que ne suffisent pas à expliquer les nombreux tâtonnements et les reprises successives que nous avons signalés. Les baies, de dimensions différentes, sont inégalement espacées ; çà et là et sans ordre apparent, un balcon ou une échauguette fait saillie en avant de la façade, des niches se creusent, des loges s'aveuglent ou sont remplacées par de simples fenêtres, une grande lucarne coupe la galerie supérieure, maints détails enfin viennent rompre l'apparente uniformité de l'architecture.

L'étage inférieur comporte quatre fenêtres et deux échauguettes, toutes situées, comme nous l'avons dit, dans la partie gauche de l'édifice. Les fenêtres à plein cintre sont divisées par un meneau vertical coupé d'une traverse et séparant deux ouvertures également cintrées. Les pittoresques échauguettes à cinq pans, qui alternent avec ces fenêtres, constituent un des motifs les plus séduisants de cette façade. Leurs trois faces principales sont percées de longues et étroites ouvertures cintrées, qu'accompagnent des pilastres ornés de trophées d'armes de facture toute italienne. Quant aux bas-reliefs sculptés au-dessous de ces ouvertures et qui représentent les travaux d'Hercule, — Hercule contemplant Antée mort, Hercule étouffant Antée, Cacus volant les bœufs d'Hercule, Hercule luttant avec le taureau de Crète, Hercule étouffant Géryon, Hercule et l'hydre de Lerne, — ce ne sont pas seulement des motifs mythologiques d'inspiration italo-antique, mais, nous l'avons vu plus haut, des copies très fidèles de plaquettes du médailleur italien Moderno. Pilastres et bas-reliefs ont, il est vrai, été entièrement refaits lors de la restauration, mais nous possédons encore quelques-uns des originaux et des moulages qui nous garantissent l'exactitude de la restitution. Ces échauguettes sont supportées par un encorbellement savamment mouluré, reposant sur des figures en culs-de-lampe encore toutes imprégnées des traditions gothiques ; un enfant demi-nu, entre autres, qui souffle dans un coquillage marin comme dans une trompe, en a toute la verve et la fantaisie, et un adolescent vêtu d'une longue tunique, qui lui fait face, a la grâce souriante et ingénue des angelots des grandes lucarnes de l'aile Louis XII.

Cependant, quel que soit l'agrément de ces détails, c'est la double série de loges qui donne au monument toute son originalité et sa magnificence. Ces loges à parois incurvées, à voûte en anse de panier, sont ménagées dans l'épaisseur même du mur de façade, au devant des fenêtres à croisée qui sont reportées à l'aplomb du parement intérieur. Une loge, toutefois, vers le milieu de chaque étage, est dépourvue de fenêtre et ornée en son fond par une grande salamandre ; on y accède de la loge voisine par une petite porte, que surmonte, au premier étage, un fronton décoré d'une curieuse tête de personnage malheureusement restaurée et des initiales royales. Enfin, la dernière fenêtre à droite de la façade n'est pas précédée d'une loge et s'ouvre à l'aplomb extérieur du mur, d'ailleurs beaucoup plus mince en cet endroit.

Au dehors, chaque loge est flanquée de deux pilastres; cependant, lorsque l'espace compris entre deux ouvertures est trop étroit, un seul pilastre sépare les deux loges voisines ; dans le cas contraire, les deux pilastres sont séparés par une petite arcature ornée d'une coquille. Dans la partie droite de la façade, deux de ces arcatures se creusent en niches profondes, qui occupent toute la hauteur de la construction.

Enfin, quatre loges du premier étage sont précédées de balcons à cinq pans. Deux d'entre eux surmontent les échauguettes de l'étage inférieur. Les deux autres sont supportés par un encorbellement mouluré avec culs-de-lampe à personnages d'inspiration gothique, analogues à ceux que nous avons signalés à la base des échauguettes. Un de ces derniers balcons, par une fantaisie charmante, porte l'abside d'un petit oratoire, éclairée de trois fenêtres à fins meneaux et couverte d'un petit dôme d'ardoise avec gargouilles d'angle.

Toute cette partie a reçu une décoration très soignée. Les délicats bas-reliefs qui ornaient les appuis des loges avaient malheureusement disparu pendant la Révolution; mais Duban, ayant eu l'heureuse idée d'imbiber d'eau les vieilles pierres, put faire reparaître l'ancien dessin assez nettement pour pouvoir le calquer et en faire exécuter des reproductions à peu près fidèles. Les initiales et les emblèmes du roi et de la reine y sont curieusement mêlés. L'F de François Ier accompagné des ailes ou de la cordelière, le C de Claude de France, la salamandre entourée de flammes, le cygne percé d'une flèche avec les lettres C L — premières lettres de Claude — entrelacées, l'écu de France se détachant sur un fond semé de mouchetures d'hermine, les ailes couronnées, de gracieux motifs formés d'un bouquet de lys naturels avec une couronne, une cordelière et des ailes, ou d'une grande moucheture d'hermine accompagnée de la couronne, de la cordelière et d'un semis de fleurs de lys, forment les éléments principaux de cette décoration.

Les pilastres devaient être revêtus d'arabesques, qui ne reçurent un commencement d'exécution qu'au premier étage du côté droit de la façade. La fantaisie des enfants, des faunes, des oiseaux et des dauphins, qui se jouent parmi les masques, les coquilles, les cartouches et les candélabres, nous font regretter que cette partie de la décoration soit restée à l'état d'ébauche.

Quant aux chapiteaux de ces pilastres, ornés de sirènes, de serpents, de mufles de lions, de têtes de bélier, d'oiseaux, de dauphins avalant des coquilles, de monstres imaginaires, d'enfants nus, de faunes, de masques ailés, de bucrânes, de cornes d'abondance, de coupes ou de corbeilles de fruits, d'écussons, de feuillages, ce sont de charmants chefs-d'œuvre qui, par la richesse de l'imagination, l'harmonie de la composition et la perfection du travail, mériteraient d'être classés parmi les types les plus accomplis des chapiteaux de la Renaissance; malheureusement ils se trouvent à une hauteur telle qu'on peut à peine les apercevoir. Prodigues de leur talent et souvent insoucieux de le mettre en valeur, les ornemanistes de François Ier n'hésitaient pas à dépenser ainsi toute la richesse de leur art en des œuvres, qui certes concouraient au luxe de l'ensemble, mais dont il était à peu près impossible d'apprécier la légère et délicate fantaisie après l'enlèvement des échafaudages.

Les loges devaient être ornées intérieurement de peintures. Malheureusement une seule d'entre elles, au second étage, a

AILE DE FRANÇOIS Ier

Cl. Fred. Lesueur

Manteau d'une cheminée au premier étage

conservé son ancien décor, encore ne date-t-il que de la seconde moitié du XVIe siècle. Elle est revêtue, dans sa partie inférieure, de panneaux de boiserie ornés de médaillons renfermant des figures allégoriques peintes en grisaille. Les peintures de la voûte simulent, dans les mêmes tons gris et jaune neutre, trois œils-de-bœuf ouverts sur le ciel et entourés de *putti* et de génies portant des couronnes et des palmes. Il est bien regrettable que les restaurateurs modernes ne s'en soient pas tenus à ces tonalités discrètes, qui s'harmonisent infiniment mieux avec la teinte de la pierre que les rouges, les verts et les ors dont toutes les autres loges furent assez grossièrement enluminées.

Au-dessus du second étage des loges règne une corniche à coquilles accompagnée d'une rangée de gargouilles à figures d'animaux chimériques. Devenues inutiles depuis la construction de l'attique, celles-ci ont été fort heureusement conservées, et, bien qu'elles aient été restaurées dans un style plus voisin de l'art du XIIIe siècle que de celui de la Renaissance, leur long alignement produit l'effet le plus pittoresque. Toutefois la corniche, moins chargée que celle de la cour, serait peut-être un peu grêle si elle n'était surmontée de la galerie de l'attique, qui termine la façade d'une façon si légère et si imprévue.

Cette galerie, établie sur le sommet de l'épais mur de façade, est bordée extérieurement par une balustrade et une rangée de colonnes, sur lesquelles s'appuie le bord de la toiture. Ces colonnes à chapiteaux ornés de volutes très simples surmontent exactement les pilastres des étages inférieurs ; elles sont donc inégalement espacées, uniques ou groupées par deux suivant que les pilastres des autres étages sont eux-mêmes isolés ou accouplés. Les fenêtres qui s'ouvrent sur cette galerie sont, du moins dans la partie gauche, les restes des anciennes lucarnes ; elles sont encadrées de pilastres à chapiteaux sculptés sans grande finesse supportant une corniche à denticules. Du côté droit, elles sont, au contraire, flanquées de consoles, avec un entablement à frise sculptée.

L'attique est coupé vers son milieu par une grande lucarne à double étage de fenêtres, ne se raccordant pas avec l'ordonnance des étages inférieurs et n'ayant d'autre utilité que de porter au sommet de la construction la salamandre royale, qui orne le fronton agrémenté de volutes et de pinacles, et surtout de rompre la régularité relative de cette colonnade, dont les longues lignes horizontales devaient paraître un peu monotones aux Français de cette époque. Ce goût traditionnel du pittoresque et de la fantaisie est encore plus marqué dans la distribution des cheminées, d'ailleurs entièrement refaites de nos jours, mais qui ont conservé leur emplacement irrégulier et sans aucun lien avec le reste de l'ordonnance. Il est manifeste enfin dans le très gracieux et original arrangement de la tour de Châteaurenault.

La vieille tour, que l'architecte eut l'heureuse idée de conserver à l'extrême droite de sa façade, fut revêtue de deux étages d'élégantes galeries, correspondant aux deux étages des loges. Elles furent malheureusement en partie détruites lors des constructions de Gaston d'Orléans. A l'origine elles comprenaient, de chaque côté, deux parties circulaires percées de deux arcades à chaque étage et, au milieu, un avant-corps à cinq pans, dont trois étaient également ajourés d'arcades ; cet avant-corps et la partie circulaire joignant la grande façade subsistent seuls aujourd'hui.

Les arcades sont séparées, non par des pilastres, mais par des colonnes engagées à chapiteaux ornés de volutes ou de chimères. Les bas-reliefs qui décorent les appuis du premier étage de la galerie continuent la série des emblèmes royaux de l'étage correspondant des loges ; de même, la corniche à coquilles, gargouilles et balustrade prolonge celle de la grande façade ; et, bien que le dessin des arcades, par leur tracé en plein cintre, par leur décor de caissons, par l'ornementation géométrique très sobre de leurs pieds-droits, par les simples motifs de feuillage qui garnissent les écoinçons, ait déjà quelque chose d'à demi-classique, l'ensemble garde toute la légère fantaisie et la grâce imprévue de l'art de l'époque.

A l'intérieur de ces galeries, le contraste est bien plus marqué encore ; les réminiscences purement gothiques se juxtaposent aux innovations italiennes. Au premier étage, le plafond est orné de caissons encadrant des emblèmes royaux — cygne percé d'une flèche, ailes et lys naturels, C couronné, mouchetures d'hermine et cordelière — sculptés en bas-reliefs. Mais la porte qui donne accès dans la galerie est surmontée d'une accolade à fleuron et crochets de feuillage qui pourrait dater du xve siècle ; et, si un petit enfant porteur de torche, qui agrémente un des angles de ce motif traditionnel, est évidemment un emprunt italien, il est lui-même interprété dans un esprit encore tout à fait gothique. Il en est de même d'un *putto* tenant un écusson qui décore un cul-de-lampe, et surtout des enfants ailés et porteurs de flèches qui accompagnent, au-dessus des portes de l'avant-corps, un motif italianisant à coquille et bouquet de lys naturels, bambins sans grâce et médiocrement dessinés, mais pleins de verve et à l'un desquels l'ornemaniste français n'a pas hésité à donner l'attitude plus que familière d'un petit *mannekenpis*.

Au deuxième étage, l'aménagement intérieur de la galerie est presque entièrement gothique et donne lieu à de gracieuses combinaisons. Il y a partout des voûtes d'ogives à liernes et la partie comprise à l'intérieur de l'avant-corps a l'aspect de l'abside d'un petit oratoire, avec une grande clef pendante, décorée d'un médaillon encadrant une salamandre. Les nervures à profil prismatique, les chapiteaux très bas à guirlande de feuillage, les culs-de-lampe ornés de petits personnages, d'animaux fantastiques et d'un amusant petit chat faisant sa toilette assis sur un soufflet, le gable de la porte à fleuron et crochets de feuillage, encadrant une des rares salamandres échappées aux destructions révolutionnaires, sont conçus, à peu de chose près, dans le goût du siècle précédent, et ce petit morceau d'architecture gothique forme un assez singulier contraste avec les arcades à caissons qui lui donnent jour.

Au-dessus de ces galeries, qui se terminent en terrasse, s'élèvent les deux derniers étages de la tour, de plan assez irrégulier par suite de l'adjonction, à gauche, d'un massif rectangulaire pour le passage des corps de cheminée et, à droite, d'une tourelle d'escalier. La décoration de cette partie est également toute gothique : un larmier sépare les deux étages; les fenêtres à croisée sont encadrées de moulures prismatiques. Bien plus, les planches de Du Cerceau nous montrent que la tour avait reçu primitivement un somptueux couronnement de style flamboyant avec force clochetons, pinacles et arcs-boutants découpés entourant une lanterne centrale très ajourée ; tout ce brillant, mais fragile décor a été remplacé au xviie siècle par un simple toit conique et un clocheton de charpente, qui ont été restaurés de nos jours, sans grande exactitude, ainsi que la balustrade et deux souches de cheminées, seuls vestiges, entièrement refaits d'ailleurs, de l'ancien état de choses.

La part de l'art gothique dans la construction de cette façade n'est donc pas négligeable; ses formules sont appliquées en plusieurs endroits et son esprit se fait encore sentir dans toutes ses parties. Cette part, toutefois, n'est plus prépondérante ; non seulement l'ornement italo-antique tient définitivement ici la première place et a presque partout supplanté les anciennes formes décoratives, mais l'ordonnance elle-même n'est pas exempte de toute influence étrangère. Le principe de l'attique notamment, la colonnade supportant directement la charpente de la toiture, est certainement une idée italienne, et on a même pu, avec un peu de complaisance, trouver dans la disposition générale de la façade, avec sa double file d'arcades séparées par des pilastres et sa rangée de colonnes sous le comble, quelque analogie avec certaines ordonnances italiennes où plusieurs étages de galeries à arcades sont surmontés d'une colonnade pareillement disposée.

Il ne faudrait pas cependant exagérer la portée de ces constatations, et on peut être surpris à bon droit qu'on ait évoqué à ce propos le souvenir de Bramante et des loges du Vatican. D'abord les galeries des palais italiens, au Vatican ou ailleurs, s'ouvrent presque toujours sur des cours intérieures et non directement sur la campagne; elles s'ouvrent par suite au niveau du sol et non au-dessus d'un haut talus de maçonnerie. D'autre part, et ceci est capital, il ne s'agit pas ici comme en Italie d'une série d'arcades s'ouvrant sur une galerie continue, mais, ce qui est tout différent, d'une suite de loges distinctes ménagées dans l'épaisseur du mur, disposition inconnue au delà des Alpes. L'attique lui-même, malgré ses apparences, n'est pas une galerie à la mode italienne comprise à l'intérieur de la construction, mais un simple passage, une sorte de chemin de ronde établi suivant l'usage gothique sur le sommet du mur de façade, passage qui était d'ailleurs primitivement découvert et ne reçut qu'après coup son arrangement à l'italienne. Et puis ce n'est pas tant tel ou tel de ces détails, ni l'absence d'entablements corrects, ni le tracé des arcs en anse de panier qui diffèrent essentiellement de ce qu'on faisait alors en Italie; c'est l'esprit général de la construction, c'est le faible souci de la régularité, les nombreux accidents qui rompent l'uniformité des lignes architecturales, la recherche des effets imprévus et pittoresques dont nos artistes n'avaient encore pu se départir.

Au reste, il serait assez vain de poursuivre plus loin la

recherche d'incertaines influences. Ici, en effet, comme pour le grand escalier, plus encore que pour le grand escalier, tout ce qui fait la splendeur de la construction, l'ampleur de la conception, la hardiesse du parti architectural, nous n'en sommes redevables ni à l'art gothique, ni à la Renaissance italienne, mais à l'invention des artistes qui, ayant à satisfaire des besoins nouveaux, à réaliser un programme nouveau, ont créé, après maints tâtonnements, une ordonnance toute nouvelle et absolument originale. Il importe assez peu que l'attique soit d'inspiration italienne, que le principe des loges ait déjà été employé isolément dans l'aile de Louis XII, que la décoration ne se distingue pas essentiellement de ce qui se faisait dans les ateliers franco-italiens de l'époque; mais ce qui était inconnu jusqu'alors et qui, au demeurant, ne devait guère être imité depuis, c'est la magnificence de ce triple étage de loges et de galeries dominant du haut de cette grande façade la campagne et les jardins, c'est le luxe de cette architecture, toujours très vivante et pittoresque par ses détails, mais déjà dans son ensemble pleine de noblesse et de grandeur, qui, sans rien perdre encore de la grâce souriante des monuments de l'époque précédente, atteste par la fierté de son ordonnance tout l'éclat de la majesté royale.

Les modifications du site environnant, du cadre dans lequel se dresse cette partie de l'édifice, lui ont malheureusement fait perdre un peu de son caractère. Dès le XVIIe siècle, les Jésuites construisaient, sans grand dommage d'ailleurs, au devant de cette façade, leur église et leur collège, — aujourd'hui l'église Saint-Vincent-de-Paul et le Bureau de bienfaisance. Vers le même temps, Gaston d'Orléans élevait immédiatement à droite de l'aile de François Ier un des vastes pavillons de son nouveau palais, dont nous sommes loin de méconnaître l'ample et majestueuse beauté, mais qui écrase de sa masse la fine élégance des architectures du XVIe siècle, que ce prince avait d'ailleurs l'intention de faire disparaître. Depuis cette époque, le nivellement de la place, la création devant le château d'un square sans caractère et si maladroitement dessiné qu'on ne peut plus en aucun point découvrir de face l'ensemble du monument, la construction, à gauche, d'immeubles de rapport et, vers la droite, d'une grande maison d'école moderne, ont banalisé ce site célèbre, non sans nuire un peu à l'effet de l'édifice qui en forme le motif principal. Pour lui restituer son aspect primitif, il faut l'imaginer, comme le représente la gravure de Silvestre, dominant le terrain accidenté parcouru par l'Arrou, entre les vieux murs de ville et les dernières terrasses des jardins, ou mieux tel qu'il apparaissait de ces terrasses elles-mêmes, aperçu un peu obliquement — comme on le voit encore de l'Éperon ou du pavillon d'Anne de Bretagne —, immense et fastueux motif d'architecture se dressant au-dessus des parterres et des berceaux des jardins royaux.

Dispositions intérieures. — A l'intérieur, l'aile de François Ier est loin d'être aussi habilement aménagée, aussi bien pourvue de dégagements vastes et commodes que les constructions de Louis XII. N'oublions pas que nous sommes en présence d'un bâtiment dont le gros œuvre date, au moins en partie, du moyen âge et dont on a bien été forcé de garder les dispositions principales. Toutefois, le doublement de ce bâtiment du côté de la place allait permettre de disposer, parallèlement aux vastes salles anciennes desservies maintenant par le grand escalier et consacrées plus spécialement à la vie de cour, une série de pièces plus petites et mieux éclairées, où devait s'abriter la vie privée du souverain.

Les appartements royaux occupaient seulement le premier et le second étage. Le rez-de-chaussée, complètement isolé et destiné sans doute à différents services, était fort simplement décoré. Une seule des grandes salles s'éclairant sur la cour a conservé sa cheminée ancienne, de vastes proportions, mais ornée seulement de quelques moulures. Dans cette salle et dans celles qui lui font suite ont été réunis de nombreux fragments de sculpture provenant pour la plupart de la restauration du château et qui, s'ils étaient classés méthodiquement, pourraient constituer les éléments d'un très intéressant musée lapidaire. Du côté de la place, les pièces les plus voisines de la tour de Châteaurenault, dépourvues de toute ouverture, sont actuellement inaccessibles et entièrement remplies de décombres.

Cet étage présente de nombreux vestiges de la construction du moyen âge. On y retrouve les salles rondes des tours qui autrefois flanquaient en cet endroit le mur d'enceinte. Celle de la tour de Châteaurenault est la mieux conservée : couverte d'une voûte d'ogives à quatre branches et à clef circulaire ajourée d'un orifice communiquant avec l'étage supérieur, elle ne reçoit le jour que d'étroites ouvertures situées très haut et en partie obstruées aujourd'hui par les galeries extérieures ; on n'y accédait primitivement que par un passage coudé pratiqué dans l'épaisseur de la courtine. Dans un réduit communiquant avec cette salle et ménagé dans la paroi de la tour s'ouvre une fosse profonde de huit mètres, assez large à sa base, mais se rétrécissant par une suite d'arcs de décharge jusqu'à son orifice supérieur, qui en forme la seule entrée. Ces dispositions, à vrai dire assez étranges, n'ont pas manqué d'exercer l'imagination des historiens du château : les uns ont voulu voir là des oubliettes, un cachot souterrain particulièrement redoutable ; pour les autres, cette fosse était simplement destinée à recevoir les débris des cuisines, et, s'il n'est pas certain qu'elle fut établie dans ce but, les fouilles qu'on y a pratiquées ont démontré que telle fut du moins sa dernière utilisation.

La salle de la tour médiane montre encore les vestiges de trois anciennes archères, mais la cheminée très simple, la fenêtre et la voûte datent du temps de François Ier. Celle-ci est une coupole surbaissée supportée par six nervures reposant sur des culs-de-lampe sculptés. Il est curieux de noter qu'un de ces culs-de-lampe, à la manière gothique, est l'interprétation fidèle d'une des plaquettes de Moderno, — Hercule et le lion de Némée, — dont le sujet n'avait pu trouver place dans les bas-reliefs de la façade. La clef de voûte circulaire renferme une salamandre épargnée par les mutilations de 1793. On trouve encore à cet étage plusieurs portes à linteaux de pierre dure et un escalier droit ménagé dans l'épaisseur du mur d'enceinte en arrière de la tour médiane, qui datent également du moyen âge.

Le premier et le second étage étaient bien plus luxueusement ornés. De très belles cheminées et des encadrements de porte sculptés sont restés en place ; des boiseries, dont une salle est encore entièrement garnie, et quelques-unes de ces tapisseries, dont les inventaires nous laissent entrevoir le nombre et la richesse, devaient compléter cette décoration. Par malheur, Duban, qui ne pouvait reconstituer dans sa restauration ce somptueux ensemble, a cru devoir y suppléer par des peintures et des dorures sur plâtre ou sur toile, qui revêtent toutes les parois des plus invraisemblables bariolages; les solives des plafonds, les cheminées et les portes furent également dorées et peintes de couleurs vives, et le sol reçut un dallage de petits carreaux de faïence émaillée ; dans les salles du côté de la place, les initiales d'Henri III et de Catherine de Médicis rappellent les grands événements qui s'accomplirent dans ces appartements. Tout ce décor clinquant et sans style est certes ce qu'il y a de plus fâcheux dans toute la restauration de Duban, et l'on ne peut se défendre d'un peu de surprise en songeant qu'il a suscité en son temps, non seulement l'admiration des badauds, mais celle des artistes et des érudits de l'époque. Il n'en demeure pas moins que les parties subsistantes de la décoration

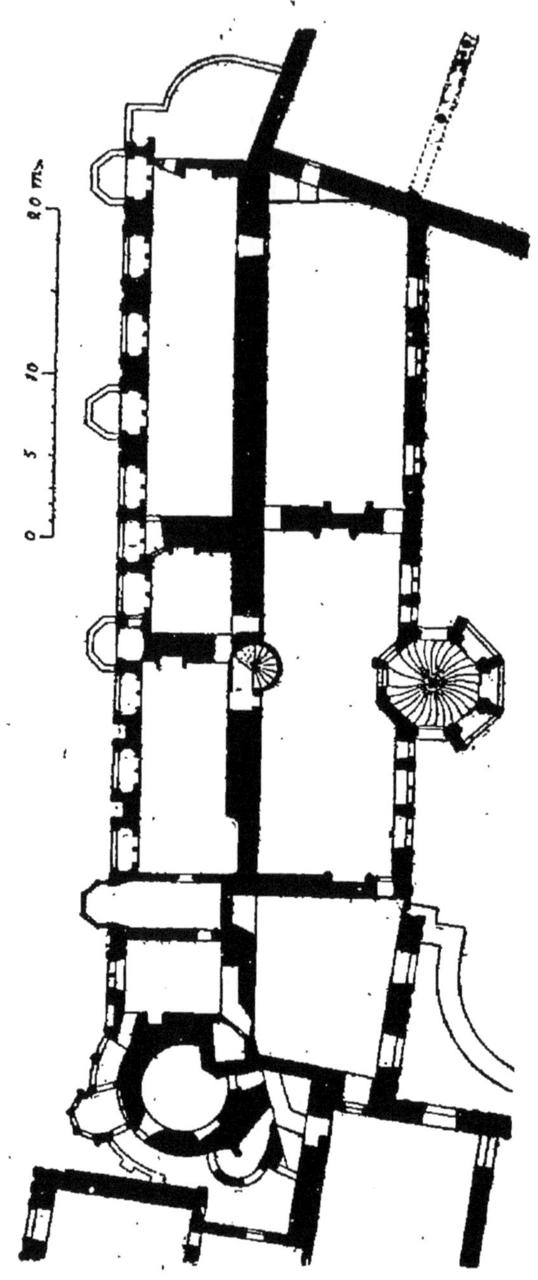

Fréd. Lesueur del.

Plan de l'aile de François Ier au premier étage.

ancienne comptent parmi les morceaux les plus justement célèbres de la sculpture ornementale de la Renaissance.

Les appartements du premier étage, dont nous ne connaissons pas exactement l'affectation primitive, mais qui furent occupés sous Henri III par Catherine de Médicis, sont les plus intéressants. Du côté de la cour, ils comprenaient autrefois cinq salles successives ; ils n'en ont plus que deux, l'une d'elles ayant été détruite par les travaux de Gaston d'Orléans et ceux du casernement, et Duban ayant réuni les autres deux à deux par des suppressions de cloisons tout arbitraires.

La salle qui s'ouvre sur le grand escalier a deux grandes cheminées et deux portes sculptées. Le manteau de la cheminée du côté gauche, la plus remarquable peut-être, a pour motif principal deux médaillons enfermant une salamandre et une hermine, supportés chacun par quatre amusants petits enfants nus. Des candélabres très ouvragés séparent ces médaillons, que surmonte une charmante frise composée de coquilles alternant avec d'autres *putti* portant des guirlandes. Des pilastres à arabesques avec chapiteaux ornés de figures de femmes, de chimères et d'oiseaux garnissent les angles ; le bandeau inférieur est décoré d'élégants rinceaux entièrement refaits au siècle dernier, mais dans un très bon style ; les piédroits sont formés de faisceaux de colonettes garnies d'arabesques et de médaillons, avec des chimères aux chapiteaux et aux bases. Et, malgré les ors et les peintures modernes, malgré les très nombreuses réfections, cette décoration, très fouillée, mais d'une parfaite clarté et d'une grâce spontanée, encore pleine de verve et d'imagination, reste infiniment séduisante.

La cheminée, plus sobrement restaurée, qui fait face à celle-ci, n'est pas moins riche, mais déjà d'une ordonnance un peu plus classique et régulière. Elle est décorée de cinq niches, trois en avant et deux en pans coupés, très ornées et séparées par des pilastres à arabesques. La frise de l'entablement supérieur est également revêtue de délicates sculptures, ainsi que le grand bandeau où l'on retrouve les initiales et les emblèmes du roi et de la reine. Les colonnettes des piédroits sont cannelées.

Mais rien n'égale en grâce légère l'encadrement d'une étroite porte, dont tout le décor est uniquement formé de ces fins reliefs où excellaient les artistes de ce temps et qui couvrent de leurs délicates arabesques les pilastres latéraux, en partie refaits par Duban, le panneau qui surmonte la porte, où des enfants jouent avec des monstres, une petite frise ornée d'oiseaux et de bucrânes, enfin le joli fronton circulaire flanqué de légers pinacles, couronné d'un bouquet de lys naturel et abritant l'écu de France supporté par deux *putti* d'une grâce presque florentine.

Auprès de ce délicat chef-d'œuvre, on trouvera sans doute un peu lourdes, malgré quelques détails intéressants, l'autre porte de cette salle, dont le fronton triangulaire encadre une salamandre, et celle de la salle voisine, où une autre salamandre s'abrite sous une large feuille découpée entre deux pinacles ornés de petites niches. La cheminée de cette dernière salle est fort simple et décorée seulement de moulures d'un style gothique si caractérisé que La Saussaye l'attribuait au xve siècle; on ne saurait toutefois la vieillir autant, certains profils appartenant bien à l'art de la Renaissance.

Du côté de la place, cinq pièces se succèdent de l'angle de la Salle des États à la tour de Châteaurenault: une longue galerie, une pièce carrée remarquable par l'épaisseur de ses murs, qui sont ceux de l'ancienne tour utilisés dans la construction du xvie siècle, la chambre où mourut Catherine de Médicis, dans laquelle on remarque une grande niche destinée, suppose-t-on, à recevoir le prie-dieu, un petit oratoire et un cabinet décoré de boiseries. L'oratoire a conservé deux chambranles de portes anciens et son petit chevet, qu'éclairent trois fenêtres à meneaux séparées par des dais finement sculptés et

AILE DE FRANÇOIS Ier

Cl. Fred. Lesueur

Dessus de porte au premier étage

que couvre une voûte en demi-coupole ; celle-ci est garnie de nervures qui séparent des caissons et sont ornées à leur intersection de médaillons portant les chiffres et les emblèmes du roi et de la reine ; une grande clef pendante occupe l'entrée de cette petite abside, qui serait charmante, malgré les dorures, sans les regrettables vitraux de Michel Dumas et Claudius Lavergne, dont Duban l'a fait décorer.

Le cabinet qui suit est la pièce du château qui a le mieux conservé son ancienne décoration. Ses parois sont entièrement revêtues par 237 panneaux de boiserie, sculptés de motifs de dessins différents, dans l'exécution desquels les menuisiers de François Ier donnèrent le plus libre cours à leur invention, brodant, comme les sculpteurs sur pierre, avec toute la fantaisie de leur imagination gothique sur le thème désormais classique des arabesques à l'italienne. Sans doute de semblables panneaux sculptés d'arabesques étaient communs à cette époque et les exemples n'en sont pas rares dans les collections et les musées, mais un pareil ensemble encore en place et décorant une salle d'un château royal est assez exceptionnel et constitue un curieux exemple de la décoration intérieure d'une grande demeure française avant l'emploi des fresques et des stucs, qui ne feront leur apparition qu'à Fontainebleau. Malgré la richesse du détail, l'effet général de cette décoration est, au demeurant, sans grand relief et un peu monotone. Ces lambris, dont quelques parties ont d'ailleurs été refaites lors de la restauration du château, recouvrent des placards s'ouvrant par un ressort que déclanche une pédale cachée sous la plinthe. La crédulité populaire en a fait les « armoires à poisons » de Catherine de Médicis, et c'est peut-être pour cette raison que Duban a complété cette décoration, qui date incontestablement du temps de François Ier, par un plafond et une cheminée de style Henri II ou prétendu tel.

Signalons encore à cet étage la salle de la tour de Châteaurenault, dont les anciennes archères ont été murées, mais qui fut conservée au XVIe siècle pour servir de cachot. La fenêtre qui fut pratiquée à cette époque est encore munie de deux rangs de barreaux et l'entrée a gardé son épais vantail de fer.

Le second étage, qui à la fin du règne d'Henri III était habité par le roi, reproduit presque exactement les dispositions du premier. Ces deux étages et les combles sont en communication directe par un escalier à vis intérieur, en partie compris dans l'épaisseur de l'ancienne courtine et en partie saillant à l'intérieur des salles s'éclairant sur la cour. Nous avons déjà signalé à la base de cet escalier, qui ne part que du premier étage, différentes sculptures appartenant à la décoration de la première façade extérieure projetée par François Ier avant le doublement de la construction.

Les cheminées de la grande salle du second étage, bien que présentant encore quelques bons détails, sont sensiblement moins intéressantes que celles que nous avons déjà décrites ; leur motif principal, un écu de France dans l'une et une salamandre gigantesque dans l'autre, est d'ailleurs entièrement moderne. Les cheminées de la salle voisine sont ornées de simples moulures. Quant à la pièce qui occupait l'extrême gauche de la façade de la cour et qui, mutilée par Gaston d'Orléans, fut définitivement détruite par le Génie Militaire en 1839, elle possédait une grande cheminée sculptée qui, au dire de La Saussaye [1], aurait alors été transportée à Amboise et ensuite à Fontainebleau où on n'en trouve plus la trace.

Du côté de la place, la chambre du roi, celle où fut tué le duc de Guise, présente, comme celle de la reine, une grande niche qui a pu servir d'oratoire ; mais celle-ci est décorée de nervures rayonnantes reposant sur des culs-de-lampe sculptés. Le plafond est garni de petits cuirs dorés, dont les

1. *Hist. du chât. de Blois*, 7e éd., p. 44, note 1.

solives, dit La Saussaye, portaient l'empreinte au moment de la restauration. Le plafond du cabinet voisin nous paraît plus digne d'attention ; il est divisé en caissons carrés ornés de grisailles, très restaurées certes, mais d'après des vestiges de l'époque d'Henri II ; c'est d'ailleurs sur cette pièce que s'ouvre la loge décorée de peintures anciennes que nous avons déjà signalée.

L'étage des combles, qui a conservé quelques cheminées assez simples, est surtout intéressant pour l'étude de la double charpente, dont nous avons indiqué les principales dispositions en faisant l'historique de la construction. Il faut observer que la charpente primitive, du côté de la cour, est à chevrons portant ferme, tandis que la partie ajoutée postérieurement du côté de la place présente une disposition différente. On remarquera aussi que le comble de la partie ancienne comportait deux étages de galetas lambrissés et, dans la moitié de la construction voisine de la tour de Châteaurenault, une sorte de chemin de ronde intérieur, établi sur l'ancienne courtine et s'éclairant primitivement par des lucarnes dont la trace est encore visible. Derrière la tour de Châteaurenault on a retrouvé, entre le deuxième et le troisième étage et entre le troisième et le quatrième, des escaliers à rampe droite du moyen âge, pratiqués dans l'épaisseur du mur ; mais les salles hautes de la tour, qui, au moyen âge, étaient pourvues d'archères, dont il reste quelques vestiges, ont été entièrement refaites sous François Ier. Celle du troisième étage a conservé sa cheminée et son plafond à solives moulurées ; la plus intéressante, toutefois, est celle du quatrième, qui a une simple, mais élégante cheminée à hotte et une belle voûte d'ogives à huit nervures avec une clef centrale ornée d'une salamandre. Ces pièces ont eu, de nos jours, l'heureux privilège d'échapper à toute restauration.

Conclusion. — Nous avons suffisamment indiqué, à propos de chacune des grandes façades, pour nous dispenser d'y revenir bien longuement en terminant ce chapitre, quelle fut, dans cet édifice, la part de l'italianisme, celle de la tradition gothique et celle enfin de l'invention originale. L'italianisme est définitivement prépondérant dans l'ornementation ; il a, en somme, imposé presque partout le profil et les dessins courants de ses moulures, ses pilastres, ses frontons, ses niches et ses candélabres, ses corniches à coquilles, à modillons et à denticules, le dessin de ses chapiteaux et surtout le gracieux et léger décor de ses arabesques. La tradition gothique, d'autre part, conserve encore la première place dans la construction proprement dite, où l'on retrouve ses escaliers à vis intérieurs ou extérieurs, ses voûtes d'ogives, ses fenêtres à meneaux, ses chemins de ronde à balustrade et à gargouilles ménagés à la base des toitures, ses combles élevés garnis de grandes cheminées et de lucarnes, son goût du pittoresque et son mépris des ordonnances régulières ; il faut noter toutefois, dans ce domaine même de la construction, quelques innovations italiennes, comme la terrasse qui termine le grand escalier et l'attique qui remplaça finalement du côté de la place le chemin de ronde à lucarnes. Mais c'est l'originalité propre du monument, la part du génie créateur du maître de l'œuvre, qui est, à notre avis, l'élément essentiel pour les parties les plus célèbres de l'édifice, comme le grand escalier ou la façade extérieure.

Cette originalité est, au reste, un trait bien caractéristique de l'architecture du règne qui commence. Affranchie de la tradition gothique, non encore assujettie aux règles classiques, aucune époque n'a été plus hardiment inventive, plus éprise de nouveauté et n'a fait plus de place dans son art aux formules inédites et aux conceptions personnelles. Qu'il faille ou non mettre en cause le goût de François Ier lui-même, ce grand amateur d'architecture, il est certain qu'aucune des résidences élevées pour ce prince, ni Blois, ni l'immense et somptueux

AILE DE FRANÇOIS Ier

Cl. Fred. Lesueur

Lambris d'une pièce du premier étage

Chambord, ni Madrid avec ses terres cuites polychromes, ni Fontainebleau si pauvre dans son architecture extérieure, ni Villers-Cotterets, ni cet étonnant Saint-Germain-en-Laye, ne présentent, dans leurs dispositions principales, ni ressemblance entre elles, ni analogies bien marquées avec les monuments de l'âge précédent, avec les édifices étrangers contemporains ou avec les créations des époques postérieures ; et cette observation s'appliquerait à la plupart des grandes demeures de ce temps.

De l'idéal de grandeur simple, de nobles proportions, de beauté sévère et bien ordonnée, qui préoccupait alors tous les grands architectes italiens, les Français, au moment où s'élevait l'aile de François Ier, n'avaient encore rien retenu. Moins préoccupés de théorie et d'idées abstraites, ce qu'ils recherchaient avant tout, c'est une architecture qui, tout en restant claire et pittoresque, témoignât par son éclat et son luxe de la magnificence du propriétaire.

Ayant à satisfaire les goûts nouveaux d'une société plus brillante, plus raffinée et de plus en plus avide de luxe et de bien-être, ne rompant pas cependant brusquement avec un passé dont ils conservaient l'esprit et ne faisaient que développer les tendances, mais comprenant quelle ressource leur offrait cette décoration pleine de grâce et de fantaisie, abandonnée déjà par les architectes romains et florentins, mais encore très en vogue dans les ateliers moins classiques du nord de la péninsule et que les ornemanistes italiens et les nombreux objets d'art importés avaient déjà popularisée chez nous, ils unissaient les éléments anciens et traditionnels en des formules souvent imprévues, parfois géniales, toujours variées et charmantes ; et Blois, la première entreprise architecturale du nouveau règne, Blois, séjour habituel de la cour, Blois, qu'on rebâtissait pour servir de cadre à la pompe des cérémonies royales et pour attester l'éclat grandissant de la monarchie, Blois réalisait pour la première fois dans un édifice considérable cet idéal à la fois fastueux et souriant, magnifique et gracieux, moins intime et moins familier que celui de l'époque précédente, moins correct et moins froid que celui qui lui a succédé, clair, gai, pittoresque et délicat, qui fut celui de la première Renaissance.

Son succès fut considérable. Ses ordonnances, — celle du moins de la façade intérieure, — sa décoration, son esprit, son style, seront, avec des variantes plus ou moins marquées selon les dates et les provinces, ceux de tout le règne. Mais rarement cet art devait atteindre pareille ampleur. Seul le roi put encore surenchérir sur la richesse et la magnificence de sa résidence blésoise en créant Chambord. Mais si, par l'étincelante fantaisie de ses toitures, Chambord est encore, ou peu s'en faut, tout imprégné du même esprit que l'aile de François Ier, par la régularité de son plan, par la sobriété de ses parties basses ornées de trois étages de pilastres régulièrement espacés, il dénote déjà des tendances classiques qui s'affirmeront de plus en plus dans les édifices de la fin du règne, jusqu'à ce que les tentatives des Lescot, des de L'Orme et des Bullant aient définitivement orienté dans des voies nouvelles l'architecture française. Celle-ci put avoir dans la suite, par la justesse de ses proportions et l'ampleur de ses ordonnances, plus de noblesse, de majesté ou d'harmonie que n'avaient su en concevoir les architectes de François Ier, jamais elle ne devait retrouver cette grâce libre et spontanée, cette vie, cette gaieté, qui font le charme des résidences royales des bords de la Loire.

CHAPITRE IV

L'AILE DE GASTON D'ORLÉANS

Considérations générales. Plan. — L'aile de Gaston d'Orléans, qui présente de face au visiteur, à son entrée dans la cour du château, les lignes majestueuses et régulières de son architecture, s'impose immédiatement par l'ampleur de ses formes et l'harmonie de ses proportions, mais, si de cette partie du monument les yeux se portent sur les constructions d'un autre style et d'une échelle différente qui l'accompagnent, le contraste surprend un peu et ne satisfait peut-être pas complètement l'esprit. Tandis que les bâtiments de Charles d'Orléans, de Louis XII et de François Ier s'harmonisent parfaitement entre eux malgré les différences de date et de style, l'architecture classique de Gaston d'Orléans appelle un autre accompagnement, et, si l'on veut apprécier à sa juste valeur l'œuvre de François Mansart, il faut l'imaginer dans l'ensemble conçu par le grand architecte, formant le motif de fond d'une vaste cour de palais aux proportions nobles et régulières et dominant d'autre part les terrasses qui devaient s'étendre au-dessus et au delà des fossés actuels.

Cependant, si l'artiste peut formuler quelque regret au sujet de ces disparates, l'archéologue trouvera dans ce rapprochement un intérêt de premier ordre. Nulle part, peut-être, l'architecture encore toute imprégnée de l'esprit gothique du début du XVIe siècle et l'architecture classique du XVIIe ne se trouvent représentées côte à côte, dans le même édifice, par des constructions de cette importance et de cette qualité artistique, et nulle part ne s'opposent avec pareille clarté les méthodes des deux âges successifs. Là, le maître d'œuvre gothique apportait avant tout dans sa construction son sens pratique et son goût de la fantaisie, distribuait les différentes parties de son édifice selon les besoins, sans souci d'ordre apparent et de régularité, et séduisait par l'imprévu et le pittoresque résultant de cette manière de faire autant que par la richesse et la variété de sa décoration. Ici, l'architecte classique, tout imbu d'idées théoriques, considère essentiellement un monument comme une œuvre d'art dont toutes les parties doivent être unies par certaines règles de symétrie et de proportion pour concourir à l'effet de l'ensemble, ne laisse aucune place à la fantaisie dans une création où tout est ordonné par la raison, subordonne de parti pris les nécessités pratiques à l'effet esthétique, conçoit à priori l'ordonnance extérieure de l'édifice et n'en sacrifie rien quelles que soient les dispositions intérieures indépendamment adoptées, distribue sa décoration, en grande partie empruntée à l'antiquité, moins pour enrichir les façades et amuser le regard que pour souligner les lignes de l'architecture et participer au rythme général de la construction : belles conceptions, un peu intransigeantes peut-être, mais inspirées par le sentiment de la grandeur, de la noblesse et de l'harmonie, qui ont valu à l'art français deux des siècles les plus brillants de son histoire et ont, grâce à François Mansart, doté le château de Blois d'un dernier chef-d'œuvre.

En plan, la partie de Gaston d'Orléans comprend un grand bâtiment central rectangulaire, avec deux courtes ailes en retour de chaque côté de la cour et deux vastes pavillons faisant saillie aux deux angles extérieurs. Malgré les tendances classiques et malgré les goûts de François Mansart, ce plan n'est pas absolument symétrique : la façade intérieure n'a pas le même axe que celle qui regarde les fossés, et l'aile en retour du côté gauche est beaucoup plus large que celle du côté droit, d'ailleurs inachevée et se confondant en partie avec l'aile de François Ier ; mais ce défaut de symétrie a été dissimulé avec une rare habileté et ce n'est que par une étude attentive de la construction ou par l'examen d'un plan qu'on peut le déceler. Le monument a trois façades, que nous allons successivement étudier : une façade intérieure occupant le fond de la cour, une façade extérieure regardant les fossés et une façade latérale sur la terrasse du Foix. Le tout est magnifiquement construit en belle pierre de taille soigneusement appareillée provenant des carrières de Lie, d'Apremont et de Bourré, et avec des murs de 1 m. 20 à 2 m. 30 d'épaisseur.

La façade de la cour. — La façade de la cour, la plus mouvementée et la plus ornée, se compose d'un avant-corps central, percé de trois fenêtres à chaque étage, légèrement en saillie et un peu plus élevé que le reste du monument, de deux parties latérales, avec chacune deux fenêtres par étage, et de deux ailes en retour percées pareillement chacune d'une double rangée verticale d'ouvertures. Ces différentes parties comprennent un rez-de-chaussée, deux étages et une haute toiture. La symétrie la plus absolue règne dans tout cet ensemble et la décoration architecturale est presque uniquement fournie par les ordres antiques d'une parfaite pureté de style et de proportions.

Chaque étage est orné, en effet, dans toute sa longueur d'un ordre à pilastres accouplés qui alternent avec les fenêtres. Selon l'usage, l'ordre dorique est employé au rez-de-chaussée, l'ionique au premier étage et le corinthien à l'étage supérieur. Le dorique du rez-de-chaussée a un entablement à triglyphes inachevé. L'entablement de l'ordre ionique, d'une grande pureté de ligne, ne comporte aucun ornement sculpté. Quant à l'ordre corinthien, il ne se présente avec ses véritables proportions, son entablement complet et sa belle corniche à modillons, que dans l'avant-corps central ; dans les parties latérales, en effet, cet étage n'a que la hauteur d'un attique et son entablement n'est représenté que par une simple corniche moulurée reposant directement sur des chapiteaux dépourvus de tailloirs et ornés d'un seul rang de feuilles d'acanthes. Cet ordre ainsi simplifié et réduit met bien en valeur les nobles proportions de la partie centrale, sans cependant rompre l'harmonie générale, et, d'autre part, il laisse toute son importance au premier étage, le *piano nobile*, qui est le plus élevé, conformément au canon italien.

Les fenêtres sont encadrées de moulures et couronnées d'une corniche, que supportent, — sauf dans les parties latérales de l'étage supérieur, — deux élégantes consoles. Toutes les fenêtres de cet étage sont en outre surmontées d'un motif sculpté composé de boucliers, de drapeaux, de caducées, de massues, de carquois, de faisceaux de licteur, de palmes et de couronnes.

Toute cette ordonnance à pilastres, régulière et de peu de relief, a surtout pour but de souligner les lignes de l'architecture et de servir de cadre aux grands motifs de plus forte saillie qui en accusent les parties principales et donnent tout son mouvement et son caractère à cette face du monument : nous voulons parler du beau portique à deux étages qui encadre la porte principale, du couronnement de l'avant-corps central et de la double colonnade circulaire qui réunit celui-ci aux deux ailes.

Il faut reconnaître que le portique qui occupe le centre de la façade et accompagne la porte principale est un placage insuffisamment lié au reste de la construction et dont le fronton vient couper quelque peu maladroitement une des fenêtres de l'étage supérieur. Il n'en forme pas moins à cette partie du château une entrée vraiment monumentale et constitue en lui-même, par la noblesse de son style et l'élégance de ses proportions, un des motifs les plus accomplis de l'architecture classique. Au-dessus d'un grand emmarchement, qui occupe aujourd'hui toute la largeur de l'avant-corps, mais qui primitivement ne devait s'étendre que devant la travée centrale, la porte cintrée, surmontée de dépouilles de lion et d'un aigle aux ailes éployées enlacé par les volutes de la clef de voûte, est flanquée, de chaque côté, d'un groupe de deux colonnes doriques supportant un entablement de même ordre. Les colonnes fortement galbées sont cannelées dans leurs deux iers supérieurs et lisses dans leur partie inférieure; l'entablement a sa frise ornée de triglyphes alternant avec des métopes sculptées de trophées d'armes, casques, boucliers, etc. La corniche très saillante supporte un second étage d'ordre ionique encadrant la fenêtre centrale de l'avant-corps. Celle-ci est semblable aux autres fenêtres du même étage, mais sa corniche est surmontée d'un faisceau d'armes et de drapeaux. Les élégantes colonnes accouplées et cannelées dans toute leur hauteur, qui l'accompagnent à droite et à gauche, supportent un entablement à frise unie continuant celui de l'étage correspondant de la façade, et le tout se termine par un fronton triangulaire encadrant une épaisse guirlande et accosté de deux statues.

Ces statues, un Mars et une Pallas, sont couchées sur les rampants du fronton. Une large draperie jetée sur les épaules, le torse vêtu d'une cuirasse souple qui en laisse sentir le modelé, les jambes nues, elles s'appuient d'une main sur un bouclier orné du chiffre et du lambel de Gaston d'Orléans; de l'autre Pallas tient une coupe et Mars un bâton de commandement; une chouette est posée aux pieds de la déesse. Ces œuvres d'art, du moins Bernier semble le dire, seraient dues au ciseau de Guillain. Malheureusement elles son gravement mu tilées; les têtes et les épaules sont brisées, et le reste se désagrège sous l'action de l'humidité et des plantes parasites, qui les ont envahies. Ceux qui les ont vues de près ont pu cependant, à la noblesse des attitudes, à l'ampleur et à la souplesse du modelé, reconnaître dans ces débris les vestiges de fort remarquables chefs-d'œuvre.

Pour éviter de superposer un nouveau fronton triangulaire à celui que nous venons de décrire, François Mansart eut l'heureuse idée de terminer sa construction par une sorte de fronton demi-circulaire encadrant un cartouche, flanqué de trophées d'armes et surmonté du buste en marbre blanc de Gaston d'Orléans. Le cartouche accompagné d'un masque de lion, de palmes et d'enroulements très larges, très gras, comme on les aimait alors, portait les armes du frère du roi, mais celles-ci furent martelées pendant la période révolutionnaire. Les trophées composés de cuirasses antiques, d'aigles romaines, d'enseignes à tête de bélier, de boucliers, de carquois, de drapeaux, sont aujourd'hui très mutilés. Quant au buste de « Monsieur », que Mansart, par une fantaisie imprévue, mais qui dut singulièrement flatter la vanité du prince, avait imaginé de placer au sommet de la construction, il est décapité ; et c'est grand dommage, car c'était une œuvre de Sarrazin, alors en pleine faveur et en pleine possession de son talent, et ni les épaules drapées dans une peau de lion, qui restent en place, ni les dessins du XVIIe et du XVIIIe siècle, qui nous en ont conservé l'image, ne peuvent nous en donner une idée suffisante.

La belle colonnade circulaire qui réunit les angles de l'avant-corps central à ceux des ailes en retour et qui ajoute au monument tant de souplesse et tant de grâce, n'a pas eu moins à souffrir. Les groupes et les statues qui la décoraient furent détruits pendant la Révolution ; la colonnade elle-même fut déposée par l'administration du Génie en 1834 et ne fut rétablie assez imparfaitement qu'en 1869. Elle se compose de deux parties comprenant chacune quatre groupes de deux ou de trois colonnes reposant sur des socles unis et supportant un entablement incurvé en quart de cercle un peu allongé. Les colonnes doriques, fortement galbées, sont en partie seulement garnies de cannelures, cette décoration étant restée inachevée. L'entablement devait être, comme celui du portique central, pourvu de triglyphes et de métopes sculptés, mais cette ornementation amorcée à l'angle de l'avant-corps, ne se poursuit pas au delà, soit qu'elle n'ait pas été terminée, soit plutôt qu'elle ait été détruite au cours des travaux de déposition et de reconstruction du siècle dernier.

La colonnade est aujourd'hui complètement isolée du reste de la façade, ce qui lui donne un air de décor un peu artificiel ; il n'en était pas de même à l'origine : son entablement était en effet réuni de chaque côté aux deux bâtiments voisins par une petite terrasse triangulaire, en partie supportée par une trompe d'angle et à laquelle il servait de bordure. Mais le plus grave préjudice qu'ait eu à subir ce motif d'architecture est la disparition des groupes, qu'il était destiné à supporter et qui s'élevaient à ses deux extrémités et aux angles de l'avant-corps central. Il faut restituer par la pensée ces remarquables sculptures, si l'on veut avoir une idée véritablement exacte de l'harmonie primitive de l'ensemble.

Le souvenir nous en est heureusement conservé par les descriptions que nous en ont laissé Félibien et Bernier. « Ces terrasses, dit Félibien, sont environnées de balustrades sur lesquelles sont des figures plus grandes que nature. Il y en a quatre debout en face et contre l'avant-corps ; une des deux, qui est au milieu, représente feu Monsieur le Duc d'Orléans soubs la figure de Mercure, et l'autre représente une femme qui tient un globe soubs ses pieds. Les deux autres sont Hercules et une femme chargée de richesses. Près de chaque encoigneure des pavillons il y a une femme assise, dont l'une tient une pomme de pin, elle a un trépied antique et un éléphant à costé d'elle, et l'autre tient un serpent et une feuille de figuier, et près d'elle est un corps de cuirasse. » Ces quelques lignes ne suffiraient pas toutefois à nous dépeindre ces somptueuses allégories, si Félibien n'y avait joint, dans son beau manuscrit conservé au château de Cheverny, de précieux dessins que nous reproduisons ici ; la bibliothèque de l'Institut possède une autre série de dessins exécutés avec beaucoup de soin, en 1760, par J.-F. Blondel et qu'il est intéressant de comparer avec ceux de l'illustre historiographe des bâtiments du roi.

Enfin nous avons vu que les historiens du XVIIe siècle sont unanimes à attribuer ces quatre groupes et, ajoute Bernier, « toutes les autres figures et ornemens » qui décoraient cette façade, au grand sculpteur qui disputait alors à Sarrazin la première place en son art, à Simon Guillain. S'il est malaisé de reconnaître sa facture dans les reproductions que nous possédons, certains traits du moins, comme le fait de donner à sa statue de Mercure la figure du frère du roi, sont bien caractéristiques de l'art de ce maître, qui joignait un certain naturalisme personnel au goût de ses contemporains pour l'antiquité et la mythologie. N'avait-il pas ailleurs donné à la Vierge les traits d'Anne d'Autriche et à saint Louis la figure et la barbiche de Louis XIII ?

La haute toiture achève de donner son caractère à l'édifice et lui conserve une physionomie bien française. Elle affecte la forme à versants brisés, à laquelle Mansart a laissé son nom, bien différente cependant de celle que popularisa le XVIIIe siècle et qu'on emploie encore aujourd'hui. Ici, en effet, le versant supérieur, très réduit et de faible pente, s'aperçoit à peine, et le versant inférieur, très élevé et fortement incliné, est seul destiné à être vu. Il semble que Mansart ait eu surtout pour but par cet artifice de donner une régularité apparente au comble d'un monument dont les façades étaient de hauteur différente et dont le plan, nous l'avons

STATUES ET GROUPES DE GUILLAIN
DÉCORANT AUTREFOIS LA COLONNADE DE GASTON D'ORLÉANS
(D'après les dessins de Félibien, 1681.)

vu, était loin de présenter une symétrie absolue ; il lui a suffi, en effet, pour atteindre ce résultat de donner une élévation égale et une même pente au versant inférieur de son toit ; peu importait alors qu'on fût obligé, pour racheter les inégalités de la construction, de donner une configuration assez irrégulière au versant supérieur, puisque celui-ci était à peu près invisible. On a également profité de cette disposition pour dissimuler sur ce versant supérieur la plupart des cheminées. Cette toiture est d'ailleurs dépourvue de lucarnes de pierre ou de toute autre décoration, et cette nudité, comme sa forte inclinaison, ajoute encore à l'impression de hauteur cherchée par l'architecte. On n'y remarque que d'étroites ouvertures destinées à éclairer le comble et les plombs, qui, au sommet du pavillon central, offrent la forme du lambel emprunté au blason de Gaston d'Orléans.

L'ornementation de la façade que nous venons de décrire devait se rattacher, sur les côtés, à celle des bâtiments qui ne furent pas exécutés. Sur la face antérieure d'une des ailes en retour, vis-à-vis la chapelle, se voient encore les amorces de cette décoration interrompue : quelques pilastres, une niche et, au niveau du comble, une magnifique cheminée. Celle-ci est ornée sur ses quatre faces de cartouches à larges volutes, réunis entre eux par les plis d'une souple draperie et supportant de beaux trophées, où des boucliers, des masses d'arme, des carquois, des flèches, des trompettes, une amphore et même une tête d'éléphant accompagnent des écus très découpés, et décorés du chiffre et des armes du prince. A son sommet elle s'amortit par un vase orné de draperies et laissant échapper des flammes.

Ce beau morceau décoratif résume les qualités de toute la façade, noble, régulière, majestueuse, mais sans aucune froideur, surtout si l'on restitue ce qui a disparu, très vivante même, très mouvementée avec son avant-corps et ses ailes en

AILE DE GASTON D'ORLEANS

Cl. Fred. Lesueur

Partie centrale de la façade sur la cour

retour, avec sa colonnade et sa haute toiture, et avec sa décoration ample, opulente, mais sans surcharge et si bien équilibrée. A ces qualités elle en joignait une autre, qu'elle va bientôt perdre, hélas ! celle d'être restée jusqu'ici à peu près à l'abri des restaurateurs. Nous déplorons certes les mutilations accumulées par les injures du temps et la barbarie des hommes ; mais est-ce une raison pour nous restituer une façade toute neuve et pour remplacer par des pastiches ces sculptures à demi-ruinées qui, telles quelles, sont de précieux témoins et ont bien leur grandeur ?

Les façades extérieures. — Plus vaste et plus sobre de décoration, — du moins en l'état actuel, — la façade qui surplombe les fossés du château doit surtout son effet à l'ampleur de ses proportions et à l'imposante disposition de ses masses architecturales. Elle se compose d'une partie médiane munie en son centre d'un avant-corps de peu de saillie et flanquée à chaque extrémité d'un vaste pavillon construit presque complètement hors œuvre. Le tout comprend un rez-de-chaussée peu élevé, — le niveau du sol étant de ce côté sensiblement supérieur à celui de la cour, — surmonté de deux étages et d'un haut comble mansardé ; les pavillons, établis en grande partie en dehors du périmètre de l'ancien château, comportent en outre un énorme soubassement de pierres de taille, incliné en talus et plongeant jusqu'au fond des fossés. Cette façade est plus de deux fois plus étendue que celle de la cour, non seulement parce qu'à la largeur de la partie médiane vient s'ajouter de ce côté celle des pavillons avec leurs trois rangées de fenêtres, mais parce que cette partie médiane présente elle-même un développement de neuf fenêtres, au lieu de sept sur la face opposée, et c'est cette différence de largeur qui entraîne le désaxement de l'édifice que nous avons précédemment signalé. Elle est aussi plus régulière, l'avant-corps central n'étant pas ici plus élevé que les autres parties du monument et la grande corniche se trouvant en conséquence partout au même niveau.

Quant à la décoration, très simple, mais d'une grande pureté de lignes, elle est réduite à ses éléments essentiels. Le rez-de-chaussée est dépourvu de toute ornementation et constitue un simple soubassement pour les étages supérieurs. Ceux-ci sont décorés, comme sur la façade intérieure, d'ordres antiques à pilastres accouplés, ionique au premier étage et corinthien au deuxième. Pilastres, entablements et fenêtres sont identiques à ceux de la façade opposée, mais l'ordre corinthien a reçu partout ici son complet développement et sa belle corniche à modillons règne à la base de la toiture dans toute l'étendue de la construction. Les fenêtres médianes de chaque pavillon sont encadrées par un petit avant-corps; celui-ci devait comporter au premier étage un balcon dont les consoles ont seules été exécutées, et il se termine à la base du comble par un fronton triangulaire.

La sculpture a peu de place dans cet ensemble. Les motifs, peu considérables d'ailleurs, qui devaient surmonter les trois portes centrales, n'ont pas été exécutées et les pierres qui leur étaient destinées sont restées à l'état d'épannelage. Les deux G enlacés de Gaston d'Orléans, au premier étage, un arc et des flèches entrecroisés, au second, sont sculptés en bas-reliefs peu apparents sous la corniche des fenêtres; celles qui occupent le milieu de l'avant-corps central et des pavillons sont en outre surmontées de trophées d'armes. Dans les frontons enfin, de grands cartouches accompagnés de palmes portent les armes du prince. Mais des statues couchées, qui, dans le projet, devaient orner les rampants de ce fronton, et de grands groupes qui devaient se dresser un peu plus bas, de chaque côté de la fenêtre centrale du second étage des pavillons, ne furent jamais exécutés, par plus qu'une somptueuse crête de ferronnerie garnie de fleurs de lys et de trophées, dont François Mansart avait eu le dessein de couronner la haute toiture.

La plus grande sobriété ornementale règne donc aujourd'hui dans cette partie de l'édifice, pour laquelle une si riche décoration avait d'abord été prévue. Peut-être ne faut-il pas trop le regretter, car ces deux étages à pilastres, d'une parfaite harmonie de proportions, reposant sur le soubassement nu du rez-de-chaussée, coupés par les longues lignes horizontales des corniches et surmontés du large comble d'ardoise, doivent à cette sobriété même une grandeur et une noblesse incomparables.

La façade latérale continue dans ses grandes lignes la même ordonnance, mais ses dimensions moindres et des dispositions architecturales plus variées et plus libres lui donnent une physionomie plus riche et plus gracieuse. D'importantes démolitions en ont cependant gravement altéré le caractère. Elle se composait autrefois d'une partie centrale en retrait entre deux pavillons ; ceux-ci étaient réunis au niveau du premier étage par une terrasse, à laquelle devait donner accès un grand escalier extérieur à double rampe. Le pavillon de droite, qui était resté inachevé, fut démoli, nous l'avons vu, en 1815. Il est bien probable que la terrasse disparut à la même époque. Quant à l'escalier qui figure sur les projets de Mansart, il ne fut sans doute jamais exécuté; nous en avons cependant retrouvé les fondations dans les fouilles pratiquées sur la terrasse du Foix en 1906. Le pavillon de gauche enfin n'est autre que celui que nous avons décrit avec la façade postérieure et qui ne présente du côté qui nous occupe que deux fenêtres à chaque étage et une seule sur sa petite face en retour.

La partie centrale, dans son état actuel, a un rez-de-chaussée dépourvu de décoration et deux étages ornés d'un ordre ionique et d'un ordre corinthien. Le rez-de-chaussée devait être primitivement masqué par la terrasse, dont il ne reste que deux trompes d'angle surmontées de piédestaux. Aux étages, l'architecte a conservé à ses entablements, à ses pilastres et à ses fenêtres le même dessin qu'à ceux de la façade postérieure, mais il a renoncé à la majestueuse ordonnance à pilastres accouplés et il a, de plus, introduit dans sa décoration des niches, qui occupent à chaque étage deux travées étroites alternant avec les quatre travées plus larges des fenêtres. Ces gracieuses niches cintrées, surmontées au premier étage d'une petite tablette saillante ornée de draperies, n'ont vraisemblablement jamais reçu les statues qui leur étaient destinées ; elles n'en donnent pas moins, en rompant l'uniformité de l'ordonnance, un charme particulier à cette façade pourtant si mutilée. François Mansart devait d'ailleurs faire un assez fréquent emploi de cet élément décoratif dans les parties de sa construction qui restèrent à l'état de projet.

Les faces extérieures de l'aile de Gaston d'Orléans, celle surtout qui regarde les fossés, ne peuvent malheureusement être vues de nulle part comme il conviendrait. On ne peut les découvrir dans leur ensemble et sous un angle satisfaisant que d'un point assez éloigné et peu accessible, comme les tours de l'église Saint-Nicolas. Bien entendu, il n'en était pas ainsi dans les projets de Mansart. Une vaste terrasse et, sans doute, de beaux jardins réguliers devaient, nous l'avons vu, s'étendre au delà du palais, et la grande façade postérieure était destinée à leur former un large fond d'architecture, dont les lignes calmes et majestueuse se seraient harmonisées à merveille avec le dessin symétrique des pièces d'eau et des parterres. Mais cette partie du projet n'ayant pas reçu d'exécution, les fossés se creusent aujourd'hui à quelques mètres seulement de cette façade, et l'étroite terrasse que borde l'ancien mur de soutènement, obliquement dirigé par rapport aux constructions neuves et éventré en son milieu par un des pavillons, ne saurait offrir un recul suffisant pour juger d'un monument qui vaut plus par l'harmonie de l'ensemble que par le détail de l'exécution. Et pourtant, si l'on contemple l'édifice, non plus de la petite terrasse, mais du fond même des fossés, qui servent actuellement au passage d'une rue carrossable, il faut reconnaître que cette immense architecture, aperçue ainsi d'en bas, en un étonnant raccourci, compose avec les beaux arbres qui couvrent de leur ombre les pentes gazonnées de la tranchée, avec le vieux mur de soutènement envahi par les giroflées et avec les gros bastions qui en flanquent les angles, un décor un peu romantique, mais qui, pour n'avoir pas été prévu par Mansart, ne manque cependant pas de grandeur.

Ce mur et ces bastions ont d'ailleurs un autre intérêt. Construits quelques années seulement avant l'aile de Gaston d'Orléans, ce sont des types assez curieux d'architecture militaire du début du XVIIe siècle. Le mur, incliné en talus et terminé par un parapet de pierre qui borde la terrasse, est d'une construction médiocre de moyen appareil ; s'il se raccorde mal au bâtiment de Mansart qui avait l'intention de le faire disparaître, il suit la direction du mur d'enceinte du moyen âge, qui s'élevait à dix mètres en arrière et auquel il était destiné à servir de revêtement. Les deux gros bastions d'angle, en quadrilatère irrégulier, renferment chacun une grande salle voûtée. Ces « casemates », éclairées par d'étroites fenêtres, sont percées sur chacune de leurs faces de meurtrières horizontales s'ouvrant au fond d'embrasures cintrées. Malheureusement elles sont aujourd'hui d'un accès peu facile et l'une d'elles est même presque entièrement comblée de remblais.

Dispositions intérieures. — A l'intérieur, nous l'avons vu, le bâtiment de Gaston d'Orléans ne fut pas terminé et resta inhabitable jusqu'au siècle dernier. Seul le grand escalier d'apparat, ou, plus exactement, la haute salle voûtée qui l'abrite, fut presque complètement exécutée. Cette salle, de plan rectangulaire, occupe le centre de la construction et s'éclaire à la fois sur la cour et sur les fossés. Toutefois, les deux façades n'ayant pas le même axe, elle ne se trouve exactement au milieu de l'une ni de l'autre ; mais ce raccord est dissimulé avec tant d'habileté qu'on ne peut guère, si l'on n'est prévenu, s'apercevoir du manque de symétrie. La porte centrale de la façade sur la cour, qui en forme l'entrée principale, s'ouvre, il est vrai, sur le côté mais juste en face de la première rampe de l'escalier, de sorte que cette disposition, très logique d'ailleurs, peut paraître établie à dessein. De même la porte centrale (aujourd'hui murée) de la façade extérieure devait s'ouvrir en face de la rampe conduisant au premier étage, sur un palier dont la hauteur était calculée pour racheter la différence de niveau entre la cour et la terrasse.

Cette vaste cage d'escalier occupe toute la hauteur de la construction, mais l'emmarchement lui-même ne s'élève que jusqu'au premier étage. L'escalier actuel n'est d'ailleurs qu'un grossier ouvrage de bois établi hâtivement à l'occasion d'une exposition en 1875 ; on y a réemployé notamment certaines colonnes qui proviennent d'un escalier antérieur d'une quarantaine d'années et que les architectes militaires avaient eu l'idée au moins étrange d'imiter des colonnes archaïques des temples de Pœstum. L'une d'elles a en outre le défaut d'être placée juste en face de la porte principale. Tel qu'il est, il paraît du moins reproduire à peu près dans leur ensemble les dispositions de l'escalier de pierre ou de marbre qu'avait projeté Mansart et qui n'avait jamais été exécuté. Il comprend trois rampes d'assez belle largeur : la première, de quelques marches seulement, est établie contre le mur de droite et fait face à l'entrée ; les deux autres longent le mur du fond et celui de gauche ; elles aboutissent à un palier qui s'étend au niveau du premier étage au-dessus de la porte principale.

A la hauteur du second étage une galerie, dont la face inférieure est incurvée comme la retombée d'une voûte, est établie en encorbellement tout autour de la salle. Elle limite en

Fréd. Lesueur del.

Coupe de l'escalier de Gaston d'Orléans.

son centre un espace rectangulaire, à travers lequel on aperçoit du bas l'étage supérieur, qui apparaît, du fait de cette ingénieuse combinaison, avec un recul beaucoup plus considérable. De plan ovale, cet étage est couvert d'une vaste et belle coupole, qui se termine elle-même par un lanternon.

Le tout devait être revêtu d'une magnifique décoration sculptée, et, bien que cet ouvrage, comme tout le reste, n'ait pas été entièrement terminé, il fut cependant poussé assez loin pour que nous puissions juger de l'effet d'ensemble et que nous ayons à admirer plusieurs morceaux remarquables de sculpture décorative. Il semble que le travail ait commencé par le sommet ; aussi les parties basses sont-elles les moins avancées et l'étage inférieur, en particulier, est-il resté complètement nu. Au premier étage des niches ornent le milieu des murs latéraux, entre les portes qui s'ouvrent à chaque extrémité du palier et des panneaux rectangulaires encadrés de moulures qui leur font pendant. Les deux autres faces sont occupées par les fenêtres. Niches et panneaux devaient être décorés de sculptures dont l'emplacement est indiqué par les pierres d'attente, mais qui ne furent jamais exécutées.

Le travail des sculpteurs ne commence donc qu'au niveau de la galerie du second étage. Les attributs guerriers en forment encore le motif principal. La face inférieure de la galerie est divisée en dix panneaux séparés par d'épaisses moulures et des guirlandes de feuilles de chêne, qu'interrompent de beaux mascarons à têtes de femmes coiffées d'une dépouille de lion ou de vieillards barbus aux traits énergiques, d'un vigoureux effet décoratif. Quatre panneaux seulement sont sculptés; on y voit, suspendus à des liens que les masques des vieillards semblent tenir entre leurs dents, des trophées d'armes parmi lesquelles se distinguent surtout des boucliers de formes très variées, ornés soit de figures grimaçantes, soit du chiffre ou des armes de Gaston d'Orléans. Deux autres panneaux étaient tout prêts à être exécutés et

AILE DE GASTON D'ORLÉANS

Cl. Fred. Lesueur

Panneau sculpté décorant la voûte inférieure du grand escalier avaient déjà reçu le dessin des motifs destinés à les décorer ; l'un d'eux, à en juger par les quelques traits de cette esquisse qui subsistent aujourd'hui, comportait une scène à personnages.

L'étage ovale qui couronne cette vaste cage d'escalier joint à l'originalité et à l'élégance de son plan une décoration d'une parfaite harmonie de composition et d'une rare valeur sculpturale. De profondes embrasures voûtées en anse de panier au fond desquelles sont percées les fenêtres s'ouvrent aux quatre angles de la construction et rachètent la différence entre le plan carré des étages inférieurs et le plan elliptique de la coupole. Ces embrasures limitent au milieu de chaque face des panneaux légèrement cintrés, plus larges sur les faces latérales, correspondant au grand axe de l'ellipse, et plus étroits au revers des façades, correspondant à ses extrémités. Trois de ces panneaux, un grand et deux petits — le quatrième n'a pas été terminé — sont surmontés de motifs de sculpture, malheureusement peu visibles d'en bas, où des enfants s'ébattent parmi des armes.

Le plus important comporte quatre personnages. Au-dessus d'une fine corniche à denticules, entre les rampants d'un fronton cintré qui s'enroulent en volutes réunies par une lourde guirlande, s'avancent deux petits génies guerriers, vigoureux et hardis bébés, dont le corps potelé et les boucles ondulées contrastent plaisamment avec la démarche intrépide et la mine décidée. L'un deux, une palme à la main, un carquois aux reins, semble écarter d'un geste résolu son petit compagnon dont le bras droit aujourd'hui mutilé devait l'engager à marcher de l'avant. Deux autres bambins, plus jeunes, sont assis de chaque côté du fronton. Évidemment ils savent déjà, comme leurs aînés, jouer leur rôle et ils posent comme il convient leurs petites mains sur les écussons qui portaient jadis le chiffre et les armes du prince ; mais leur geste est si naïf et leur attitude, malgré l'emphase du sujet, si vivante et si naturelle qu'ils font oublier volontiers ce qu'il peut y avoir d'un peu convenu dans cette allégorie guerrière. Derrière eux cependant s'amoncellent des armes de toutes sortes, armes antiques pour la plupart, empruntées au décor des arcs de triomphe, mais fort librement interprétées, cuirasses de peau ornées de masques de lion et paraissant encore mouler un torse puissamment musclé, casques et boucliers, torches enflammées, javelots et masses d'armes, têtes de béliers et aigles romaines, enseignes ornées de mains ouvertes, de médaillons d'empereurs, de cartouches aux initiales des Césars et même d'un petit château fort à créneaux et mâchicoulis.

Les deux autres motifs sont disposés de même, mais ne comportent qu'une seule figure d'enfant. D'un côté le petit personnage, assis entre les volutes du fronton, joue avec des enseignes et des armes. De l'autre, l'artiste, avec une amusante fantaisie, a représenté notre jeune héros cherchant à se coiffer d'un énorme casque empanaché, qu'il a bien de la peine à soulever de ses petites mains.

La grande coupole ovale reposant sur une corniche à denticules, est divisée en seize compartiments oblongs rayonnant autour de l'ouverture du lanternon qui en occupe le centre. Ces compartiments sont alternativement unis et sculptés ; ces derniers sont ornés de magnifiques chutes d'armes traitées en assez bas relief, d'une élégance de style et d'une pureté de dessin qui font déjà songer aux célèbres trophées de bronze doré qui, environ un demi-siècle plus tard, allaient décorer les trumeaux de marbre du palais de Versailles. Ici, boucliers de toutes formes, casques, flèches, glaives, torches, enseignes et aiguières sont suspendus à des masques de lion pris dans la bordure qui entoure le lanternon. Celle-ci, composée d'une couronne de feuilles de chêne et de larges volutes de pierre où s'accrochent d'épaisses guirlandes de même feuillage, est encore traitée dans le style vigoureux mais un peu lourd en vogue dans la première moitié du siècle. Il en est de même du lanternon. De plan ovale, comme la grande coupole, il est couvert d'un petit dôme de pierre et percé de quatre oculi ornés de mascarons et réunis par les plis d'une fausse draperie; actuellement murés, ces oculi devaient primitivement recevoir le jour de petites lucarnes pratiquées au voisinage dans la toiture.

On aimerait savoir quel est l'artiste qui a su traiter toute cette décoration avec tant d'aisance, de noblesse et d'ampleur; mais les textes sont muets à ce sujet. On pourrait songer à Simon Guillain qui, on le sait, travailla pour ce bâtiment. Le fond d'observation vraie, très sensible sous la pompe un peu conventionnelle du style, que nous avons noté dans les groupes d'enfants, serait bien dans la note de cet artiste, et les trophées d'armes qui les accompagnent, motif, il est vrai, assez banal à cette époque, ont une singulière parenté avec ceux qu'il exécuta un peu plus tard pour le monument du Pont-au-Change. Cependant Bernier et Félibien ne lui attribuent formellement que les « figures et ornemens » de la façade et il ne saurait d'ailleurs, dans le court espace de temps que durèrent les travaux, avoir sculpté de sa main toute la décoration du monument.

Quoi qu'il en soit, c'est Mansart lui-même qui dut fournir aux sculpteurs le thème de leurs compositions, — l'emploi des groupes d'enfants, qu'il utilisera d'une manière à peu près semblable, dix ans plus tard, dans l'escalier de Maisons, en serait déjà un témoignage; — c'est lui qui eut à régler le parti général de la décoration et qui sut, par sa juste répartition, donner à son œuvre un air vraiment princier de richesse et de magnificence, tout en lui conservant un caractère de mesure et de distinction bien français. C'est à lui en tout cas que revient exclusivement le mérite de la composition architecturale, et cela suffirait à sa gloire.

Par l'ampleur des proportions, par l'originalité et la hardiesse du dessin, par l'ingénieuse superposition d'un dernier étage ovale à la cage rectangulaire dans laquelle se déploie l'emmarchement, par l'habile transition ménagée entre les deux parties à l'aide de la galerie formant comme l'amorce d'une première voûte interrompue en son centre pour laisser apercevoir l'étage supérieur, par la pureté de ligne et l'élévation de la voûte terminale, cet escalier est, en effet, malgré son inachèvement, un des plus accomplis et le plus somptueux peut-être de cette époque. Moins célèbre que celui de François Ier, il est pourtant, comme lui, un type bien caractéristique de l'art de son temps. Rien en tout cas ne saurait mieux faire sentir le chemin parcouru en un siècle dans la manière de comprendre cette partie de la construction que le rapprochement en un même monument de l'escalier de la Renaissance, de conception encore toute gothique, entièrement construit hors œuvre, séduisant surtout par son aspect extérieur, mais dont, il faut le reconnaître, la disposition tournante en vis de Saint-Gilles a plus de grâce que d'ampleur, et de ce grand escalier classique, complètement enfermé à l'intérieur de l'édifice, qu'aucun signe ne laisse même deviner au dehors, mais qui déploie magnifiquement ses larges rampes sous deux étages de voûtes se superposant en de majestueuses perspectives.

Le grand escalier, avons-nous dit, ne s'élève que jusqu'au premier étage. « Il devoit, dit Félibien, y en avoir un autre moindre tout proche pour conduire aux autres estages. » Ce dernier, qui, en fait, aurait conduit seulement du premier au second, devait être situé immédiatement à droite de l'escalier d'honneur, à l'emplacement actuel de la salle de travail de la bibliothèque. Dans la pièce située au-dessus de celle-ci, on voit encore un lambris en forme de voûte à quatre pans surmontée d'une lanterne carrée, qui était destiné à couvrir ce deuxième escalier, dont l'emmarchement et la décoration ne furent jamais exécutés.

Mansart avait d'ailleurs prévu pour les nécessités du service des escaliers moins solennels. A l'angle de la façade des fossés et du pavillon Sud se trouve, prise en grande partie dans l'épaisseur du mur, une étroite vis à la manière gothique s'élevant du premier étage jusqu'aux combles. Cette disposition qui contraste avec la splendeur des escaliers d'apparat se retrouve au château de Maisons. Le bâtiment comporte en outre deux grands escaliers modernes sans caractère, l'un construit en 1835 dans le pavillon Ouest, l'autre il y a vingt ans dans la partie qui fait face à la chapelle.

Le rez-de-chaussée de l'aile de Gaston d'Orléans est presque entièrement composé de vastes salles couvertes de voûtes en briques, avec doubleaux ou arêtes en pierre de taille ; certaines possédaient de grandes cheminées de pierre, mais, destinées aux services, elles ne comportaient aucune décoration. Du rez-de-chaussée on descend dans les sous-sols également divisés en salles voûtées, qui s'étendent sous les deux pavillons d'angle. C'est dans le sous-sol du pavillon Ouest que se voit la pierre de fondation qu'avait posée Marie de Médicis, quand elle fit élever vers cet endroit les constructions qui firent place, quelques années plus tard, au palais de Gaston d'Orléans ; on y lit l'inscription suivante :

CESTE PIERRE A ESTE POSEE
PAR LA ROYNE MERE DV ROY
LE I[e] AOVST
1617

accompagnée d'un écusson mi-parti de France et de Médicis. Des fouilles pratiquées dans ce sous-sol il y a quelques années ont fait retrouver les substructions d'une extrémité de la galerie des Cerfs, qui faisait autrefois communiquer le château avec les jardins.

Au premier étage, tout le côté droit — le côté Nord-

Ouest — du bâtiment est occupé par la bibliothèque municipale et ne présente plus trace de dispositions anciennes. A gauche, au contraire, la salle des fêtes, qui s'ouvre directement sur le grand escalier, appartenait au projet de Mansart. A vrai dire, elle n'avait été, en quelque sorte, qu'ébauchée par le grand architecte et ne fut mise en l'état où nous la voyons aujourd'hui qu'en 1875 par M. de La Morandière ; mais, outre les quatre murs, la charpente de la voûte était déjà en place, ce qui en donnait au moins les dimensions et l'aspect général.

Cette grande salle, communément appelée « Salle Gaston », occupe la hauteur de deux étages. Elle est décorée à une de ses extrémités d'une cheminée monumentale, ornée d'une copie moderne du portrait de Gaston d'Orléans par Van Dyck, et à l'autre bout d'une grande niche à colonnes. A mi-hauteur, règne, tout autour de la salle, une galerie de bois, sur laquelle s'ouvrent les fenêtres du second étage. Enfin elle est couverte par une voûte de plâtre supportée par un bâti de charpente. Cette voûte est décorée de guirlandes de feuillages et de grands cartouches encadrés de moulures. La partie centrale, plus élevée, forme comme une seconde voûte superposée à la première ; elle est entourée d'œils-de-bœuf grillagés réunis par une décoration un peu plus fouillée et est couronnée par une sorte de calotte allongée entièrement unie. Telle devait être, sans doute, la voûte projetée par Mansart ; mais les ornements et les moulures auraient été probablement peints et dorés, et les divers compartiments, ainsi que la calotte centrale, ornés de sujets de peinture, que, malgré le projet qui en avait été fait, on n'a heureusement pas eu la présomption de vouloir restituer.

Les murs, qu'on avait d'abord laissés nus en vue d'expositions temporaires, ont été, il y a une vingtaine d'années, ornés de tapisseries. Le Garde-Meuble national prêta à cet effet deux magnifiques pièces de la série de l'*Histoire du Roi*, tissées aux Gobelins sous la direction de Lebrun et représentant l'*Entrée de Louis XIV à Dunkerque* et la *Reddition de la ville de Marsal*. On y a joint une tapisserie de Beauvais à fond bleu

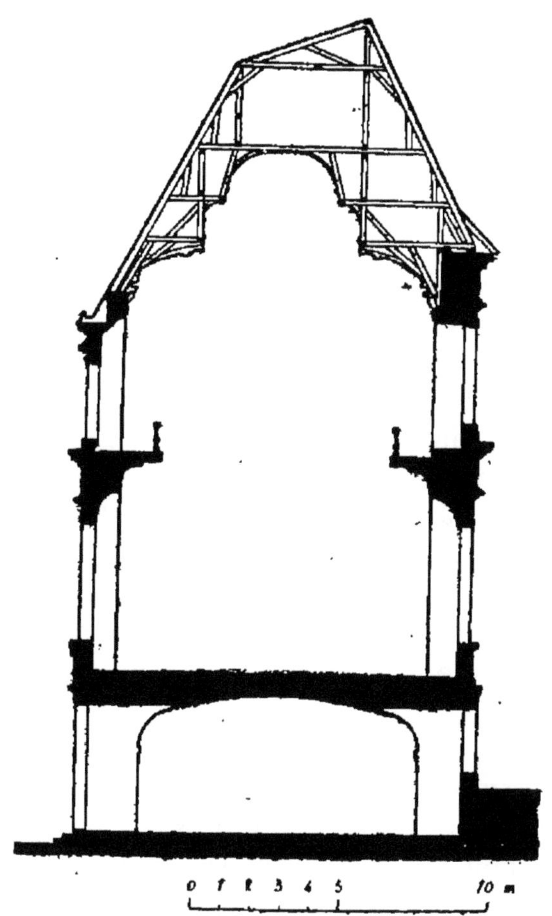

Fréd. Lesueur del.

Coupe du bâtiment de Gaston d'Orléans sur la salle des fêtes.

semé de fleurs de lys d'or provenant également du Garde-Meuble et trois morceaux plus petits à sujets décoratifs, exposés antérieurement au musée de Blois et provenant, dit-on, du château de Chambord.

Derrière la salle des fêtes, M. de La Morandière a aménagé trois autres salles destinées àd e moindres solennités. A celle du milieu il a donné la forme d'une rotonde; une autre, à droite, dans le pavillon d'angle, a été garnie d'une série d'arcades supportant le plafond ; la troisième, à gauche, dont les voûtes retombent sur deux colonnes centrales, sert de salle de réunion à la Société des Amis des arts de Loir-et-Cher et a été décorée par elle d'œuvres d'artistes locaux. Rien de tel, bien entendu, n'était prévu dans le projet primitif, cet emplacement devant être à l'origine réservé aux appartements. « A chaque costé de l'escalier, dit Félibien, il y a une sale qui communique à deux appartemens complets, c'est-à-dire qu'à chaque estage de ce bastiment il pouvoit y avoir quatre appartemens complets. » Il s'agit là, d'ailleurs, de dispositions qui, en fait, ne furent jamais exécutées, et l'on ne trouvera aujourd'hui dans le reste de ce bâtiment que les salles nues créées de 1834 à 1837, quand cette partie du château fut à son tour aménagée en caserne. Il est intéressant cependant de monter jusqu'au comble, dont la charpente bien conservée étonnera les rares visiteurs qui s'y aventureront par son immensité, son habile arrangement et son extrême complication.

Conclusion. — Nous avons dit dans la première partie de cet ouvrage de quelle vogue avait joui le palais de Gaston d'Orléans pendant les années qui suivirent sa construction. Les théoriciens du XVIIe et du XVIIIe siècle, qui tenaient en assez médiocre estime les bâtiments « encore gothiques » de Louis XII et de François Ier, n'avaient pas trop d'éloges pour l'œuvre de François Mansart, qu'ils considéraient — avec quelques restrictions cependant de la part des classiques les plus intransigeants — comme une des créations architecturales faisant le plus d'honneur à l'art français. Nous avons dit également quelle réaction se fit sentir au cours du siècle dernier et comment les générations qui nous ont précédés, dans leur enthousiasme naissant pour les œuvres du Moyen Age et de la Renaissance, se vengèrent, par leur mépris pour l'aile du XVIIe siècle, de celui que leurs devanciers avaient manifesté envers les autres parties du château. De tels partis pris ne sont plus de mise aujourd'hui. L'attrait de nos contemporains pour la fantaisie et le pittoresque des édifices de l'époque gothique et de la première Renaissance n'exclut en rien leur goût pour la noblesse et l'harmonie des monuments classiques, et le palais de Mansart doit retrouver définitivement de nos jours la juste part d'admiration que nos ancêtres lui avaient prodiguée.

L'aile de Gaston d'Orléans, toutefois, il faut le reconnaître, ne saurait prétendre occuper la même place que celles de Louis XII et de François Ier dans l'histoire de l'art français. Celles-ci marquaient une date importante dans le développement de notre architecture. Il en aurait peut-être été de même de l'œuvre de Mansart si elle avait été terminée. Telle qu'elle est, et quelle que soit la valeur qu'on attribue au seul bâtiment, lui-même inachevé, qui fut exécuté, il n'est pas unique en son genre et on ne voit pas qu'il ait modifié de manière appréciable les destinées de l'art de bâtir.

Au reste, le centre du mouvement artistique national s'était depuis plus d'un siècle écarté de la région de la Loire pour se fixer définitivement à Paris et dans l'Ile-de-France. C'est par suite de circonstances toutes fortuites que le frère du roi, exilé dans son apanage, avait entrepris d'y élever une aussi fastueuse demeure. C'est d'ailleurs un architecte parisien qu'il avait appelé pour lui en fournir les plans et en diriger la construction, et ce sont aussi des sculpteurs en renom de la capitale qui avaient été chargés des morceaux les plus importants de la décoration. Il serait donc vain, — et c'est encore un trait qui le différencie des constructions de la Renaissance, — de chercher dans ce monument un caractère régional et de vouloir le rattacher à l'art d'une province où rien ne le faisait pressentir et où il n'a laissé aucune postérité. Sa place n'est pas dans l'art de la région de la Loire, qui a perdu désormais toute individualité, mais dans l'ensemble de l'art français. Et c'est bien tout l'art de cette époque que nous retrouvons à Blois, son goût pour les ordonnances somptueuses et régulières, son culte pour l'antiquité et l'Italie, s'accommodant fort bien d'ailleurs de la persistance de certaines traditions, comme l'emploi des hautes toitures qui donnent encore aux édifices de ce temps une physionomie si particulière et si nationale ; et c'est aussi tout l'art de François Mansart, son imagination aisée, brillante et vigoureuse, son habileté à s'approprier les données classiques et à en tirer des effets personnels, la vie, le mouvement, la liberté d'allure qu'il savait toujours allier dans ses constructions à l'harmonie des proportions et à la noblesse des lignes.

Ses travaux blésois tiennent d'ailleurs dans l'œuvre de Mansart une place considérable. Jamais il n'eut autre part à donner les plans d'une aussi vaste résidence, à laquelle, si elle avait été achevée, pourrait seule être comparé, à cette date, le château élevé par Le Mercier, à Richelieu, pour le cardinal ministre. Aussi le célèbre architecte s'en souvint-il durant toute sa carrière. Au château de Maisons en particulier, qu'il éleva dix ans plus tard pour un bien moindre seigneur, le président de Longueil, et qu'on considère à juste titre comme son chef-d'œuvre, on retrouve plus d'une disposition, — l'escalier, la grande salle, le dessin des niches et des fenêtres, etc., — empruntée au palais de Gaston d'Orléans, mais simplifiée et réduite comme il convenait à une plus modeste demeure ; le plan général du côté de la cour, avec son avant-corps et ses ailes en retour, n'est pas lui-même sans analogie avec ce qui fut exécuté à Blois, mais diminué d'un étage ; et si la silhouette en est plus légère et plus découpée, c'est qu'ici l'édifice est complet et se suffit à lui-même, tandis qu'à Blois il fallait une masse assez imposante pour servir de fond à la vaste cour, à laquelle les autres constructions devaient donner suffisamment de mouvement.

Au reste, J.-F. Blondel, qui comparait jadis les deux demeures dans son *Cours d'Architecture*, admirait dans l'une et dans l'autre « la même précision dans les ordres, la même perfection dans les profils, le même choix dans les ornements, dans la matière, dans la main-d'œuvre..., le même goût dans la sculpture », et nous ajouterions : la même clarté dans la composition et la même noblesse dans le style. Classique comme on pouvait l'être dans la seconde moitié du XVIIIe siècle, Blondel n'était pas d'ailleurs sans adresser quelques reproches à l'œuvre de Mansart : il trouve notamment les ouvertures trop grandes, ce qui donne, selon lui, « à ce château un air d'habitation qui ne se remarque pas à celui de Maisons » ; il n'approuve pas la superposition des ordres, qui donne aux compositions de ce temps « un caractère de petitesse qui s'accorde difficilement avec la grandeur des édifices où ils se trouvent employés et le point de distance d'où ils doivent être aperçus » ; « la corniche circulaire qui règne sur le troisième ordre » au centre de la façade de la cour, lui paraît « fort au-dessous des idées sublimes de Mansard » et il lui eût préféré « un entablement continu qui aurait pu être beaucoup mieux terminé par une balustrade » ; enfin il trouve trop considérables les dimensions du comble, dont la hauteur à son avis ne devrait « surpasser jamais le tiers du bâtiment ».

Il s'en faut aujourd'hui que nous approuvions toutes ces critiques, qui s'adressent surtout à ce qu'il y a là de personnel à l'architecte ou à l'art de son temps, à ce qui donne son caractère d'originalité propre au monument. Nous serions plutôt tenté de reprocher à Mansart un certain manque de logique dans sa construction, qui offre l'apparence de la symétrie tout en étant d'un plan fort irrégulier, dont les avant-corps donnent l'illusion d'un pavillon central destiné à enfermer la cage de l'escalier, alors que ce sont de simples placages ne correspondant exactement ni à l'emplacement ni aux dimensions de celui-ci, dont les façades paraissent accuser trois étages d'appartements et un comble, tandis que la salle des fêtes d'un côté et le second escalier de l'autre occupent — ou devaient occuper — toute la hauteur du bâtiment à l'exception du rez-de-chaussée.

Mais, à vrai dire, tout cela n'apparaît qu'à un examen approfondi ; en apparence tout est, au contraire, ordre et clarté. Ces idées de proportion et d'harmonie, qu'avaient apportées chez nous les artistes de la seconde Renaissance, ont atteint leur plus parfaite expression dans cet édifice d'une irréprochable pureté de lignes, aussi éloigné des fantaisies du commencement du XVIe siècle que des complications du style baroque qui sévissait alors en Italie. D'autre part, un élément nouveau prend ici un singulier développement, c'est cet air de majesté et de grandeur si conforme au goût et à l'esprit de l'époque. Nulle part ce caractère ne pouvait mieux trouver à s'exprimer qu'en ce palais que Mansart avait projeté d'élever dans un site admirablement choisi, pour un prince jeune et ambitieux, frère du roi et héritier présomptif de la couronne, qu'en cette vaste et noble demeure, dont l'architecture n'aurait pas eu d'égale en son temps et dont la décoration devait attester en allégories guerrières le rang du propriétaire.

De ce rêve d'un prince orgueilleux et d'un architecte de génie, ce qui reste est relativement assez peu de chose : c'est l'image même de la vie de Gaston d'Orléans, qui, après avoir suscité les plus brillantes espérances, n'a guère laissé à l'histoire que le souvenir d'un factieux, d'un brouillon et, somme toute, d'un assez pauvre sire. Mais malgré tout, tel qu'il nous est parvenu, inachevé et mutilé, le monument garde encore un reflet de cette grandeur qui fut le caractère dominant du siècle, et qui en architecture ne devait trouver son complet épanouissement que sous le règne suivant, avec Louis XIV et Versailles.

AILE DE GASTON D'ORLÉANS

Cl. Fred. Lesueur

CHAPITRE V

LES DÉPENDANCES

L'avant-cour. — Si les différents bâtiments du château de Blois, malgré bien des mutilations et bien des restaurations, sont parvenus jusqu'à nous à peu près dans leur entier et, somme toute, suffisamment intacts pour nous permettre d'apprécier, à défaut des aménagements intérieurs depuis longtemps disparus, la beauté diverse de leur architecture, il n'en est pas de même des vastes dépendances qui complétaient autrefois la demeure royale et dont il ne subsiste aujourd'hui que d'assez rares vestiges.

L'avant-cour, la place du Château actuelle, a perdu presque tout caractère. De ses fortifications il ne subsiste, nous l'avons dit, que deux tours. Encore, pour bien les voir, faut-il entrer dans les maisons particulières de la place du Château (nos 1 et 3), dont elles dépendent, ou mieux dans les cours des maisons de la rue du Commerce, qu'elles dominent de toute leur hauteur.

L'une d'elles présente un plan barlong arrondi à son extrémité. A l'intérieur elle comporte trois étages d'étroites salles rectangulaires voûtées en berceau, dont chacune est pourvue de trois archères percées au fond d'embrasures cintrées et largement ébrasées. Conformément à l'usage, les archères latérales se chevauchent d'étage en étage ; celles qui occupent l'extrémité arrondie de la tour se superposent au contraire exactement les unes aux autres. L'autre tour, de forme demi-circulaire, est beaucoup moins bien conservée et n'a gardé aucune disposition intérieure ancienne. L'une et l'autre ont d'ailleurs perdu leur couronnement crénelé, mais elles sont encore réunies par un fragment de courtine surmonté d'un chemin de ronde ; celui-ci, il est vrai, est également privé de son crénelage, ses archères sont murées, et il est, depuis fort longtemps sans doute, converti en un simple couloir couvert d'un petit toit en appentis.

A l'autre extrémité de l'avant-cour, de chaque côté de l'escalier qui descend du château vers la rue Saint-Lubin, se voient encore quelques vestiges des fortifications : des traces d'archères, des amorces de voûte, des corbeaux destinés à supporter un plancher, la rainure d'une herse, la feuillure où venait se relever un pont-levis. Ce sont, on s'en souvient, les restes d'une des anciennes entrées du château, la porte « devers les Jacobins ».

De la vaste église Saint-Sauveur, dont nous avons dit l'intérêt archéologique et à laquelle se rattachaient tant de souvenirs historiques, il ne reste pas une pierre. Quant aux maisons qui entouraient l'avant-cour, elles ont été pour la plupart entièrement reconstruites ou plus ou moins complètement modernisées. L'une d'elles cependant (n° 7) a conservé une porte, d'ailleurs fort simple, ornée d'une accolade et d'un écusson. Une autre (n° 19) a deux pignons à rampants et amortissements moulurés permettant de la dater du XVIe siècle. Mais les deux maisons qui, à gauche du bâtiment de Louis XII, occupent l'angle de la place et de l'escalier (nos 20 et 22), sont les seules qui aient bien gardé leur physionomie primitive.

Ces deux maisons qui paraissent dater du règne de Louis XII ont été restaurées, à la fin du siècle dernier, sur l'initiative de leur propriétaire, M. A. Dillard, par M. Lafargue, architecte à Blois. La plus proche du château (n° 22), qui passe, — à tort, croyons-nous, — pour avoir servi de demeure au cardinal d'Amboise, a sa porte d'entrée surmontée d'un étage de colombage en encorbellement d'un effet fort pittoresque ; au-dessus d'une fenêtre à encadrement et meneaux de bois on a restitué une lucarne également en charpente. A gauche de ce premier bâtiment, qui sépare la place de la cour intérieure, le principal corps de logis présente son pignon terminal, percé, au premier étage, d'une grande fenêtre à croisée, moulures prismatiques et larmier en accolade orné de crochets de feuillage ; toutefois les culs-de-lampe sculptés et un écusson aux armes de la famille d'Amboise sont des réfections modernes.

La cour a perdu beaucoup d'intérêt par suite de la démolition au siècle dernier d'une charmante galerie de pierre et d'un escalier extérieur qui la décoraient. Cependant le bâtiment qui en forme le fond présente encore une grande baie à moulures prismatiques que surmonte une lucarne ; celle-ci se termine par un gable dont les rampants ondulés sont ornés de crochets de feuillage gothiques, mais dont certaines moulures attestent déjà l'influence de la Renaissance. La face postérieure de ce bâtiment domine la ville basse et la vallée, et l'on découvre de ses fenêtres un panorama fort agréable.

La maison voisine (nº 20), connue sous le nom d'hôtel d'Épernon, bien que Bernier identifie celui-ci avec le prétendu hôtel d'Amboise, présente à peu près le même plan, mais le petit corps de logis qui, là aussi, devait, primitivement, selon toute vraisemblance, séparer la place de la cour et abriter le porche d'entrée, a fait place à un simple mur percé d'une grande porte cintrée. A gauche, le bâtiment latéral est percé au rez-de-chaussée de quatre petites ouvertures rectangulaires éclairant la cuisine, et au premier étage de deux hautes fenêtres ornées de belles moulures prismatiques. L'une d'elles est divisée par une croisée de pierre ; l'autre, plus étroite, comporte seulement une traverse horizontale. La première est surmontée d'une grande lucarne entièrement refaite de nos jours. L'intérieur a conservé son escalier à vis et la grande cheminée de la cuisine.

Malgré les démolitions anciennes et les nombreuses réfections modernes, ces deux logis donnent bien idée de ce qu'était l'avant-cour à l'époque de Louis XII, alors que la plupart de ses maisons servaient de demeure aux grands dignitaires de la cour et avaient été à cet effet reconstruites ou mises au goût du jour.

Vestiges des jardins. Le pavillon d'Anne de Bretagne. — L'avant-cour, à défaut de ses monuments, a conservé sa configuration générale, son plan ancien. Il n'en est pas de même des jardins royaux, et le touriste, qui, en arrivant à Blois, descend de la gare vers la ville par l'avenue Victor-Hugo, ne peut guère se douter qu'il traverse dans toute son étendue l'emplacement de ces vastes parterres étagés en terrasses, ornés de fontaines, de berceaux et de pavillons, par la création desquels Pacello de Mercoliano avait véritablement importé chez nous l'art des jardins. C'est seulement par une étude attentive des lieux qu'on peut se rendre compte de leur situation et en retrouver quelques vestiges.

La terrasse de l'Éperon existe encore à l'angle des fossés du château et de la place Victor-Hugo. Cet ouvrage militaire ne faisait d'ailleurs pas partie des jardins de Louis XII, mais fut élevé, rappelons-le, au moment des guerres de religion, pour défendre l'entrée du château par la Galerie des Cerfs. C'est une terrasse qui présente en plan la forme d'un quadrilatère irrégulier et qui s'élève au niveau de l'ancien Jardin haut, dominant par suite de plus de douze mètres la place Victor-Hugo et les fossés. Isolée de toute part, elle est entourée d'un mur de soutènement en moellons, incliné en talus. On y accède par un petit pont qui la faisait communiquer avec le Jardin haut, mais ce passage n'existait pas à l'origine et n'a été créé qu'en 1616. D'autre part l'Éperon était primitivement séparé du Jardin bas par une tranchée qui ne fut comblée qu'au siècle dernier. Enfin il communiquait avec le château par la Galerie

AILE DE GASTON D'ORLÉANS

Cl. Fred. Leveur

Enfant se coiffant d'un casque décorant la coupole du grand escalier

des Cerfs qui se trouvait au même niveau. Aujourd'hui la terrasse de l'Eperon, qui appartient à la Ville, est transformée en un agréable jardin, d'où l'on jouit d'une vue incomparable sur la façade de François Ier.

Les murs de soutènement du Jardin haut et du Jardin bas subsistent en grande partie, de part et d'autre de l'avenue Victor-Hugo. Celui du Jardin haut est surtout visible tout le long de la rue de l'Éperon, au pied du terrain où s'élève la gare du tramway de Châteaurenault ; il porte une série de consoles qui sont le seul reste de la galerie Henri IV. Celui du Jardin bas forme encore deux des côtés de la manufacture de chaussures Rousset ; il se voit bien des cours de la rue du Pont-du-Gast.

L'usine Rousset renferme encore quelques vestiges de la décoration des jardins : à l'angle Nord, un petit pavillon en partie refait, mais indiqué sur les gravures de Du Cerceau ; le long du mur Nord-Est, deux portes de l'époque d'Henri II, qui faisaient communiquer le Jardin bas avec les jeux de paume et qui sont aujourd'hui mutilées, murées et en partie masquées par des constructions modernes. L'une d'elles est flanquée de pilastres cannelés à chapiteaux corinthiens ; l'autre a un fronton cintré orné d'un croissant. Au-dessous de ce mur, entre l'usine Rousset et la rue du Pont-du-Gast, s'étend un jardin en terrasse où était jadis établi un des jeux de paume.

Enfin deux des constructions des jardins sont encore entièrement conservées : le bâtiment dit de l'Orangerie et le Pavillon d'Anne de Bretagne. Le premier, qui sert aujourd'hui de manutention militaire, a été complètement défiguré pour être adapté à ce nouvel usage. C'est un édifice haut de trois étages et de peu de profondeur. L'étage supérieur, de niveau avec le Jardin bas, formait autrefois une galerie ouverte au midi par une série d'arcades de charpente ; ces arcades sont maintenant murées et l'édifice a perdu tout caractère.

L'élégant petit bâtiment connu sous le nom de Pavillon d'Anne de Bretagne et que l'on appelle parfois aussi, sans aucune espèce de raison, « les bains de Catherine de Médicis », fut sans doute élevé sur le bord de la terrasse du Jardin bas, à la fois pour servir de lieu de repos et de réunion et pour rehausser par un pittoresque motif d'architecture le dessin un peu monotone des berceaux et des parterres. C'est un exemple, probablement unique, d'un pavillon d'agrément, d'une manière de « fabrique », ou plutôt de *casino* à l'italienne, exécuté en style gothique pour la décoration d'un jardin.

Construit en pierre et en briques, comme la partie du château élevée par Louis XII, cet édifice, de plan octogone, est flanqué de quatre ailes disposées en croix. L'une d'elles renferme l'escalier; une autre forme un petit oratoire, dans lequel Louis XII venait souvent entendre la messe. La partie centrale de la construction comprend, outre un sous-sol qui se trouvait au niveau du Jardin de Bretonnerie (actuellement la cour de la Manutention militaire), un rez-de-chaussée, un étage et un comble très élevé couvert d'ardoise. Trois des ailes se terminent en terrasse au niveau du premier étage ; celle qui renferme l'escalier s'élève jusqu'à la naissance du comble et est également couverte en terrasse.

La porte, très simple, était autrefois abritée par l'extrémité de la galerie de charpente qui conduisait de l'entrée du Jardin bas au pavillon. A chaque étage s'ouvrent deux grandes fenêtres à croisée, ornées de moulures prismatiques ; des ouvertures plus petites également moulurées ou encadrées d'un simple chanfrein éclairent les pièces contenues dans les ailes. L'oratoire, terminé par une abside à trois pans, reçoit le jour de cinq petites fenêtres en tiers-point munies de légers remplages flamboyants. Les terrasses qui surmontent les ailes sont entourées de balustrades, les unes très riches, ajourées et ornées de motifs flamboyants de dessins différents, les autres, moins en vue, formées d'un simple mur de briques avec un appui de pierre. Ces balustrades se poursuivent tout autour de l'édifice, à la hauteur du premier étage, bordant d'étroits passages qui réunissent les terrasses entre elles, ou prises dans le mur là où le passage n'existe pas. Par une disposition assez singulière et résultant peut-être d'une reprise, l'étage supérieur de l'aile qui renferme l'escalier repose uniquement sur l'appui de la balustrade, dont les parties ajourées s'ouvrent ainsi à l'intérieur même de la cage. Un petit crénelage décoratif entoure la terrasse supérieure de cette aile. Sur la toiture se détachent une haute souche de cheminée et une lucarne de charpente. Une lucarne ou un gable de pierre devait aussi s'élever primitivement au-dessus d'une des fenêtres du premier étage, dont la forte saillie sur le nu du mur ne s'expliquerait pas autrement.

L'ornementation sculptée du pavillon est dans l'ensemble très voisine de celle de l'aile de Louis XII : des L et des A couronnés rehaussent, aux endroits les plus apparents, la décoration de la balustrade ; la cordelière d'Anne de Bretagne est sculptée le long des arêtes saillantes de chaque aile ; des culs-de-lampe à personnages dans le goût du xve siècle garnissent les angles des grandes fenêtres du premier étage ; des gargouilles à figure de monstres, d'ailleurs toutes refaites de nos jours, rejettent au dehors les eaux de pluie reçues par les terrasses. D'autre part les sculpteurs ont introduit ici les éléments d'une décoration rustique en rapport avec le rôle de l'édifice, mais, à vrai dire, encore bien rudimentaire : de petits tas de pierres sont simulés aux angles des ailes, ainsi qu'à la base des contreforts de l'oratoire, et ces contreforts se terminent, au niveau de la balustrade, en forme de troncs d'arbres ébranchés accompagnés de dauphins ou de chimères. On se souvient qu'une décoration de branchages analogue se retrouve dans les deux escaliers de l'aile de Louis XII. Enfin au-dessus de la porte d'entrée se voyait un de ces médaillons de terre cuite à tête d'empereur romain importés d'Italie qui eurent tant de vogue chez nous à cette époque ; il était brisé lorsqu'on entreprit la restauration du pavillon et fut remplacé par une copie plus ou moins fidèle.

L'intérieur renferme une grande salle octogone à chaque étage. La plus belle est celle du rez-de-chaussée, qui a conservé sa grande cheminée ornée de riches moulures gothiques. Elle communique avec l'escalier à vis qui occupe l'aile occidentale, avec deux petites pièces voûtées situées dans les ailes Sud et Nord, cette dernière également pourvue d'une cheminée moulurée, enfin avec l'oratoire. Celui-ci forme une minuscule et gracieuse chapelle gothique, largement éclairée par ses cinq fenêtres à remplages de dessins différents et couverte d'une petite voûte d'ogives, dont les fines nervures reposent sur des culs-de-lampe sculptés et convergent vers de belles clefs délicatement ajourées. Un passage en charpente établi en encorbellement contre l'aile Nord reliait en outre cette salle à la galerie qui occupait l'étage supérieur de l'Orangerie.

La salle du premier étage, d'où l'on accède aux terrasses, présente aussi une intéressante cheminée à décoration moulurée. Le comble, que l'on atteint de cette pièce par une simple échelle de meunier, a conservé sa charpente ancienne, qui est un intéressant spécimen du travail des maîtres charpentiers de la Renaissance.

Contrairement aux salles du rez-de-chaussée et du premier étage, qui ont un plafond à solives apparentes, la salle basse est couverte d'une voûte de pierre à huit pans ; sur la clef est sculptée en bas-relief une tête d'homme dont la coiffure, encadrant le visage, figure le chiffre d'Anne de Bretagne. Cette salle a une porte et une grande fenêtre à meneaux s'ouvrant sur le Jardin de Bretonnerie. D'autre part, elle communiquait, par un cabinet dissimulé derrière la cheminée, avec le rez-de-chaussée de l'Orangerie, et, par un escalier qui contourne ce cabinet, avec le premier étage de ce bâtiment. Enfin on voit encore, dans un caveau situé au-dessous de l'oratoire, le départ d'un escalier à rampes droites qui venait autrefois déboucher extérieurement au niveau du Jardin bas, près de la porte du pavillon.

Habilement restauré en 1891 par MM. de Baudot et Grenouillot, le Pavillon d'Anne de Bretagne a, depuis cette époque, été affecté par la ville de Blois à la Société des Sciences et Lettres de Loir-et-Cher, qui y a installé sa bibliothèque et ses collections et y tient habituellement ses séances. Nul lieu ne pouvait mieux convenir aux réunions de cette compagnie, qui, depuis plus de 80 ans, consacre la meilleure part de ses travaux à l'histoire de Blois et à l'étude de l'art régional. Nul lieu, en tout cas, n'est plus propre à méditer sur la magnificence et la fragilité des monuments que ce gracieux édifice, d'où la vue s'étendait jadis sur tout le Jardin bas avec ses parterres fleuris et ses légers « berceaux de charpenterie », sur l'Orangerie et le petit Jardin de Bretonnerie, et, au delà de celui-ci, sur le val de l'Arrou, la ville entourée de son enceinte fortifiée et le château que dépassait la flèche aiguë de Saint-Sauveur, et d'où l'on ne découvre plus aujourd'hui, à côté de la somptueuse façade de François Ier, que les ateliers d'une usine et la banale architecture d'une maison d'école.

CONCLUSION

Arrivés au terme de cette étude, nous ne saurions nous flatter d'avoir montré tout ce qui constitue l'intérêt d'un monument aussi complexe et aussi divers que le château de Blois. Nous plaçant volontairement au seul point de vue, trop exclusif peut-être, de l'histoire de l'art, nous avons fait voir comment et par suite de quelles vicissitudes s'était formé l'édifice que nous voyons aujourd'hui, et quelle place chacune de ses parties occupait dans l'ensemble de l'art français. Mais l'intérêt archéologique et les émotions esthétiques même ne sont pas, il s'en faut, l'unique attrait d'un lieu riche de tant de souvenirs.

Là se sont accomplis dix siècles d'histoire, et cette histoire, dans sa période la plus brillante, est celle de la France elle-même. Là, Jeanne d'Arc, avant de marcher sur Orléans, rassembla son armée et fit bénir son étendard ; là, Charles d'Orléans illustra de ses plus aimables rondeaux, de ses plus gracieuses ballades l'ancienne poésie française ; là, durant tout son règne, Louis XII signa ses ordonnances, reçut des ambassades, conclut des traités, gouverna la France ; là, le dernier des Valois réunit deux fois les États Généraux et fit assassiner les Guise. Tout le XVIe siècle d'ailleurs, avec ses passions, ses luttes, ses drames, avec son goût de la vie, son amour de l'éclat et du luxe, avec ses aspirations multiples, ses tendances tout imprégnées encore de l'esprit du moyen âge et inaugurant déjà les temps modernes, s'évoque spontanément ici. Tout cela déborde le cadre d'une simple monographie ; mais quel prestige un tel passé donnerait à de moins magnifiques demeures !

Or dans celle-ci, — nous pensons l'avoir suffisamment montré, — à la curiosité qu'éveille le spectacle des lieux où se sont accomplis des événements considérables, se joint une incomparable valeur d'art. Quatre siècles d'architecture française ont laissé leur empreinte dans ce monument et quelques-uns sont représentés par de rares chefs-d'œuvre. Ce qu'était, au XIIIe siècle, une puissante forteresse féodale; comment, après la guerre de Cent ans, l'adoucissement des mœurs apporta dans ces redoutables demeures plus de commodité et plus d'élégance ; comment l'art antique profondément transformé par la Renaissance italienne fit d'abord timidement son apparition dans la décoration de notre moyen âge finissant ; comment cet élément nouveau supplanta bientôt entièrement l'art gothique traditionnel ; comment nos architectes, s'en assimilant plus complètement les principes et les méthodes, les adaptant aux nécessités de notre climat et aux besoins de leur temps, formèrent l'art classique français ; quelles furent en un mot les principales étapes de cette lente évolution de l'art de bâtir qui commence au siècle de saint Louis pour aboutir à celui de Louis XIV, l'histoire du château de Blois suffirait presque à nous l'apprendre ; et ce sont les constructions élevées ici-même pour les rois de France qui, aux moments les plus décisifs de cette évolution, contribuèrent à orienter notre architecture dans ses voies nouvelles.

Tant de souvenirs, tant de magnificence, une fortune si longtemps favorable ne suffirent pas à mettre ce somptueux édifice hors de toute atteinte. Non seulement les innombrables richesses artistiques qui en formaient la décoration intérieure sont depuis longtemps dispersées, mais il a perdu

AILE DE GASTON D'ORLÉANS

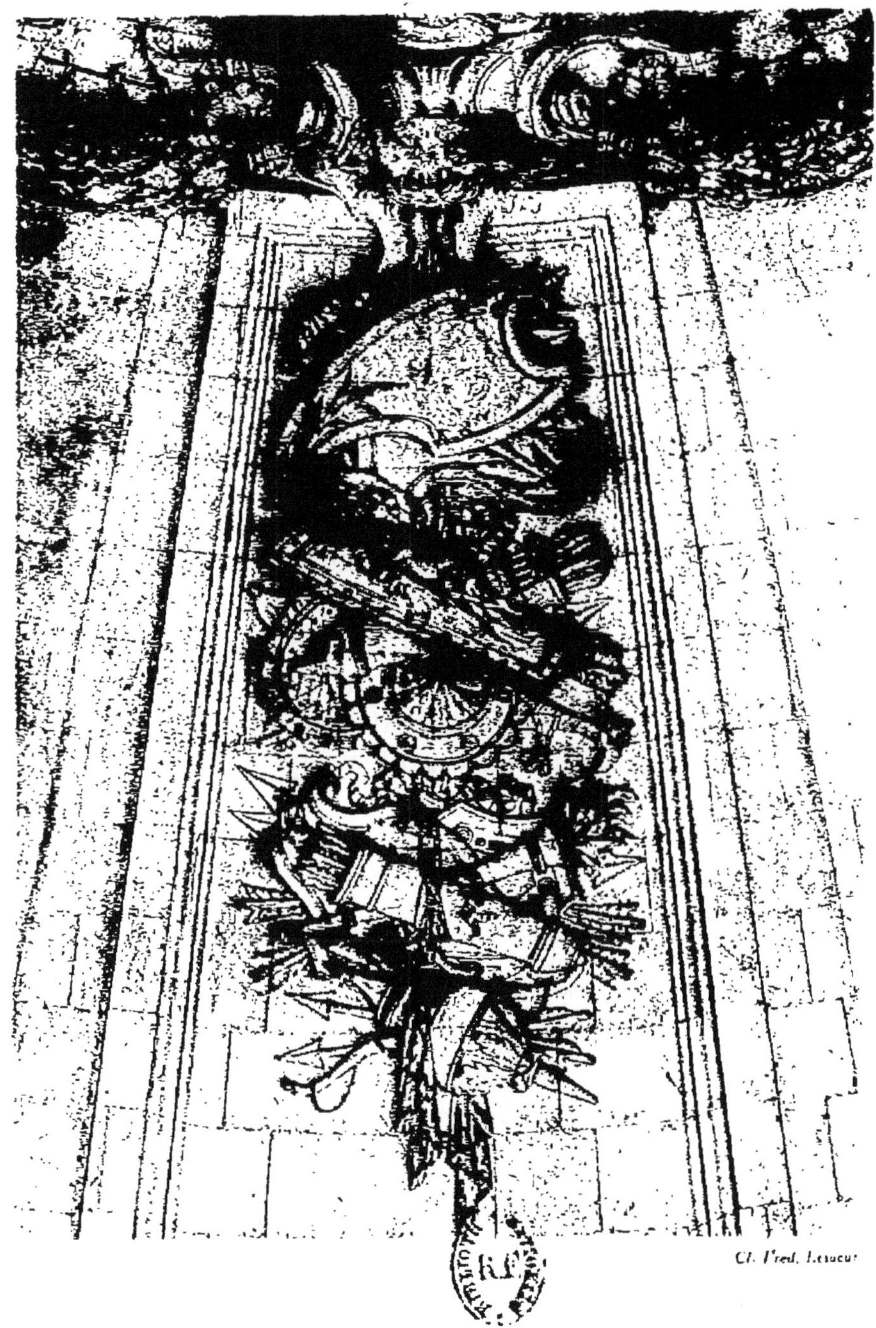

Cl. Fred. Lesueur

Trophée d'armes décorant la coupole du grand escalier

toutes ces vastes dépendances, ce décor de terrasses et de jardins, dont la disparition a privé les architectures du seul voisinage qui pouvait leur convenir ; et le monument lui-même ne fut sauvé, nous l'avons vu, d'une destruction totale que par un concours tout fortuit de circonstances.

Toutefois, dépouillé, isolé, mutilé, restauré, le château de Blois est parvenu jusqu'à nous, et c'est l'essentiel. Aujourd'hui encore, il est peu de spectacles plus impressionnants que celui de cette cour entourée de constructions d'âges et d'aspects différents, dont chacune rappelle une page de notre histoire ou évoque une grande époque d'art français. Et, les soirs d'été, lorsque la grande façade des loges se dresse en pleine lumière au-dessus des masses de verdure de la place Victor-Hugo, lorsque le soleil bas sur l'horizon dore de ses derniers reflets la pierre blanche et donne à toute l'architecture un relief et un éclat inaccoutumés, on se plaît à oublier la banalité du site environnant et l'indigence de certaines restaurations, et l'édifice apparaît tout entier, comme jadis, « tant sumptueulx que bien sembloit œuvre de roy ».

Janvier 1914.

APPENDICE

(1914-1921)

Ce livre, terminé au commencement de 1914, était sous presse quand la guerre vint en suspendre la publication. Le texte que nous donnons aujourd'hui est celui qui fut alors rédigé.

Depuis cette époque, le château de Blois a été, malgré les charges de la guerre, l'objet de travaux importants, exécutés sous la direction de M. Goubert assisté de M. Grenouillot. L'avant-corps central de la façade de l'aile de Gaston d'Orléans sur la cour a été complètement restauré : la tête du buste de Gaston d'Orléans, brisée à la Révolution, et les deux statues couchées sur les rampants du fronton, dégradées et mutilées par les intempéries, ont été refaites par le sculpteur blésois Halou. La décoration extérieure du grand escalier de François Ier a subi quelques réfections, portant, il est vrai, sur les parties déjà reprises au siècle dernier. Actuellement, enfin, le zèle des restaurateurs se porte sur le pavillon Ouest des constructions de Gaston d'Orléans.

Certaines parties du château ont reçu pendant la guerre diverses affectations militaires. En 1918, le monument donna asile à de nombreuses œuvres d'art, tableaux, meubles, tapisseries, de Paris et du Nord de la France, que menaçaient l'invasion ou les bombardements. Une partie des collections du

Louvre, de Cluny, du Petit-Palais, du Garde-meuble et des palais nationaux y séjournèrent plusieurs mois. Les toiles de Puvis de Chavannes du musée d'Amiens s'y trouvent encore actuellement.

Septembre 1921.

BIBLIOGRAPHIE SOMMAIRE

BAILLARGÉ et WALSH, *Album du Château de Blois restauré et des châteaux de Chambord, Chenonceaux, Chaumont et Amboise*, Blois, Prévost, 1851, gr. in-4° obl. — Autre édition sous le titre : *Les châteaux de Blois restauré, Chambord, Chaumont, Amboise et Chenonceaux*, par BAILLARGÉ et le v^te^ JOSEPH WALSH, Blois, Mme Prévost, 1852, in-12.

BERGEVIN et DUPRÉ, *Histoire de Blois*, Blois, Dézairs, 1846-1847, 2 vol. in-8°.

BERNIER, *Histoire de Blois*, Paris, impr. Muguet, 1682, in-4°.

BLONDEL (JACQUES-FRANÇOIS), *Recueil contenant la description, les plans, les élévations et les coupes du Château de Blois*, 1760, manuscrit inédit de la Bibl. de l'Institut, N. 125F, gr. in-fol. (V. sur ce manuscrit : P. Lesueur dans *P.-V. des séances de la Soc. des sciences et lettres de Loir-et-Cher*, 22 mars 1907).

BOURNON, *Blois, Chambord et les châteaux du Blésois* (dans la coll. des *Villes d'art célèbres*), Paris, Laurens, 1908, gr. in-8° ; 2e éd. revue par M. VITRY, 1911.

BOURNON, *Étude sur l'ancien château de Blois, le donjon et les oubliettes, les chapelles*, dans les *Mém. de la Soc. des sciences et lettres de Loir-et-Cher*, t. X, 1884.

COOK (THÉODORE-ANDREA), *Châteaux of France : Blois*, dans le *Country Life* des 23 février et 2 mars 1907.

CROŸ (JOSEPH DE), *Nouveaux documents pour l'histoire de la création des résidences royales des bords de la Loire*, Paris, Alph. Picard, 1894, in-8°.

CROŸ (JOSEPH DE), *Notes sur l'emplacement de la Chambre des comptes au château de Blois*, dans la *Revue de Loir-et-Cher* de mai-juin 1906.

FÉLIBIEN (ANDRÉ), *Mémoires pour servir à l'histoire des maisons royalles et bastimens de France*, 1681, éd. A. DE M[ONTAIGLON] pour la *Soc. de l'hist. de l'art franç.*, Paris, Baur, 1874, in-8°. (Pour les planches de cet ouvrage publiées séparément, voir à l'*Iconographie*.)

GEYMÜLLER (HENRY DE), *Die Baukunst der Renaissance in Frankreich* (dans le *Handbuch der Architektur* de DURM, 2e part., t. VI), Stuttgart, 1898-1901, 2 vol. in-4°.

HARDEL, *La chapelle de Saint-Calais ou Sainte-Chapelle du château de Blois*, dans le *Loir-et-Cher historique* des 15 sept., 15 oct., 15 nov., 15 déc. 1896 et 15 janv., 15 fév. 1897. — Tirage à part : Blois, impr. Migault, 1897, in-8°.

LA SAUSSAYE (LOUIS DE), *Histoire du château de Blois*, 1re éd., 1840, in-12; 2e éd. (sous le titre : *Le chât. de Blois*), Paris, Techener, 1840, gr. in-4° ; 3e éd., Paris, Dumoulin, 1850, in-18 ; 4e éd., Paris, Dumoulin, 1859, in-12; 5e éd., Paris, Aubry, 1862, in-12 ; 6e éd., Paris, Aubry, 1866, in-8°; 7e éd., Paris, Aubry, 1875, in-8°.

LE NAIL, *Le château de Blois*, Paris, Ducher, 1875, in-fol.

LESUEUR (Dr FRÉD.), *Les fouilles du château de Blois (1906)*, dans le *Bulletin monumental*, 1908, fasc. 1-2. — Tirage à part : Caën, Delesques, 1908, in-8°.

LESUEUR (PIERRE), *Les jardins du château de Blois et leurs dépendances*, dans les *Mém. de la Soc. des sciences et lettres de Loir-et-Cher*, t. XVIII, 1904-1906. — Tirage à part : Blois, impr. Migault, 1906, in-8°.

LOISELEUR, *Les résidences royales de la Loire*, Paris, Dentu, 1863, in-18.

LÜBKE, *Geschichte der Renaissance in Frankreich* (dans la

Geschichte der neueren Baukunst de Burckhardt, Lübke et Gurlitt), 2e éd., Stuttgart, 1885, gr. in-8°.

PALUSTRE, *Le château de Blois*, dans la *France artistique et monumentale* de Henry Havard, t. III, Paris, Libr. ill., s.d. [1893], gr. in-4°.

PALUSTRE, *L'Architecture de la Renaissance* (dans la *Biblioth. de l'enseign. des Beaux-Arts*), Paris, May, s.d. [1892], in-8°.

PATTISON (Mrs Mark), *The Renaissance of art in France*, London, 1879, 2 vol. in-8°.

PLANAT, art. *Blois* dans l'*Encyclopédie de l'architecture et de la construction* de Planat, t. II, Paris, Dujardin, 1889, in-4°.

ROUSSEL (J.), *Le Château de Blois*, Paris, Guérinet, s.d., in-fol.

STORELLI, *Notice historique et chronologique sur les châteaux du Blaisois*, Paris, Baschet, 1884, gr. in-4°.

VITRY, *L'Architecture de la Renaissance*, dans l'*Histoire de l'art* d'André Michel, t. IV, 2e part., Paris, Colin, 1911, in-4°.

VITRY, *Michel Colombe et la sculpture française de son temps*, Paris, Libr. centr. des Beaux-Arts, 1901, gr. in-8°.

ICONOGRAPHIE SOMMAIRE

JACQUES ANDROUET DU CERCEAU, *Les plus excellents bastiments de France*, t. II, Paris, 1579, in-fol. — Édition en fac-simile (quelques légères inexactitudes) par DESTAILLEUR et FAURE-DUJARRIC, Paris, Lévy, 1870, in-fol.

*French chateaux and gardens in the XVI*th *century. A series of reproductions of contemporary drawings ... by* JACQUES ANDROUET DU CERCEAU, edited by W. H. WARD, London, Batsford, 1909, in-fol. (Ce sont les reproductions des dessins originaux faits pour la préparation des *Plus excellents bastiments de France* et aujourd'hui conservés au *British Museum* ; ces dessins diffèrent beaucoup des planches gravées).

Ville et chasteau de Blois avec sa forest de 6.750 arpens, peinture anonyme de la Galerie des Cerfs du château de Fontainebleau, époque d'Henri IV. (A n'utiliser qu'avec grande circonspection).

Projets de MANSART pour le palais de Gaston d'Orléans. — V. description p. 131 n. 1.

Veüe du Chasteau de Blois = Conspectus Regiæ Blesensis, ISRAEL SILVESTRE sculpsit, 1672. Chalcographie du Louvre.

Plan du Chasteau de Blois = Ichnographia Arcis Regiæ Blesensis, DORBAY del. et sculp., 1677. Chalcographie du Louvre.

*Vues des châteaux du Blésois au XVII*e *siècle par* ANDRÉ FÉLIBIEN [1681] publiées par FRÉDÉRIC ET PIERRE LESUEUR,

PAVILLON D'ANNE DE BRETAGNE

Cl. Fred. Lesueur

Vue prise du Sud

dans *L'Architecture* des 22 juill., 5 août, 16 et 23 sept. 1911 (Ce sont les reproductions des dessins d'un exemplaire ms. conservé au château de Cheverny (Loir-et-Cher) de l'ouvrage de Félibien cité à la *Bibliographie*). — Tirage à part : Paris, Massin, 1911, in-8° ; qui forme également le t. XXI des *Mém. de la Soc. des sciences et lettres de Loir-et-Cher*, Paris, Lechevalier, 1911, in-8°.

Plans du château de Blois aux différents étages à grande échelle, dressés pour l'Administration des Bâtiments du roi vers la fin du XVIIe siècle. Arch. nat. O¹ 1324, liasse 3.

1° *Élévation du vieux bastiment et du bastiment neuf du Chasteau de Blois*, — 2° *Élévation de l'aisle du costé de la rivière du bastiment neuf du chasteau de Blois*, — 3° *Profil du bastiment neuf et élévation du costé de la cour du vieux bastiment du Chasteau de Blois*. — Dessins coloriés non signés ni datés (fin XVIIe siècle ou 1re moitié XVIIIe). Bibl. nat., Est., *Topogr. de la France*, *Loir-et-Cher*, 2e vol., Va 82.

1° *Vüe du Château Royal de Blois prise du côté de la campagne*, — 2° *Vue de la cour du Château royal de Blois*, — J. RIGAUD in. sculp. Vers 1750. Chalcographie du Louvre.

BLONDEL. Ouvrage ms. de la Bibl. de l'Institut cité à la *Bibliographie*.

Plans du château de Blois avec l'avant-cour et les jardins à petite échelle, dressés pour l'Administration des Bâtiments du roi. 1752 et 1770. Arch. nat. O¹ 1324, liasse 3 ; 1326, liasse 6 ; 1327, liasse 10.

Archives de la Commission des Monuments historiques, publiées par ordre de S.E. M. Achille Fould, 1855-1872, Paris, Gilles et Baudry, in-fol., t. IV (relevés faits par DUBAN avant la restauration).

Archives de la Commission des Monuments historiques, publiées par A. DE BAUDOT et PERRAULT-DABOT, Paris, Laurens et Schmid, s.d. [1898-1903], in-fol., t. III (relevés faits par DUBAN avant la restauration).

Photographies de la Commission des Monuments historiques. Particulièrement celles des façades extérieure et intérieure de l'aile de Louis XII et du grand escalier de François Ier avant la restauration de Duban, et celle de la partie supérieure de la tour de Châteaurenault avant la restauration de M. de Baudot.

Dr Fréd. LESUEUR, étude citée à la *Bibliographie* (relevés et photographies des parties mises à jour au cours des fouilles de 1906).

Adde les représentations de l'ancienne statue équestre de Louis XII au-dessus de la porte d'entrée citées p. 63 n. 1 ; celle de la *Topogr. de la France* du Cabinet des Estampes publiée par Vitry, *Michel Colombe*, p. 171, et par Bossebœuf, *Le château de Chaumont-sur-Loire*, Tours, Mame, 1906, p. 301.

LISTE DES GRAVURES

PLANCHES HORS TEXTE

XVI. — Aile de Louis XII. Couronnement du grand escalier.

XVII. — Aile de François Ier. Fenêtre de la façade sur la cour.

XVIII. — Aile de François Ier. Corniche de la façade sur la cour.

XIX. — Aile de François Ier. Soubassement du grand escalier.

XX. — Aile de François Ier. Détail du grand escalier.

XXI. — Aile de François Ier. Intérieur du grand escalier.

XXII. — Aile de François Ier. Dessus de portes du grand escalier (premier étage).

XXIII. — Aile de François Ier. Attique de la façade extérieure.

XXIV. — Aile de François Ier. Avant-corps de la façade extérieure.

XXV. — Aile de François Ier. Détails de sculpture : 1 et 2, chapiteaux de la façade de la cour ; 3, cul-de-lampe d'un encorbellement de la façade extérieure ; 4, cul-de-lampe de la tour de Châteaurenault ; 5 et 6, chapiteaux du grand escalier.

XXVI. — Aile de François Ier. Cheminée au premier étage.

XXVII. — Aile de François Ier. Manteau d'une cheminée au premier étage.

XXVIII. — Aile de François Ier. Dessus de porte au premier étage.

XXIX. — Aile de François Ier. Lambris d'une pièce du premier étage.

XXX. — Aile de Gaston d'Orléans. Portique central de la façade sur la cour.

XXXI. — Aile de Gaston d'Orléans. Panneau sculpté décorant la voûte inférieure du grand escalier.

A LA FIN DU VOLUME

GRAVURES DANS LE TEXTE

TABLE DES MATIÈRES

CHAPITRE III

L'ŒUVRE DE FRANÇOIS Ier (1515-1524)

CHAPITRE IV

DE LA MORT DE CLAUDE DE FRANCE A GASTON D'ORLÉANS (1524-1626)

CHAPITRE V

LES PROJETS ET L'ŒUVRE DE GASTON D'ORLÉANS (1626-1660)

CHAPITRE VI

DE LA MORT DE GASTON D'ORLÉANS A NOS JOURS (1660-1914)

DEUXIÈME PARTIE

DESCRIPTION

CHAPITRE PREMIER

LES CONSTRUCTIONS DU MOYEN AGE

CHAPITRE II

L'AILE DE LOUIS XII ET LA CHAPELLE SAINT-CALAIS

CHAPITRE III

L'AILE DE FRANÇOIS Ier

CHAPITRE IV

L'AILE DE GASTON D'ORLÉANS

CHAPITRE V

LES DÉPENDANCES

TYPOGRAPHIE
DE PROTAT FRÈRES A MACON
PHOTOTYPIE
DES ATELIERS
D. A. LONGUET

LÉGENDE

ENCEINTE

1. } Porte des champs.
2. }
3. « Tour de dessus la porte des champs ».
4. Tour de Châteaurenault.
5. « Tour carrée emprès Châteaurenault ».
6. Tour du Foix.
7. Porte des Jacobins.
8. Poterne Saint-Martin.

CHATEAU

9. Salle des Etats.
10. } Bâtiments médiévaux utilisés depuis dans les constructions de François Ier.
11. }
12. Bâtiment attribué à Charles d'Orléans.
13. Bâtiment attribué à la fin du règne de Louis XII.
14. Chapelle Saint-Calais.
15. Galerie attribuée à Charles d'Orléans.
16. Bâtiment de Louis XII.

AVANT-COUR

17. Eglise Saint-Sauveur.
18. Chapelle Sainte-Constance.
19. Puits.

JARDINS

20. Galerie des Cerfs.

JARDIN DE BRETONNERIE

21. Fontaine.
22. Bâtiment de l'Orangerie.

JARDIN BAS

23. Pavillon d'Anne de Bretagne.
24. Pavillon de charpente et grande fontaine.

JARDIN HAUT

25. Puits et machine élévatoire.
26. Réservoir.

JEUX DE PAUME

27. Petit jeu de paume.
28. Grand jeu de paume.
29. Maison du garde du jeu de paume.

Les lignes pointillées figurent l'état actuel des lieux.

PLAN DU CHATEAU DE BLOIS A LA MORT DE LOUIS XII (1515)

Pierre Lesueur
mensuravit et delineavit.

PLAN DU CHATEAU DE BLOIS

Rez-de-chaussée.

1914

LÉGENDE

A. Tour du Foix.
B. Salle des Etats.
C. Galerie de Charles d'Orléans
D. Aile de Louis XII.
E. Chapelle Saint-Calais.
F. Aile de François Ier.
G. Aile de Gaston d'Orléans.

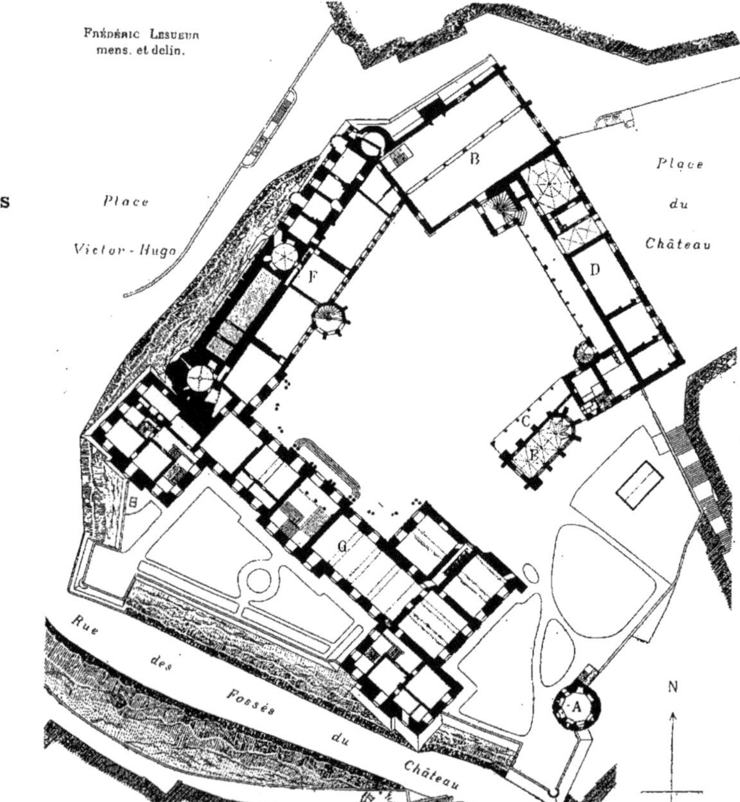

NOTICES HISTORIQUES ET ARCHÉOLOGIQUES

SUR LES GRANDS MONUMENTS

Publiées sous la direction de PAUL VITRY,
Conservateur des Musées nationaux.

L'Église Abbatiale de Saint-Denis et ses Tombeaux, par PAUL VITRY et GASTON BRIÈRE (18 planches hors texte et un plan).

La Cathédrale Notre-Dame de Paris, par MARCEL AUBERT, Conservateur-Adjoint au Musée du Louvre (18 planches hors texte et un plan).

La Cathédrale de Strasbourg, par GEORGES DELAHACHE, Conservateur de la bibliothèque de la Ville de Strasbourg (30 planches hors texte, un plan, vignettes dans le texte).

Le Palais de Justice et la Sainte-Chapelle, par HENRI STEIN, Conservateur aux Archives Nationales (36 planches hors texte, 11 gravures dans le texte, 3 plans).

L'Abbaye de Westminster et ses Tombeaux, par PAUL BIVER (36 planches hors texte, 8 gravures dans le texte, 2 plans).

PUBLICATIONS DIVERSES

Les Médailleurs français à l'Exposition de Bruxelles (1910). Album in-4° de luxe, catalogue complet, 36 planches, reproduction des meilleures œuvres et 4 planches sanguines de Roty.

Pierre Puget, artiste décorateur et peintre de marine, par PH. AUQUIER. Album in-4°, 36 planches, catalogue des décorations et vues de mer.

La Légende dorée de Notre-Dame. Huit contes pieux du moyen âge, adaptés par MAURICE VLOBERG avec introduction et notes critiques et bibliographiques. In-16 colombier avec 18 illustrations hors texte de documents des XIIIe et XVe siècles. Couvertures et vignettes spéciales de GEORGES AURIOL.

Lendemains de Guerre. Douze dessins rehaussés. *Des Flandres à la Meuse*, par ÉMILE TATIN, commentaires de LÉON GOBILLOT. Tirage limité à 300 exemplaires.

Les Atrocités Allemandes en France. Album in-4° raisin sur papier vergé anglais, texte des rapports officiels, illustr. de 70 dessins de MAURICE LEROY et de 8 hors texte documentaires. Reliure artistique.

Les Musées de France, revue publiée sous la direction de PAUL VITRY. Chaque numéro contient 6 planches hors texte et de nombreuses illustrations dans le texte. Années 1911, 1913, 1914.

D. A. LONGUET, ÉDITEUR A PARIS.